出版基金资助项目

# 新安全环境下美国网络恐怖主义应对机制研究

崔 莉◎著

A Study of the U.S. Response Mechanism against Cyber Terrorism under the New Security Environment

时事出版社
北京

# 目　录

# 绪　论

## 一、研究背景及选题意义

### （一）研究背景

1. 全球恐怖主义威胁仍然严重

自20世纪80年代以来，以宗教极端主义为主体[①]的第四次恐怖主义浪潮[②]逐渐登上历史舞台，并不断吸引着更多的聚光灯，成为诸多国家所面临的严峻挑战。2001年“9·11”事件将恐怖主义活动推到一个前所未有的高峰，也正是该事件促进了全球反恐格局的形成。在多国政府合力打击之下，以“基地”组织为代表的国际恐怖主义组织核心层以及“伊斯兰国”先后受到重创，跨国恐怖主义威胁以及准国家行为体带来的恐怖威胁在一定程度上得以减弱。但由于国际政治经济秩序不平等现象依然存在，加之美国在反恐同时谋求世界霸权，为一己之私悍然发动伊拉克战争，致使“9·11”事件后全世界对美国的同情与支持严重透支，国际反恐阵线受到极大削弱，中东地区反美情绪高涨，极端主义思潮在全球泛滥。因此，尽

---

① 按照兰德公司布鲁斯·霍夫曼（Bruce Hoffman）的研究，1980年选取的64个恐怖组织中仅有2个属于宗教动机型；而在1995年，选取的56个恐怖组织中有26个归属于宗教驱动型，而后者中的大部分均以伊斯兰教为指引。参见John Moore, “The Evolution of Islamic Terrorism: An Overview,” *Public Broadcasting Service*, https://www.pbs.org/wgbh/pages/frontline/shows/target/etc/modern.html.（访问时间：2015年10月20日）

② 按照复旦大学学者张家栋教授的看法，从19世纪80年代至今，恐怖主义先后经历了四次浪潮：无政府主义浪潮、民族主义浪潮、意识形态浪潮和宗教极端主义浪潮。需要指出的是，历次浪潮并非简单而绝对的首尾相连，而是存在着时间和内容上的交叠。参见张家栋《恐怖主义与反恐怖：历史、理论与实践》，上海：上海人民出版社，2012年版，第46－53页。

管美国击毙了本·拉登，取得了反恐斗争的阶段性胜利，但仍不可避免地陷入了“越反越恐”的尴尬境地。

为适应全球反恐形势变化，恐怖组织调整战略战术，逐渐呈现出小型化、分散化和草根化趋势①，组织结构更加扁平，行动战术更加灵活，人员招募更加隐蔽，资金筹集更加多元，思想宣传更加强化。且因美国反恐战略失误，过于注重“力胜”，加之随后受到中东局势持续动荡、西亚北非政权更迭及美国反恐收缩、战略东移的影响，世界范围内“基地”分支机构数量不断上升，“伊斯兰国”危害日益扩大，其组织实力和活动能力不断增强。经过数年的联合打击，尽管目前“伊斯兰国”在正面战场全线溃败，但其秉持的极端主义意识形态并未伤筋动骨，仍在全球持续蔓延。正如美国国家情报总监丹·科茨（Dan Coats）在2018年2月举行的慕尼黑安全会议上所言：“‘伊斯兰国’的威胁仍在，它不是单纯意义上的恐怖组织，它所代表的意识形态或神学的生命力更为持久”②。恐怖袭击不仅继续为祸阿富汗、巴基斯坦、伊拉克等恐怖主义策源地，而且也越来越多地外溢至欧洲、加拿大、澳大利亚等地，全球重大恐怖袭击事件频繁发生：2012年5月也门首都自杀式爆炸事件（造成至少96名士兵死亡，约300人受伤）、2013年9月肯尼亚西门商店恐袭案（69人死亡，上百人受伤）、2014年12月巴基斯坦军校遭袭案（141人死亡，120余人受伤）、2015年11月巴黎恐怖袭击案（132人死亡，300多人受伤）、2016年3月比利时恐怖袭击案（31人遇难，300余人受伤）、2017年11月埃及清真寺恐袭案（305人死亡，128人受伤）等。

从总体来看，自“9·11”事件起，全球恐怖主义形势已发生重

---

① Antony Field, “The ‘New Terrorism’: Revolution or Evolution?” *Political Studies Review*, Vol. 7, No. 2, 2009, pp. 195 – 207.

② US Intelligence Chief Coats, “ISIS ‘Octopus’ Still a Threat,” *Newsmax*, February 17, 2018, https://www.newsmax.com/newsfront/dan – coats – isis – munich – security/2018/02/17/id/843975/.（访问时间：2018年2月19日）

大变化，总体朝着可控的方向发展，国际社会对恐怖主义威胁的重视程度在不断提高，各国反恐能力得到不断增强，并连续粉碎恐怖袭击阴谋，但这些安全红利的取得都是以巨大的反恐投入为前提的，因此具有很大的可逆转性和不可持续性①。当前，滋生恐怖主义的土壤仍在不断扩大，宗教极端思想蔓延的速度不断加快，恐怖威胁仍然严重②。鉴于恐怖主义成因复杂，加之国际社会现存的各种矛盾和分歧，消除恐怖主义威胁还有很长的路要走。

2. 网络恐怖主义威胁日益凸显

互联网及相关高新技术加速发展，不仅“为人类提供了全新的联系沟通方式，深刻影响了现代社会生活，与此同时，也成为恐怖分子实施犯罪的新工具。”③ 由于“9·11”事件后各国政府的强力打压，恐怖主义适时且主动或被动地改变了其传统的生存和活动方式，更多依托国际互联网来展开与维系思想宣传、联络协调、人员招募、资金筹集、活动策划、技能传授、装备采购等传统活动。联合国2012年的报告——《出于恐怖主义目的而使用互联网》就指出，网络恐怖主义活动主要集中于如下六大领域（存在重叠）：宣传（包括招募、激进化和煽动）；融资；训练；计划（包括通过秘密通信方式和公开来源信息方式）；行动实施；网络攻击④。

人类社会对网络依赖程度日益加深，特别是应用广泛、涉及国计民生的关键基础设施，一旦受到网络攻击并被破坏，将会对政治、经济和社会产生极为重大的影响。美国前国防部长帕内塔（Leon

① 张家栋：《恐怖主义与反恐怖：历史、理论与实践》，上海：上海人民出版社，2012年版，第8页。

② 王宝付：《王宝付讲稿自选集》，北京：国防大学出版社，2014年版，第188页。

③ 《人民公安大学程琳：网络恐怖活动形态发生变化》，人民网，2014年11月20日，http://media.people.com.cn/n/2014/1120/c120837-26059292.html（访问时间：2015年10月20日）。

④ The United Nations Office on Drugs and Crime, “The Use of the Internet for Terrorist Purposes,” September 2012, http://www.unodc.org/documents/frontpage/Use_of_Internet_for_Terrorist_Purposes.pdf.（访问时间：2015年10月2日）

Panetta）曾表示："网络攻击可破坏载客火车的运作、污染供水或关闭全美大部分的电力供应，造成大量硬件破坏与人员伤亡，使日常运作陷入瘫痪，让民众感到震惊，制造新的恐惧感"①。因此，高度网络化既是现代人类社会的优势，同时也是其绝对"软肋"。事实上，早在1990年，美国科学院在其计算机安全报告中指出："我们正面临危险。美国日益依赖计算机……为造成更大破坏，明日的恐怖分子也许会用键盘而不是使用炸弹"②。而2003年北美地区大停电事件③，虽然事后证明并非网络黑客或网络恐怖分子所为，但其所带来的重大影响却让人们看到了网络恐怖主义的潜在巨大威胁。

实际上，恐怖主义正在演变成一种"网络主导"（Web directed）的现象④。随着恐怖主义与网络空间的结合日益紧密，国际互联网已成为恐怖组织和恐怖分子重要的生存、发展与行动场所，其行动能力因此得以大幅提升，对国际社会及各国的政治、经济、文化、外交和军事安全构成了新的更大的威胁。美国《网络空间政策评估》就明确指出："网络空间的恐怖威胁对21世纪的美国和我们盟国的经济和国家安全形成了最严峻的挑战。越来越多的国家、非国家组织及个人，如国际犯罪组织和恐怖分子，正将目标对准美国公民、商业、关键基础设施和政府。这些行为体具有危害、盗取、改变或

① 逯海军：《打击网络恐怖主义需要全球合作》，人民网，2014年6月24日，http：//military. people. com. cn/n/2014/0624/c1011 –25189896. html（访问时间：2015年11月20日）。

② Gabriel Weimann, *Cyberterrorism, How Real Is the Threat? Special Report 119*, Washington D. C.: United States Institute of Peace, 2004, p. 2.

③ 北美历史上最大范围的停电，估计受影响人口在加拿大有1000万（1/3的人口），在美国有4000万。2003年8月14日，美国8个州及加拿大的安大略省的电力中断。造成经济损失多达250亿到300亿美元。事后查明，起因是俄亥俄州的一家电力公司没有及时修剪树木，在用电高峰期高压电缆下垂，触到树枝而导致短路。随后，俄亥俄州的一家发电厂因此下线，相邻各州电网的互联互通，造成严重的大范围停电事故。

④ Steve Coll and Susan B. Glasser, "Terrorists Turn to the Web as Base of Operations," *The Washington Post*, August 7, 2005, p. A1; Gabriel Weimann, *Terror on the Internet: The New Arena, the New Challenges*, Washington D. C.: United States Institute of Peace Press, 2006, p. 309.

完全摧毁信息的能力。"[①] 2010 年美国推出的一份国家情报评估也坦言："我们面临着各种威胁，包括来自国家、恐怖组织、有组织犯罪团伙、个人和其他网络行为体的威胁，他们可通过各种形式访问网络……拥有攻击美国信息基础设施的能力……恐怖组织和他们的支持者已经对运用网络手段攻击美国和美国公民表示出了兴趣。"[②] 美国兰德公司资深专家彼德·乔克（Peter Chalk）也坦言："技术塑造了现在的恐怖主义，我们面临的最大威胁可能已经不是大规模杀伤性武器，而是如何防范恐怖分子利用网络进行恐怖主义教导和袭击。"[③]

3. 网络反恐已逐渐成为国际社会的关注重心

随着网络恐怖主义的威胁日益凸显，国际社会也逐渐形成共识，致力于加强国际合作，以应对这一全新挑战。

2013 年 12 月 17 日，联合国安理会以 15 票赞成一致通过第 2129 号决议。该决议重申："一切形式的恐怖主义均对国际和平与安全构成最严重威胁，强调国际社会应继续将打击恐怖主义作为工作重点。决议特别指出，对恐怖组织或恐怖分子利用互联网实施恐怖行为，包括煽动、招募、资助或策划等活动表示严重关切，明确要求联合国反恐机构会同各国和有关国际组织加强对上述行为的打击力度。"[④]

2014 年 6 月，第 68 届联合国大会进行《联合国全球反恐战略》第四次评审并通过决议，首次在全球反恐战略的框架内写入了打击

---

① *2009 Cyberspace Policy Review*, https://www.dhs.gov/publication/2009-cyberspace-policy-review.（访问时间：2015 年 11 月 28 日）

② 转引自布丽奇特·L. 娜克斯著，陈庆、郭刚毅译：《反恐原理》（第四版），北京：金城出版社，2016 年版，第 382 页。

③ 《网络反恐：互联网安全国际合作》，凤凰网，2014 年 11 月 21 日，http://finance.ifeng.com/a/20141121/13294677_0.shtml（访问时间：2015 年 10 月 20 日）。

④ 《联合国安理会通过决议 将加强打击网络恐怖主义》，中国日报网，2013 年 12 月 18 日，http://www.chinadaily.com.cn/hqgj/jryw/2013-12-18/content_10840486.html（访问时间：2015 年 10 月 20 日）。

网络恐怖主义的内容，要求各国关注恐怖主义分子利用互联网等信息技术从事煽动、招募、资助或策划恐怖活动的行为，并切实采取有力措施，携手应对网络恐怖主义威胁①。

2014 年 9 月，联合国安理会一致通过第 2178 号决议，对恐怖主义分子及其支持者越来越多地利用包括互联网在内的通信技术来推动"激进化"进程，进行招募、实施煽动以及融资等行为再次表示关注，并要求成员国共同采取措施，防止恐怖主义利用互联网从事恐怖活动②。

2014 年 11 月 17—18 日，"全球反恐论坛"③ 打击网络恐怖主义研讨会在北京举行，来自联合国相关机构及"全球反恐论坛"近 20 个成员国的共约 70 名代表与会。与会者普遍认为，"打击网络恐怖主义是国际社会当前面临的迫切任务和挑战，需要各国加强合作，形成合力；各国要提高应对网络恐怖主义的能力，国际社会应帮助发展中国家进行网络反恐能力建设；'全球反恐论坛'应在推动国际网络反恐合作方面发挥积极作用"。④ 2016 年 10 月 21 日，"全球反恐论坛"框架下第二次打击网络恐怖主义研讨会在北京举行。全球反恐形势日趋严峻与复杂，网络恐怖主义威胁也逐渐凸显。在该背景下，本次会议以"凝聚共识，拓展合作，有效打击网络恐怖主义"

---

① 《外交部就联大进行〈联合国全球反恐战略〉第四次评审等答问》，中央政府门户网站，2014 年 6 月 19 日，http://www.gov.cn/xinwen/2014-06/19/content_2704512.htm（访问时间：2015 年 10 月 20 日）。

② Resolution 2178 (adopted by the Security Council at its 7272nd meeting), September 24, 2014, http://www.un.org/en/sc/ctc/docs/2015/SCR%202178_2014_EN.pdf.（访问时间：2015 年 10 月 20 日）

③ "全球反恐论坛"成立于 2011 年，包括中国、美国、俄罗斯、英国等 29 个成员国和欧盟，是国际社会开展反恐合作的重要机制性平台。

④ 《"全球反恐论坛"打击网络恐怖主义研讨会在京举行》，人民网，2014 年 11 月 18 日，http://military.people.com.cn/n/2014/1118/c172467-26048379.html（访问时间：2015 年 10 月 20 日）。

为主题，旨在推动国际社会共同有效应对此类威胁①。

2014年11月，在中国乌镇召开的世界互联网大会“加强国际合作，共同打击网络恐怖主义”分论坛上，与会代表一致强调：为有效抵制、防范网络恐怖犯罪，必须要加强国际合作，同时还要大量运用新科技手段②。在2015年12月、2016年11月和2017年12月分别召开的第二、三和第四届世界互联网大会上，网络安全、打击网络恐怖主义均成为会议的重要议题。

正因为网络恐怖主义威胁日益凸显，成为各国皆不能幸免之痛，所以加强网络反恐力度，特别是在此方面的国际合作力度，就逐渐成为国际社会的关注重心。为此，无论是《联合国全球反恐战略》的第四次评审、“全球反恐论坛”打击网络恐怖主义研讨会，还是世界互联网大会，均将关注重点放在了网络恐怖主义及网络反恐之上，这就表明：针对网络恐怖主义危害及共同应对事宜，国际社会已取得相当共识。

4. 美国是国际社会网络反恐的重要节点

一方面，美国面临着包括网络恐怖主义在内的相当严重的恐怖主义威胁。美国反恐战略的偏差导致伊斯兰世界反美情绪沸腾，造成“越反越恐”的局面。恐怖主义势力不断调整战略战术，提升技术含量，越来越多地利用网络来发动对美“圣战”，给美国的反恐努力带来了新的严峻的挑战。此外，美国社会几乎方方面面都高度依赖网络的互联互通。由于网络节点众多，防范难度大，所以美国遭受网络恐袭甚至“网络9·11”“电子珍珠港”的可能性不可排除。

另一方面，美国以强大的军事实力和网络技术为后盾，拥有不

① 《“全球反恐论坛”框架下第二次打击网络恐怖主义研讨会在京举行》，新华网，2016年10月21日，http://news.xinhuanet.com/world/2016-10/21/c_1119764155.htm（访问时间：2016年11月8日）。

② 《“打击网络恐怖主义”网络安全治理凝聚共识》，人民网，2014年11月20日，http://it.people.com.cn/n/2014/1120/c1009-26062226.html（访问时间：2015年10月20日）。

可小觑的网络反恐实力及潜力。作为国际互联网的发源地与网络规则的制定者，美国充分利用其技术优势，采取广泛监控、重点跟踪、软侦察与硬杀伤相结合等手段，对网络恐怖主义进行大力打击，取得了相当的成效。但由于国际互联网的特性改变了现实社会的博弈规则，美国虽拥有军事优势和网络霸权，却并不能完全垄断网络，也无法在这场不对称的对抗中取得完全优势。因此，在对网络恐怖主义实施打击与治理的过程中，美国采取何种策略，其成效如何，在某种程度上具有典型意义。其经验可为别国效仿，提升网络反恐实效，而其教训则可为他国借鉴，避免重蹈覆辙。世界各国以此为基础，凝聚共识，共同打击网络恐怖主义，维护国际社会的安全与稳定。

### （二）选题意义

1. 理论意义

本书从新安全环境与新安全观的视角对美国面临的网络恐怖主义威胁及应对机制进行研究，有助于站在世界体系的大背景前更好地理解这一对地区、国家乃至整个国际社会均构成严重威胁的安全问题，深化对网络恐怖主义的根源、表现及发展变化的认识和理解。在此基础上，从政策、法律、组织及技术四个维度探究美国网络恐怖主义应对机制的架构、运作及相互关系，有助于弥补相关研究的不足，可为今后其他学者更为深入、系统地研究此类问题提供基本的研究框架，也可为其他国家及地区在应对此类安全威胁时建立相应机制提供理论指导。

2. 现实意义

开展本研究对中国应对网络恐怖主义有借鉴意义。当前，中国正面临着以“东突”为代表的日趋严重的恐怖主义威胁，且此种力量越来越多地利用国际互联网进行组织策划、宣传鼓动、资金筹集、人员招募等活动，并频频制造暴力恐怖事件。根据中国警方相关资料显示，“绝大部分暴恐分子都曾受过‘东突’恐怖组织通过互联网发布的恐怖音视频的煽动、蛊惑。‘东突’利用互联网大肆宣扬恐怖极端思想，不仅助长了中国境内恐怖极端势力的发展，也助推了国际和地区恐怖极端思想的蔓延”[①]，严重危害国家安全、社会稳定及人民福祉，对我国的传统安防体系以及“网络强国”战略的有效推进带来了严峻挑战。因此，建立科学、合理、高效的网络恐怖主义应对机制势在必行。美国，作为世界首屈一指的军事、科技强国，也同样面临较为严重的网络恐怖主义威胁，而其在应对此类威胁方面已形成一整套较为完整而有效的机制。以我国的现实需求为出发点，对美国网络恐怖主义应对机制加以研究，可对我国应对理念的确立和完善、以及应对机制的科学构建提供有益借鉴。

## 二、重要概念界定

孔子云：名不正则言不顺，言不顺则事不成。概念研究是理论研究中最基础、也是最核心的部分，只有厘清基本概念，理论研究才能顺利进行。这里首先对本书涉及的四个重要概念做出初步界定，后文还会进行详述。

一是安全环境。《现代汉语词典》对安全一词的解释为：没有危险，平安[②]。现实主义理论学者阿诺德·沃尔弗斯（Arnold Wolfers）则将安全作为国际政治研究的“起点”和“落点”[③]，并进一步从“威胁论”的角度来理解安全：“安全，在客观的意义上，表明已获价值不会受到威胁，在主观的意义上，表明不用担心此种价值会受到攻击。”[④] 作为最基本的政治学概念，安全反映了一个国家最基本的价值取向，即谋求安全是一个国家所追寻的永恒目标。环境，指

① 《外交部就联大进行〈联合国全球反恐战略〉第四次评审等答问》，中央政府门户网站，2014年6月19日，http://www.gov.cn/xinwen/2014-06/19/content_2704512.htm（访问时间：2015年10月20日）。

② 中国社会科学院语言研究所词典编辑室编：《现代汉语词典》，北京：商务印书馆，2014年版，第7页。

③ 转引自倪世雄等：《当代西方国际关系理论》，上海：复旦大学出版社，2001年版，第434页。

④ 转引自 Terry Terriff, et al, *Security Studies Today*, Cambridge: Polity Press, 1999, p. 2.

周围的情况和条件[①]。因此，安全环境是指一定时期内，对国家安全产生影响的内外部条件的总和，是内外各种力量长期作用的结果。一般来说，各国对于安全环境的认识和理解也存在一定差异。

二是安全观。对于安全观，不同研究者立足不同角度，进行了不同的概念阐述。一般来说，安全观即国家安全观，对国家具体安全政策和安全战略起指导作用。国家安全观是“对安全环境即国际发展趋势的反映。其能否准确地反映客观现实，将直接决定国家安全政策和战略的有效性”[②]。有学者对安全观的概念作了进一步的抽象和细化：国家安全观是“关于国家安全问题的根本态度和观点，是被系统化、理论化的安全观念，是关于国家安全认知和理念的整体或集合。它主要由安全利益观念、安全威胁观念、安全战略观念和安全效益观念等基本观念构成”[③]。有些学者则明确指出，安全观是“人们对安全的一种总体认识，大致包括如下内容：威胁来自何方，威胁的性质是怎样，通过怎样的途径才能消除威胁、获得安全等”。[④] 综合各位学者的观点，本书认为：安全观是国家对于安全问题的根本看法，它反映出国家对于安全环境的认识、安全威胁的把握以及国家因此而采取相关措施的态度。事实上，作为一种主观理解的产物，安全或国家安全对于不同国家和/或个人而言，具有不同的意义，正如约翰·贝利斯（John Baylis）所言：“学术界达成的共识就是‘安全’是一个有争议的概念”。[⑤] 随着国际国内形势的变化，不同国家以及同一国家在不同发展阶段会对国家安全赋予新的理解。

---

① 中国社会科学院语言研究所词典编辑室编：《现代汉语词典》，第 565 页。

② 王勇：《论中国的新安全观》，载《世界经济与政治》，1999 年第 1 期，第 42 – 45 页。

③ 蒋晓燕、信强：《美国国会与美国对华安全决策（1989 – 2004）》，北京：时事出版社，2005 年版，第 4 页。

④ 倪世雄等主编：《中美国家利益比较》，北京：时事出版社，2004 年版，第 47 页。

⑤ John Baylis, “International Security in the Post – Cold War Era,” *The Globalization of World Politics: An Introduction to International Relations*, John Baylis and Steve Smith, eds, New York: Oxford University Press, 1997, p. 194.

三是网络恐怖主义。正如恐怖主义研究专家加布里埃尔·魏曼(Gabriel Weimann)所言:"……如果要清楚地了解网络恐怖主义所代表的危险,我们必须要精确地对它进行定义。"① 从美国加州安全与情报研究所研究员巴里·科林(Barry C. Collin)于1986年首先提出"网络恐怖主义"一词以来,目前对于网络恐怖主义的定义多达数十种。

比较有代表性的定义有:巴里·科林认为,"网络恐怖主义是网络与恐怖主义相结合的产物"②。联邦调查局马克·波立特(Mark Pollitt)指出:"网络恐怖主义是由亚国家组织或秘密行动者针对信息、计算机系统、计算机程序以及数据发动的有预谋的、有政治动机的攻击,其结果表现为对非战斗目标实施的暴力行为"③。美国国防部的定义是"利用计算机和电信能力实施的犯罪行为,以造成暴力和对公共设施的毁灭或破坏来制造恐慌和社会不稳定,旨在影响政府或社会,实现其特定的政治、宗教或意识形态目标"④。加布里埃尔·魏曼则将其定义为:"利用电脑网络工具破坏或关闭国家关键基础设施(如能源、交通、政府运作等)"⑤。多萝茜·邓宁(Dorothy Denning)对此提出的定义是"网络恐怖主义是网络空间与恐怖主义的结合,指对电脑、网络,以及存储在电脑和网络中的数据进行非法攻击或威胁进行攻击,以胁迫或强制一国政府或国民,从而

① Gabriel Weimann, *Cyberterrorism, How Real Is the Threat? Special Report 119*, Washington D. C.: United States Institute of Peace, 2004, p. 4.

② Barry C. Collin, "The Future of Cyberterrorism: Where the Physical and Virtual Worlds Converge," http://www.crime-research.org/library/Cyberter.htm.(访问时间:2015年11月3日)

③ Mark M. Pollitt, "Cyberterrorism--Fact or Fancy?" *Computer Fraud & Security*, Vol. 1998, No. 2, 1998, pp. 8-10.

④ 徐胜、李成:《网络恐怖主义若干问题研究》,载《吉林公安高等专科学校学报》,2006年第12期,第78页。

⑤ Gabriel Weimann, "The Sum of All Fears," *Studies in Conflict and Terrorism*, Vol. 28, No. 2, 2005, pp. 129-130.

达到一定的政治或社会目的"①。

上述定义多数未对网络恐怖主义的行为主体进行明确界定，同时在其表现形式等关键点上争议较大。美国司法部国家安全司（National Security Division）前成员莱昂纳德·贝利（Leonard Bailey）就表示："我们甚至缺少对网络恐怖主义的统一界定，也就使得针对这一主题的讨论困难重重。"② 究其原因，首先是各国根据自己的利益需求来认识恐怖主义并实施反恐，导致恐怖主义难以形成统一概念，直接影响到网络恐怖主义的概念界定；其次，作为恐怖主义和网络恐怖主义话语体系的塑造者和垄断者，美国迟迟不愿对网络恐怖主义进行清晰界定，就是为了拥有充分的行动自由，"为了美国的自由裁量埋下伏笔"③，依照自己的价值判断和利益需求在"自由斗士"和"恐怖分子"④ 之间做出抉择并采取措施，而不是被其约束。因此，深入研究本课题之前，必须排除上述干扰因素，对网络恐怖主义的定义进行合理界定。

通过对众多定义进行梳理发现，除上述争议外，业已取得的共识主要体现在如下方面：首先，网络恐怖主义是一种全新形态的恐怖主义，仍然属于恐怖主义的范畴；其次，网络恐怖主义处于恐怖主义和网络空间的交汇地带，为恐怖主义提供了虚拟生存空间和全新发展平台；最后，网络恐怖主义目前主要处于工具型阶段，即恐怖主义利用国际互联网从事思想宣传、联络协调、人员招募、资金筹集、活动策划、技能传授、装备采购等活动。在恐怖分子的眼中，

---

① Dorothy Denning, *Cyberterrorism, Testimony before the Special Oversight Panel of Terrorism Committee on Armed Services, U. S. House of Representatives*, May 23, 2000, http://www.cs.georgetown.edu/denning/infosec/cyberterror-GD.doc.（访问时间：2015 年 11 月 3 日）

② Victoria Baranetsky, "What is Cyberterrorism? Even Experts Can't Agree," *The Record*, No. 5, 2009, http://hlrecord.org/?p=12752.（访问时间：2015 年 11 月 3 日）

③ 程琳：《呼吁明确定义网络恐怖主义》，新浪网，2014 年 11 月 21 日，http://tech.sina.com.cn/i/2014-11-21/02399812426.shtml（访问时间：2015 年 11 月 3 日）。

④ 出自美国前国务卿乔治·舒尔茨（George Shultz）的名言，"一个人眼中的恐怖分子是另外一个人眼中的自由斗士"，参见 Ronald Spiers, "The Anatomy of Terrorism," *Foreign Service Journal*, September, 2004, p. 43.

国际互联网是推进其事业发展的有效工具。因此，从行为主体来看，网络恐怖主义由恐怖组织和/或恐怖分子所实施①；其行为动机和行为目的相互依存；从行为动机来看，既有政治原因也有宗教、意识形态等因素，是刺激行为人实施网络恐怖主义行为的内心起因，而其行为目的则是追求恐怖事件的发生，从而制造恐怖效应，达到其政治、宗教或意识形态目标；从行为手段来看，网络恐怖主义一方面利用国际互联网等高新技术，使之为其传统恐怖活动服务，另一方面则将互联网及网络目标（关键基础设施、网站、服务器等）作为攻击对象。与恐怖主义相比，网络恐怖主义的行为手段既具有间接破坏性，也具有直接破坏性；从行为对象来看，与恐怖主义一样，政府和民众属于其最终行为对象；从行为后果来看，与恐怖主义相比，网络恐怖主义虽然不会直接造成人员伤亡，但足以引起社会恐慌、造成经济损失并加剧社会矛盾。考虑到概念界定的科学性和灵活性，综合各位学者的观点，本书认为：网络恐怖主义是恐怖主义与网络空间的结合，是恐怖主义在网络空间的生存拓展与活动延伸，它是恐怖势力出于一定的政治、宗教或意识形态目的而利用或针对网络实施的恐怖主义行为。

四是机制。按照《现代汉语词典》的解释，机制是指：“（1）机器的构造和工作原理；（2）机体的构造、功能和相互关系；（3）指某些自然现象的物理、化学规律；（4）泛指一个工作系统的组织或部分之间相互作用的过程和方式”②。按照中国政法大学社会学院院长应星教授的看法，所谓机制就是“目标与结果之间的中介变项”③。事实上，机制所指的是一个工作系统的构造、功能和相互关系，并在政治学、社会学和经济学等领域得到广泛应用。作为社会学研究对象来说，机制既有稳定性，也存在变动性，它在发挥功能

---

① 需要指出的是，与恐怖主义一样，宗教极端主义势力（组织和/或个人）为当前阶段网络恐怖主义的行为主体。

② 中国社会科学院语言研究所词典编辑室编：《现代汉语词典》，第597页。

③ 应星：《中国社会转型与中国社会学的复兴》，载《光明日报》，2009年10月21日。

的同时对自身不断进行修补完善，使其适应客观需要。正如应星教授所言，机制研究就是“将一种实践状态的社会现象作为社会学的研究对象，将社会事实看作是动态的、流动的，而不是静态的”①。

需要指出的是，此处的概念界定所依据的是当前情况。随着情况的不断变化，概念界定也会随之发生动态变化。正如学者所言，随着对事物认识的不断加深，定义就需要相应的修正，甚至形成新的定义②。时代发展将赋予相关概念新的内涵，也会为网络恐怖主义的应对带来新的视角。

## 三、国内外研究综述

自“9·11”事件以来，作为世界范围内的热点问题，恐怖主义研究已经成为国际关系领域的显学，各种著作、论文、文章层出不穷，得到了较为充分的论述。而作为恐怖主义在信息时代的一种全新表现形式，网络恐怖主义给国际社会带来的威胁日益严峻，打击网络恐怖主义已成为国际社会当前面临的严峻挑战和迫切任务。尽管网络恐怖主义话题正成为国际会议的新议题及国际论坛的新焦点，国内外专家学者对网络恐怖主义的研究也日益重视，但与恐怖主义研究相比，当前的网络恐怖主义研究无论是从文献数量、研究范围还是影响力上均难以企及。更为重要的是，距离满足有效应对网络恐怖主义的现实需求尚存有较大差距。

在美国国会图书馆，标题含有“terrorism”的材料有14575件，标题含有“cyber security”的材料有1529件，标题含有“cyber crime”的材料有766件，标题含有“cyber terrorism”的材料有647件，含有“cyber terror”的材料有92件。此外，美国国会参、众两院还有大量涉及网络恐怖主义的听证材料，国土安全部、联邦调查局、国家反恐中心、国务院反恐局等机构网站也有众多的相关研究

① 应星：《中国社会转型与中国社会学的复兴》，载《光明日报》，2009年10月21日。

② 金炳华主编：《马克思主义哲学大辞典》，上海：上海辞书出版社，2003年版，第583页。

材料。

在中国国家图书馆，以“恐怖主义（所有字段）”为主题词检索到674件中文材料，而以“网络恐怖主义（正题名）”仅检索到25件中文材料（除4本专著外，其余均为硕士学位论文）。从总体可以看出，西方（主要是美国）对于网络恐怖主义的研究仅从数量上就要远远多于国内学者的研究成果。因此，本书的参考文献以西方（主要是美国）的文献资料和西方（主要是美国）学者的研究成果为主。

### （一）国外研究综述

针对网络恐怖主义的理论研究从20世纪80年代末开始。美国加州安全与情报研究所研究员巴里·科林于1986年最早提出“网络恐怖主义”一词，而在其1997年发表的《网络恐怖主义的未来：现实世界和虚拟世界的交汇地带》一文中，科林指出恐怖主义的面貌已经开始发生变化，虽然其动机保持原样，但其运用的武器已经随着信息技术的发展而与以往大不相同[①]。同样对网络恐怖主义较早进行研究的学者还包括联邦调查局探员马克·波立特、美国信息安全专家多萝茜·邓宁、英国格拉摩根大学学者安德鲁·琼斯（Andrew Jones）、澳大利亚独立学者山姆·伯纳（Sam Berner）等。从早期这几位学者的研究来看，他们对网络恐怖主义的研究尚处于初探阶段，对于网络恐怖主义可能带来的危害已经有了初步认识，并对网络恐怖主义的概念做出界定并提出了减少此类威胁的初步建议和措施。但从总体来看，由于网络恐怖主义当时尚未完全发展成形，这一阶段的研究更多具有探索和预测性质，有不少研究仍然在论证网络恐怖主义存在的可能性，《网络恐怖主义——事实或幻想?》[②]《网络恐

---

① Barry C. Collin, *The Future of Cyberterrorism*: *Where the Physical and Virtual Worlds Converge*, http: //www. crime - research. org/library/Cyberter. htm.（访问时间：2015年11月3日）

② Mark M. Pollitt, “Cyberterrorism - Fact or Fancy?” *Computer Fraud & Security*, Vol. 1998, No. 2, 1998, pp. 8 - 10.

怖主义——威胁的真实性如何?》① 《网络恐怖主义——事实或虚构?》②《网络恐怖主义——现实或妄想?》③ 等文章可作为印证。

随着恐怖主义与网络空间的结合日益紧密，网络恐怖主义威胁逐渐成为各国新的重要关切点，对其研究也开始趋热，为数众多的相关学术论文和著作相继问世。这些研究成果不再探究网络恐怖主义是否存在的问题，而是从网络犯罪、信息安全、网络安全、反宣传、网络金融反恐等不同侧面对网络恐怖主义进行了较为深入的研究。总的来说，研究主题主要集中于两个方面：网络恐怖主义的成因和概念，以及如何加以应对。

1. 网络恐怖主义的成因和概念问题

在网络恐怖主义的成因问题上，现有研究成果涉及政治、经济、社会和心理层面，还有的将其与全球化、信息化、国际格局相联系，但是绝大部分的研究都认同现代信息技术特别是互联网在网络恐怖主义形成过程中发挥了重要作用。

对于网络恐怖主义的概念问题，现有研究成果存在较大分歧，主要的分歧点在于网络恐怖主义的行为主体。绝大部分学者认为非国家行为体（包括非国家组织或个人）才属于行为主体，部分学者则笼统地将网络黑客行为也划入网络恐怖主义的范畴，还有学者将国家也作为网络恐怖主义的行为主体。在对概念问题的研究中，网络恐怖主义的表现形态也是一个重要的分歧点。表现形态就是恐怖主义对网络的利用和/或攻击等行为方式。部分学者认为网络恐怖主义仅仅表现为网络攻击，而恐怖主义对网络空间的利用则不在其考虑范围之内，按照他们的观点，“利用计算机或通信网络实施的网络

---

① Gabriel Weimann, *Cyberterrorism*, *How Real Is the Threat*? *Special Report 119*, p. 4.

② Andrew Jones, “Cyber Terrorism: Fact or Fiction?” *Computer Fraud & Security*, Vol. 2005, No. 6, 2005, pp. 4 – 7.

③ Sam Berner, “Cyber – Terrorism: Reality or Paranoia?” *South African Journal of Information Management*, Vol. 5, No. 1, March 2003, http: //www. samberner. com/documents/KM/cyber. pdf. （访问时间：2015 年 11 月 3 日）

攻击行为"[①] 才是网络恐怖主义最主要的表现形态，而越来越多的学者认为恐怖主义对网络空间的利用也属于网络恐怖主义行为。穆拉·康威（Maura Conway）[②]、加布里埃尔·魏曼[③]、保罗·格里希曼（Paul Grishman）[④] 等学者均持此种观点。

2. 网络恐怖主义的应对问题

关于如何应对网络恐怖主义，不同的学者根据自身的实践经验和学术水平，从不同研究角度提出自己的见解。需要指出的是，虽然研究对象也涉及到北约、英国、印度等国家或组织，但数量相对较少，研究的主要对象还是集中在美国。

（1）网络犯罪视角下的研究

罗伯特·泰勒（Robert W. Taylor）、苏莱曼·奥泽仁（Suleyman Ozeren）、古曼普里克·考尔（Gurmanpreek Kaur）、毛里斯·道森（Maurice Dawson）、巴拜克·阿克加尔（Babak Akhgar）、安德鲁·斯坦尼福斯（Andrew Staniforth）等学者从网络犯罪角度对网络恐怖主义进行了相关研究。他们在研究网络犯罪和网络恐怖主义的概念、类型和特点的基础上，对当前应对此类违法行为的法律体系和法律手段进行了剖析，指出其存在的不足，并在此基础上提出立法和执法部门的应对之道，同时认为实现全球响应已

---

① 拥有此种观点的以北约防御恐怖主义卓越中心、韦氏大辞典、多萝茜·邓宁等为代表。参见"Cyberterrorism，" Merriam Webster，https：//www. merriam – webster. com/dictionary/cyberterrorism；Dorothy Denning，*Cyberterrorism*，*Testimony before the Special Oversight Panel of Terrorism Committee on Armed Services*，*U. S. House of Representatives*，May 23，2000，http：//www. cs. georgetown. edu/denning/infosec/cyberterror – GD. doc.（访问时间：2015 年 11 月 3 日）

② Maura Conway，"Terrorist 'Use' of the Internet and Fighting Back，" *Information & Security*：*An International Journal*，Vol. 19，2006，pp. 9 – 30.

③ Gabriel Weimann，*Terrorism in Cyberspace*：*The Next Generation*，New York：Columbia University Press，2015.

④ Paul Grishman，*Cyber Terrorism*：*The Use of Internet for Terrorist Purpose*，New Delhi，India：Axis Publications，2010.

成为当务之急①。大部分学者均认同应当将网络恐怖主义置于网络犯罪的范畴内，通过法律手段予以有效应对，并认为网络恐怖主义有别于普通的网络犯罪，应该为此设置特别的刑事调查和处罚程序以提高依法应对的效率；与此同时，也有不少学者关注依法应对与保障公民自由之间的关系，旨在保障依法应对中的公平。但此领域的研究成果存在的主要问题在于：对于网络恐怖主义的行为主体尚存在不同看法，除了大部分人都认可的恐怖组织和个人以外，还有学者认为网络黑客甚至相关国家也应被视为网络恐怖主义犯罪的行为主体并予以相应的法律处理。如此一来，就难以达成关于网络恐怖主义的共同法律认知，在法律层面上也就无法形成合力。

（2）网络（信息）安全视角下的研究

约翰·瓦卡（John R. Vacca）、爱德华·阿莫罗索（Edward Amoroso）、约瑟夫·基萨（Joseph Migga Kizza），以及来自美国审计总署、美国司法部、国土安全部、国防部等机构与部门的专家学者从网络（信息）安全角度对网络恐怖主义进行了研究。他们对于网络恐怖主义涉及的网络（信息）安全问题，如网络事件响应、灾难恢复、生物特征识别，特别是关键基础设施防护等问题进行了较为全面深入的研究。这些文献不仅对美国面临的网络恐怖主义威胁状况、美国政府的网络安全政策以及美国公民的网络隐私保护进行了探讨，而且也对美国众多联邦机构应对包括网络恐怖主义等网络事件的做

---

① 参见 Robert W. Taylor, et al, *Digital Crime and Digital Terrorism*. 3rd ed. Boston, MA: Prentice Hall, 2014; Suleyman Ozeren, *Cyberterrorism and Cybercrime: Vulnerabilities and International Cooperation*, Saarbrücken, Germany: VDM Verlag, 2009; Gurmanpreek Kaur, et al, *Cyber Terrorism and Law: Cyber Crimes*, Saarbrücken: LAP Lambert Academic Publishing, 2012; Maurice Dawson and Marwan Omar, *New Threats and Countermeasures in Digital Crime and Cyber Terrorism*, Hershey, PA: Information Science Reference, An Imprint of IGI Global, 2015; Babak Akhgar, Andrew Staniforth and Francesca Bosco, eds, *Cyber Crime and Cyber Terrorism: Investigator's Handbook*, Cambridge, MA: Syngress, 2014; Police National Legal Database (PNLD) and Andrew Staniforth, *Blackstone's Handbook of Cyber Crime Investigation*. New York, NY: Oxford University Press, 2017.

法进行了审查和点评，指出其存在的不足并提出了相应的改进建议①。总的来看，这些研究成果对网络恐怖主义在网络（信息）安全领域的表现形式和危害进行了阐述，同时也涉及到美国在应对过程中制定的网络（信息）安全方面的相关政策、采取的主要措施和技术手段。需要明确的是，这些研究成果在网络恐怖主义可能采取的攻击手段和美国应当采取的防御措施上着墨较多，而在如何主动反击，特别是实施网络攻击方面涉及较少；对于各部门、机构的网络（信息）安全行动研究得较多，而将其综合起来进行研究的较少；此外，对于网络（信息）安全领域的安全标准建设，相关的研究成果也不多见，而它对于网络（信息）安全却有着举足轻重的指导与规范作用。

（3）反击网络恐怖主义宣传视角下的研究

斯文·艾弗勒（Sven Eifler）、达涅拉·斯比阿努（Daniela Sibianu）、埃玛·路易斯·布莱安特（Emma Louise Briant）、爱泽基尔·雷迪克（Ezekiel Rediker）等学者就从反宣传角度对网络恐怖主义进行了研究。他们不仅注意到恐怖主义网络宣传的实际危害，同时也对其表现形式、目标群体、宣传内容等作了分析，并对美国对抗网络恐怖主义宣传行动的“边界”问题②、反宣传机构的调整重构问题、反宣传行动的组织实施等问题做出了相应研究。在此基础上，他们认为，不仅要在现实世界对“基地”等恐怖组织实施严厉打击，更要从网络空间这一无形世界对恐怖组织的宣传鼓动进行有

① 参见 United States Government Accountability Office, *Information Security*: *Agencies Need to Improve Cyber Incident Response Practices*, Washington D. C.: U. S. GAO, 2014; *Cybersecurity*: *Preventing Terrorist Attacks and Protecting Privacy in Cyberspace*, Washington D. C.: U. S. Government Printing Office, 2010; John R. Vacca, *Cyber Security and IT Infrastructure Protection*, Maryland: Syngress Publishing, 2013; Edward Amoroso, *Cyber Attacks*: *Protecting National Infrastructur*, UK: Butterworth - Heinemann, 2010; Joseph Migga Kizza and Florence Migga Kizza, *Securing the Information Infrastructure*, Pennsylvania: IGI Global, 2007.

② 事实上，这涉及到反恐部门如何依法划定自身的权力边界，在网络恐怖主义应对与保障公民隐私和公民自由之间、在公权力部门与私营企业和个人之间保持平衡等问题。

效对抗，因为两者的有机结合才是反恐战略成功的关键①。在此需要指出的是，绝大多数学者将研究重点放在恐怖主义的网络宣传媒介和载体，以及相应的反制行动上，未能从网络恐怖主义的深层思想根源入手来对反宣传工作进行研究。只是泛泛提及“基地”“伊斯兰国”等的思想鼓动，而较少触及恐怖主义意识形态的深层思想根源：近现代伊斯兰“圣战”观的重要理论来源泰米叶（Taqi al - Deen Ibn Taymiyyah）及其主要观点②；“基地”组织的意识形态教父、埃及穆斯林兄弟会精神领袖库特卜（Sayyid Qutb）及其主要理论③；“全球圣战”始作俑者阿扎姆（Abdullah Azzam）及其“自卫性圣战”和“进攻性圣战”观点④；“独狼”理论集大成者塞特马里

① 参见 Sven Eifler, “Jihadist Propaganda on the Internet: Impact and Challenges for the Security Community,” *Terrorism and the Internet: Threats – Target Groups – Deradicalisation Strategies*, Hans – Liudger Dienel et al, eds, Washington D. C. : IOS Press, 2010, p. 71; Daniela Sibianu, “Islamist Propaganda on the Internet,” *Terrorism and the Internet: Threats – – Target Groups – – Deradicalisation Strategies*, Hans – Liudger Dienel et al, eds, Washington D. C. : IOS Press, 2010, p. 81; Emma Louise Briant, *Propaganda and Counter – terrorism: Strategies for Global Change*, UK: Manchester University Press, 2015; Ezekiel Rediker, *The Incitement of Terrorism on the Internet*, 2015, http: //repository. law. umich. edu/cgi/viewcontent. cgi? article = 1077&context = mjil. （访问时间：2015 年 11 月 3 日）

② 泰米叶，库尔德人，14 世纪伊斯兰教教义、教法学家。他主张捍卫伊斯兰原教旨主义，提出重开“创制大门”，复兴“圣战”观。他的思想及主张成为近现代伊斯兰“圣战”观重要理论来源。

③ 库特卜是埃及穆斯林兄弟会的精神领袖，其“圣战”观对世界范围穆斯林激进组织影响深远，尤其对“基地”组织头目拉登及扎瓦希里影响至深，由此被尊称为“基地”组织的意识形态教父。其代表作《路标》浓缩库特卜极端主义即库特卜主义（Qutbism）的思想精髓，许多学者一致认为该书堪称伊斯兰极端主义之源，尤其当中所陈述贾希利叶（蒙昧时代）和“圣战”的观念，渲染暴力反抗国家政权的思想。该书不仅在当时催生一批激进组织，迄今仍是许多激进分子必读教材和激进组织的行动指南。参见方金英：《穆斯林与激进主义：历史与现实》，北京：时事出版社，2015 年版，第 175 页；胡雨：《赛义德・库特卜极端主义思想探微》，载《西亚非洲》，2010 年第 7 期，第 49 – 54 页。

④ 阿扎姆是巴勒斯坦极具影响力的逊尼派伊斯兰学者、神学家，为帮助阿富汗“圣战”者抗击苏军入侵，宣扬穆斯林应同时开展“自卫性圣战”和“进攻性圣战”。整个 20 世纪 80 年代，他全身心投入到为阿富汗“圣战”筹集资金、招募和组织国际“圣战”者的斗争中去，使“圣战”走向全球，被誉为“全球圣战之父”。参见方金英：《穆斯林与激进主义：历史与现实》，第 183 页。

阿姆（Mustafa Setmariam Naser）[①] 等等。由于没有挖掘其真正的思想理念来源，导致相应研究成果的立论高度及探究深度都受到了相当制约。

（4）网络金融反恐视角下的研究

弗莱彻·鲍德温（Fletcher N. Baldwin）、迈克尔·弗里曼（Michael Freeman）、史蒂夫·巴勃尔（Steve Barber）、尼古拉斯·拉伊德（Nicholas Ryder）、贾伊什·德苏扎（Jayesh D'Souza）、洛内塔·纳波利奥尼（Loretta Napoleoni）等学者从网络金融反恐角度对网络恐怖主义应对进行了研究。他们不仅探讨了恐怖主义的几种传统融资方式、考虑因素，而且也对"基地""伊斯兰国"等现代组织利用互联网实施新型融资的相关渠道及相应的应对方式进行了研究。他们认为，融资是恐怖主义生存发展的重要经济来源，而有了互联网的助力，恐怖主义网络融资呈现出更加隐蔽、快捷和高效等特点，给网络恐怖主义应对工作提出了新的更大的挑战。因此，对网络金融反恐行动实施科学合理的有效规划，使其摆脱各自为战的传统"碎片化"模式，是此类行动能够取得实效的重要前提[②]。

上述国外学者多为跨领域专家，具备深厚的理论素养及丰富的实践经验，不少还来自反恐一线。此类研究成果对网络恐怖主义的

① 塞特马里阿姆将后"9·11"时代"基地"组织新战略概念化，即"国际圣战运动原子化"，"原子化"即"独狼化"。塞特马里阿姆具有丰富实战经验，是新生代"圣战"者的首席战略家，其思想主张在互联网上广泛传播。参见方金英：《穆斯林与激进主义：历史与现实》，第224页。

② 参见 Fletcher N. Baldwin, "The Financing of Terror in the Age of the Internet: Wilful Blindness, Greed or a Political Statement?" *Journal of Money Laundering Control*, Vol. 8, No. 2, 2005; Michael Freeman and Moyara Ruehsen, "Terrorism Financing Methods: An Overview," *Perspectives on Terrorism*, Vol. 7, No. 4, 2013; Steve Barber, "The New Economy of Terror: The Financing of Islamist Terrorism," *Global Security Studies*, Vol. 2, No. 1, 2011; Nicholas Ryder, *The Financial War on Terrorism*, London and New York: Routledge, 2015; Jayesh D'Souza, *Terrorist Financing, Money Laundering, and Tax Evasion: Examining the Performance of Financial Intelligence Units*, New York: CRC Press, 2012; Loretta Napoleoni, "Terrorist Financing: How the New Generation of Jihadists Funds Itself," *RUSI Journal*, Vol. 151, No. 1, 2006.

概念给出了各自的解释，虽然在网络恐怖主义的行为主体问题及表现形式上尚存较大争议，但对于网络恐怖主义的实施对象和潜在危害方面则取得了较为广泛的共识。

从总体来看，在对美国面临的网络恐怖主义威胁的研究中，分门别类从上述不同侧面对网络恐怖主义进行研究的成果较多，而综合诸多领域对网络恐怖主义进行全面研究的较少，尤其是对于美国网络恐怖主义应对机制的整体研究则少之又少。相对而言，对于美国网络恐怖主义应对的法律层面和技术层面的研究成果较多，而对其政策层面和组织层面的成果较少；关注美国网络恐怖主义应对工作“做了什么”“如何改进”的较多，而关注“为什么做”的较少；将网络恐怖主义仅仅视为目标型的居多，而将其视为兼具工具型和目标型的较少①。此外，由于立场所限，西方（主要是美国）学者对于对网络恐怖主义的形成背景及其差异化认知的深层次原因无法给出较为客观的解释，而且其中秉持美国利益至上、美国例外论以及霸权思想和冷战思维的学者不在少数。

### （二）国内研究综述

在中国学术界，关于网络恐怖主义的研究成果相当有限，大致可分为两大类：一类从国际政治的角度对网络恐怖主义的基本要素加以研究，着重探讨网络恐怖主义防范和打击机制的建构问题②；另一类立足于法律角度，将网络恐怖主义视为网络犯罪的一种，从法

---

① 工具型网络恐怖主义是指恐怖主义以网络空间为工具，利用后者助力传统线下恐怖活动的有效推进；而目标型网络恐怖主义则是指恐怖主义以网络空间，特别是依附于后者的关键基础设施为攻击对象，旨在严重扰乱相关国家的经济发展和社会稳定，以达到相应的政治、宗教或社会目的。

② 此类成果以叶俊的《网络恐怖主义犯罪对策初探》（上海交通大学，2007 年硕士学位论文）、程新的《网络恐怖主义犯罪行为及防范对策研究》（西北大学，2010 年硕士学位论文）、李山的《打击网络恐怖主义犯罪的国际法研究》（辽宁大学，2013 年硕士学位论文）、王华健的《论欧洲反网络恐怖主义犯罪立法》（新疆大学，2015 年硕士学位论文）、潘帅的《网络恐怖主义犯罪的国际法规制研究》（天津师范大学，2017 年硕士学位论文）等为代表。

理上探讨如何更为有效地应对网络恐怖主义①。以上多为理论分析性研究成果，一般能够站在国家安全的高度来对网络恐怖主义进行较为系统的分析研究，辨析其定义，探究其成因，分析其危害，寻求其对策。这些成果梳理了网络恐怖主义的表现形式和现状，预测其发展趋势，并对其根源和危害进行了探究，对世界相关国家防范网络恐怖主义的经验和相关探索也作了一定的分析与介绍。这其中也有一些颇具见地的研究成果，如中国人民公安大学校长程琳就从网络恐怖主义应对存在的五大难题入手，提出了网络恐怖活动的定性并形成共识、建立和完善打击网络恐怖活动的法律体系等七大建议②。

需要强调的是，国内研究成果中宏观介绍的居多，深入分析的较少；着眼局部的居多，着眼全局的较少。此外，上述成果中鲜见美国网络恐怖主义应对问题的专门研究成果，大多只是对美国的网络恐怖主义威胁及应对有所提及，徐梦蕾的论文只是对美国打击网络恐怖主义的战略作了介绍，国内至今尚无一部专门研究美国网络恐怖主义威胁及应对的专著面世。在认可度较高的学术期刊中，特

---

① 此类成果以邓洪涛的《网络恐怖主义初探》（中国政法大学，2003 年硕士学位论文）、陈钟的《网络恐怖主义对国家安全的危害及其对策》（河南大学，2006 年硕士学位论文）、王献福的《网络恐怖主义对国家安全的危害及防范探析》（郑州大学，2008 年硕士学位论文）、杨文豪的《网络安全与恐怖主义威胁》（上海外国语大学，2009 年硕士学位论文）、王娟的《网络恐怖主义活动的危害及控制》（东北大学，2009 年硕士学位论文）、苏莉的《国际网络恐怖主义的治理及其对中国的启示》（湘潭大学，2012 年硕士学位论文）、刘建的《网络恐怖主义的兴起及其发展趋势探析》（外交学院，2012 年硕士学位论文）、曾炜君的《网络恐怖主义防控问题研究》（湖南大学，2013 年硕士学位论文）、徐梦蕾的《美国打击网络恐怖主义战略研究（1992 - 2013）》（外交学院，2015 年硕士学位论文）、陈明虎的《国际反网络恐怖融资立法研究》（新疆大学，2016 年硕士学位论文）、李璧君的《网络恐怖活动相关问题研究——以数据保护和恐怖融资为视角》（西南政法大学，2016 年硕士学位论文）、张兆岩的《互联网背景下的恐怖主义宣传与应对策略研究》（吉林大学，2017 年硕士学位论文）、冉冉的《网络空间反恐国际合作问题研究》（兰州大学，2017 年硕士学位论文）、夏菁的《我国网络反恐的现状与改进策略研究》（南昌大学，2017 年硕士学位论文）为代表。

② 《人民公安大学程琳：网络恐怖活动形态发生变化》，人民网，2014 年 11 月 20 日，http://media.people.com.cn/n/2014/1120/c120837 - 26059292.html（访问时间：2015 年 10 月 20 日）。

别是在国际关系类的期刊中，尚未出现有关该领域的较有见地的学术成果。

有鉴于此，我们要结合世界安全局势的大背景来看待网络恐怖主义问题，以新安全环境和新安全观为指导，以当前中国的国家安全需求为牵引，对网络恐怖主义应对工作较为成熟的美国做出较为全面、客观、深入的研究。既要对网络恐怖主义的形成发展、概念差异及原因做出进一步探究，同时也要对美国网络恐怖主义应对机制的整体架构及其内容、特点和不足加以深入分析，结合我国所面临的网络恐怖主义威胁现状，探讨如何从理论和实践两个层面为我国的应对工作提供参考。

## 四、创新点与难点

### （一）创新点

1. 本书首次从新安全环境和新安全观的视角对美国网络恐怖主义应对工作进行研究。结合国内外研究综述来看，之前的相关研究多是从网络恐怖主义的概念、成因、表现、危害及对策等不同角度入手，主要关注如何认识及解决该安全问题。从新安全环境和新安全观的视角进行研究，有助于综合考量国际安全环境、国家安全观等因素对于一国在应对此类安全问题时的重要影响，力求较为客观地分析及总结美国在应对机制的构建、运作过程中的优势与不足。

2. 本书首次从政策、法律、组织和技术四个层面对美国网络恐怖主义应对机制加以概括和提炼。将不同机构部门的应对工作统合为一个整体加以研究，通过厘清各体系在该机制中的职能定位及相互作用，致力于研究如何更加科学合理地协调各体系间的分工合作，优化资源配置，提高应对效能。

3. 本书对中国当前及今后时期的网络恐怖主义应对工作提出了全面系统、兼具宏观指导性和具体操作性的对策建议，包括确立科学合理的网络恐怖主义应对指导原则，“道”“器”并举，以提高网络恐怖主义应对决策的科学性和针对性；积极开展意识形态领域的话语对抗工作，实现对网络恐怖主义的话语压制；以及稳步推进网络恐怖主义应对工作的长效发展，既做到准备充分，随时能战，同时也注重成本与效益、效果与效率的科学平衡，实现网络恐怖主义应对的可持续。

### （二）难点

本书在研究过程中也遇到了不少困难。首先是资料方面的因素。虽然美国对于其网络恐怖主义应对工作的政策、法律、组织和技术等方面的材料多为公开，但其难点在于材料数量极多。仅以美国参众两院的材料为例，其中包含大量的各委员会报告、听证会材料、两院通信等文件，可以说是浩如烟海，对其进行系统梳理的难度较大。其次是对美国网络恐怖主义应对机制的研究属于典型的跨学科研究，涉及到国际政治、法律、网络安全技术、情报学等多个学科，例如对应对机制中法律体系的研究，涉及到美国法律体系的特点、法律概念的界定、刑事诉讼流程、法律救济等领域；再如网络安全技术，涉及网络安全防护技术和网络攻击技术。这些知识领域专业性极强，对于笔者而言无疑是一个巨大挑战。

## 五、本书基本框架

本书分为绪论、正文和结论三大部分。绪论部分首先指出本课题的研究背景和选题意义，对安全环境、安全观、网络恐怖主义等相关重要概念进行界定，随后在国内外研究综述的基础上，介绍了本书的创新点、难点及基本框架。

第一章，新安全环境下的网络恐怖主义威胁。本章主要阐述了本书的研究视角，即新安全环境和新安全观，是全书研究的基础。随后以传统安全威胁为参照，考察网络恐怖主义威胁的成因、特点与表现形式，并在掌握当前现状的基础上，对网络恐怖主义的未来发展趋势做出分析判断。

第二至第六章是本书的主体部分，着重分析和研究美国网络恐怖主义应对机制所涵盖的四个层面。

第二章，美国网络恐怖主义应对机制的构建。在对美国应对机制的形成背景加以分析阐述的基础上，通过指出其机制构建的难点及化解难题的基本遵循，明确应对机制的基本架构。本章展现的是美国网络恐怖主义应对机制的整体框架，是下文政策体系、法律体系、组织体系和技术体系等具体应对措施的研究起点。

第三章，美国应对网络恐怖主义的政策体系。通过对美国与网络恐怖主义应对相关的政策文件进行分析解读，从国家安全战略、网络安全战略、综合反恐战略、非战略类文件等方面阐释政策体系为整体应对工作提出的总体要求、提供的工作思路和应对方法。政策体系在整个机制中起引领作用，为其他相关体系的合理构建和正常运作提供基本的政策指导。

第四章，美国应对网络恐怖主义的法律体系。通过对网络恐怖主义的相关适用法律法规加以较为全面的解读，不仅涵盖基础法律概念的界定，也包括对专门领域法规以及特殊反恐程序的分析解读。法律体系在整个机制中起规范作用，对架构的依法建构与合法运行提供法理保障。

第三章和第四章中的政策体系和法律体系，对组织体系和技术体系起着引领和规范的作用。

第五章，美国应对网络恐怖主义的组织体系。按照情报、网络安全、金融反恐、反宣传、反恐执法五个方面，对美国网络恐怖主义应对机制的组织建设情况进行深入阐述。组织体系为美国网络恐怖主义应对机制提供了较为健全的组织架构，为应对工作的有效实施提供了组织保障。

第六章，美国应对网络恐怖主义的技术体系。从网络安全标准、网络安全防护技术和网络攻击技术三个方面对美国网络恐怖主义应对机制的技术体系进行归纳总结，提炼其特点和规律。技术体系为美国网络恐怖主义应对机制提供了较为充分的安全技术保障，为其他体系的顺利构建以及整体机制的健康稳定运行发挥了相当重要的支撑作用。

第五章和第六章中的组织体系和技术体系主要负责贯彻落实和支撑保障。

第七章，美国网络恐怖主义应对机制的反思与借鉴。本章是对第二章至第六章的归纳与总结。反思方面是结合新安全观对美国网络恐怖主义应对机制的总体进行深入评价，既是对其经验教训的总结归纳，也是对其战略认知偏差及根源的分析，以期为我国的相关实践提供参考。借鉴方面，是对全文的凝练与提升。

结论部分对全书内容进行了总结与概括，指出美国的应对机制较为有效地维护了美国的安全利益，但仍存在战略和战术层面的不足。对中国而言，在吸取美国经验教训的基础上，一方面要做到对国际安全环境、网络恐怖主义威胁及其表现形式、思想根源等了然于胸，并从政策、法律、组织和技术等层面有效构建相应机制；另一方面，也要不断提升综合国力和对世界格局的塑造能力，积极构建公正合理的国际政治经济新秩序，致力于铲除网络恐怖主义的生存土壤。

# 第一章 新安全环境下的网络恐怖主义

冷战结束以来，国际关系经历了持续调整，但两极格局的打破并未使世界朝着稳定有序的方向发展。在全球秩序深度重塑的过程中，“各种系统性风险挑战不断凸显，既有国际秩序越发难以为继”[①]。全球安全形势仍然十分严峻，传统安全威胁与非传统安全威胁交织。恐怖主义威胁并未因“9·11”事件后的全球反恐战争而销声匿迹，反而在近年呈现出持续蔓延态势。借助信息技术的发展，恐怖主义与网络空间的结合更是使其有效拓展了生存和发展空间，并成为全球治理面临的重要“瓶颈”之一。面对复杂变局，国际社会唯有调整安全观念，积极适应新安全环境带来的挑战，方为有效化解安全威胁、走出安全困境的必由之路。

## 第一节 新安全环境

冷战后，世界多极化趋势加速发展，大国对抗势头减弱，军事因素在国际关系中的作用下降，而政治、经济、社会、文化等因素正产生越来越大的影响，各国之间相互依存与合作的发展趋势加快。同时，随着信息时代的来临，安全环境受到重塑，呈现出全新特点。

① 中国现代国际关系研究院：《国际战略与安全形势评估（2016/2017）》，北京：时事出版社，2017年版，第3页。

## 一、国际格局的新变化

新安全环境与旧安全环境相对应。冷战结束，影响国家安全的内外部条件发生了重大变化，国际安全环境发生了深刻变化，出现了一系列不同于冷战时期的新特点：两极格局解体，美苏对峙并相互制约而形成的既有相对平衡局面被打破，多极化迅猛发展，各方力量处于不断的消长变化和重新分化组合过程之中；经济因素在国际关系中的作用日益上升，而军事因素则相对下降；各国合作与相互依存的发展趋势加快，经济全球化使各国利益交融，相互影响的程度逐渐加深；国际局势呈现总体趋缓和局部动荡并存的局面，传统安全威胁和非传统安全威胁并举，不安全与不可测因素持续增加。正如1997年5月美国《四年防务评估》所言，“随着21世纪的临近，美国所面对的是一个多变化且不确定的世界”①。

新安全环境下，和平与发展是时代主题②。世界多极化与经济全球化虽有波折但趋势明显，新的力量格局正在形成。国际形势总体趋缓，除了以往的军事安全之外，经济安全、文化安全、社会安全等也越来越受到重视。安全威胁发生显著变化，呈现多样化趋势，特别是进入20世纪90年代以来，各种现实和潜在的传统与非传统安全威胁挑战着人类社会的美好愿望，对人类的和平与安全造成严重威胁，并在部分时段和地域愈演愈烈，成为新安全环境下国际社会所面临的巨大挑战。究其原因，除复杂的民族、种族、宗教等因素外，带有冷战思维的霸权主义及强权政治首先难辞其咎，国际关系因此受到严重扰乱；同时，全球化也未能惠及全球，“数字化鸿

---

① *1997 Quadrennial Defense Review*, Federation of American Scientists, May 1997, http://fas.org/man/docs/qdr/index.html.（访问时间：2015年11月6日）

② 从中国共产党第十三次全国代表大会开始提出“和平与发展”两大主题以来，历经党的十四大至十九大，这一提法基本没有变化，正如党的十九大报告明确指出：“世界正处于大发展大变革大调整时期，和平与发展仍然是时代主题。”参见《习近平在中国共产党第十九次全国代表大会上的报告》，人民网，2017年10月28日，http://cpc.people.com.cn/n1/2017/1028/c64094-29613660.html（访问时间：2017年10月30日）。

沟”反而日益扩大，导致国际社会贫富差距拉大，南北差距有增无减，这些都是导致新安全环境下安全形势日益严峻的重要原因。

## 二、信息时代的塑造

自20世纪90年代“信息高速公路”概念提出以来，全球信息技术得到了长足发展。人类社会正处于信息化时代，信息成为极为重要的资源和财富。信息时代也正以前所未有的巨大力量改变着整个世界，改变着人类社会，同样改变着人类的安全环境和安全观念。信息时代的全面到来和国际互联网的高速发展使新安全环境呈现出全新的特点。

首先，在信息时代的大背景下，安全环境变得更加脆弱，有形国家受到无形威胁。信息时代给人类社会带来了极大便利，但同时也不可避免地带来了相应的安全风险和威胁。特别是国际互联网的普及，使得包括关键基础设施在内的诸多重要国家资产也置身于无形威胁之下。在某种意义上，为获得“绝对安全”，相关国家势必要处处设防，既耗费成本，又挤占资源，而“相对安全”又难以确保漏洞的避免，因此，安全环境在享受信息时代“红利”的同时，也变得更加脆弱。

其次，信息资源使安全环境更加失衡。由于不同国家对信息资源的重视和利用程度不尽相同，掌握信息资源优势的国家会在信息领域对其竞争对手或作战对手形成压倒性优势，一方面使自身的安全环境得以大幅改善，另一方面则使对手的安全环境受到严重威胁和挑战。由此，尽管国际安全环境保持总体平衡，不同国家的安全环境却呈现出失衡态势。

最后，安全威胁呈现出明显的信息时代特征。各种安全威胁主体，无论是国家还是非国家行为体，愈加重视对信息资源和网络手段的高效利用，使得网络化的安全威胁实现了全球互动和高速传播，给国家安全带来全新的严峻考验，安全环境也变得日趋复杂。

## 第二节　新安全环境下的安全视角

冷战结束，国际格局发生重大调整。信息技术对安全环境起着相当重要的重塑作用。随着新安全环境的演进，安全内涵显著改变，冷战期间的传统安全观已不能适应时代发展的客观要求，需要与时俱进。然而美国在调整其安全观的同时，仍然固守冷战思维与“零和博弈”理念，这也是造成恐怖主义依然持续蔓延的重要原因之一。

### 一、传统安全观向新安全观的转换

冷战期间，以美苏为代表的东西方两大阵营对峙，双方几度接近剑拔弩张，军事安全也成为当时国家安全的重点和安全环境的重心。按照双方的看法，安全威胁主要来自对立阵营，尤其是其军事威胁。在这种传统安全观的指导下，加强国防力量建设，甚至出现“军备竞赛”，也就成为自然而然的事情。此种安全观从自身利益出发，为实现自身“绝对安全”，不惜牺牲他国的安全利益。从传统安全观看来，安全是一场“零和”游戏，“非此即彼”“非赢即输”。采取强化和扩大军事同盟的做法，崇尚武力，党同伐异，如此不仅未能完全消除相关各方的“不安全感”，而且耗费了大量国家资源，挤占了和平与发展事宜本应受到的关注。

新安全环境下，安全一词的内涵和外延均已发生显著变化。与冷战时期的旧安全环境相比，安全不再是突出的军事现象，而是融合了政治、经济、社会、文化、思想、科技和军事等因素的综合体，既包含传统安全，也同时包含非传统安全。以哥本哈根学派（Copenhagen School）[①] 为

---

① 国际关系理论流派的一种，由于提出安全复合体理论和非安全化理论，成为西方安全研究领域较为突出的流派，代表人物包括巴瑞·布赞、奥利·维夫（Ole Waever）、迪·怀尔德（De Wilde）等，由于他们以哥本哈根研究所为活动中心，因此被称作“哥本哈根学派”。

例，其代表人物巴瑞·布赞（Barry Buzan）[①] 就将安全领域划分为军事安全、政治安全、经济安全、社会安全、环境安全五大领域，并认为它们并非相互孤立，而是紧密交织在一起。至于国家面临的外部军事威胁，现在不过是一个国家所要面对的五种威胁形式之一，也就是说，军事安全不再被视为当今世界唯一的安全形式[②]。资深政治学家戴维·鲍德温（David Baldwin）也指出："冷战后的国际安全已经变成由政治安全、经济安全、军事安全、环境安全、社会安全等组成的一种多层面、多方面的综合安全；经济安全凸显，安全问题不再是单边的，而是相互依存的；诸多全球问题，如环境、人口、移民、债务、毒品走私、国际恐怖活动等，也为国际安全注入了新的内容"[③]。

随着安全环境发生巨大变化，"合作重于遏制、对话代替对抗的趋势发展，大国冲突发生的可能性减少"[④]，各国也开始重新思考国家安全的内涵。事实上，从冷战后期开始，就出现了一些不同于传统安全观的新安全观念，而新安全观一词则是对这些新安全观念的统称。目前，在世界范围内影响较大的的新安全观主要包括"综合安全观"[⑤]

---

① 哥本哈根大学荣誉教授，曾任丹麦哥本哈根和平研究所项目中心主任，现任伦敦政治经济学院国际关系学教授，当今西方国际关系学及安全研究方面的理论泰斗，英国学派的领军人物及哥本哈根学派的创始人之一。

② 朱宁：《安全与非安全化——哥本哈根学派安全研究》，载《世界经济与政治》，2003 年第 10 期，第 21 – 26 页。

③ 转引自倪世雄等：《当代西方国际关系理论》，第 435 – 436 页。

④ 倪世雄等：《当代西方国际关系理论》，第 438 页。

⑤ 综合安全观由日本首次提出。20 世纪 70 年代末，日本推出《国家综合安全报告》，建议日本重视"综合安全"，并提出"综合安全保障战略"。"综合安全"不仅包括军事安全，也包括政治、经济和防灾等领域，要防止和应对诸如战争、能源危机、资源危机、自然灾害等方面的威胁。时至今日，"综合安全保障"仍是日本在安全事务领域的主流思想。参见《独家：日本"综合安全观"统领国家安全》，新浪军事，2014 年 4 月 23 日，http://mil.news.sina.com.cn/2014 – 04 – 23/1049775721.html（访问时间：2015 年 11 月 12 日）。

“共同安全观”[①] 和 “合作安全观”[②]。与传统安全观不同，新安全观所主张的是“包括政治安全、经济安全、军事安全、文化安全、信息安全、生态安全等在内的综合安全”[③]；新安全观摒弃“零和”思维，注重“共赢”理念，追求共同安全，致力于实现“安全共同体”；同时，它还强调通过包括联合国在内的各种安全机制，以“对话增进互信，以协商化解矛盾，以合作谋求安全”[④]。而中国则在上述安全观念探索的基础上，结合自身实践，逐渐形成中国对于新的世界安全与秩序的理解，即中国的新安全观。从 20 世纪 90 年代后期提出的“以互信、互利、平等、协作为核心的新安全观”[⑤]、2002 年东盟地区论坛外长会议的《中方关于新安全观的立场文件》[⑥]，到 2014 年 4 月习近平主席在中国国家安全委员会第一次会议上提出并

① 共同安全观念起源于欧洲，最早对其进行论述的是 1982 年发布的一份名为《共同安全：一种生存蓝图》的报告。该报告确定了共同安全的六个原则：1. 所有国家都有获得安全的合法权利；2. 军事力量不是解决国家间争端的合法手段；3. 在表达国家政策时需要克制；4. 通过军事优势是无法得到安全的；5. 削减军备和对军备进行质量限制是共同安全所需要的；6. 军备谈判和政治事件之间的挂钩应该避免。参见任晓：《从集体安全到合作安全》，载《世界经济与政治》，1998 年第 4 期，第 10－14 页。

② 合作安全观是一种力求通过安全主体（包括国家主体和非国家主体）一定范围内的合作来谋求国家安全、地区安全乃至全球安全的主张和观念。1988 年，美国的布鲁金斯学会明确提出了“合作安全”概念；“冷战”结束后的 1992 年，该学会对合作安全进行了更为系统的阐述，形成了合作安全理论和较完整的合作安全观。在此期间，加拿大政府于 1990 年开始主张在亚太地区实行合作安全。参见刘跃进：《总体国家安全观的丰富内涵和实践意义》，国际关系学院官网，http：//duirap40. uir. cn/view. asp？ClassID＝8&ID＝280（访问时间：2015 年 11 月 14 日）。

③ 李利：《何谓新安全观?》，求是理论网，2010 年 8 月 23 日，http：//www. qstheory. cn/hqwg/2010/201016/201008/t20100823_43959. htm（访问时间：2015 年 11 月 14 日）。

④ 李利：《何谓新安全观?》，求是理论网，2010 年 8 月 23 日，http：//www. qstheory. cn/hqwg/2010/201016/201008/t20100823_43959. htm（访问时间：2015 年 11 月 14 日）。

⑤ 刘跃进：《总体国家安全观的丰富内涵和实践意义》，国际关系学院官网，http：//duirap40. uir. cn/view. asp？ClassID＝8&ID＝280（访问时间：2015 年 11 月 14 日）。

⑥ 中华人民共和国外交部：《中国关于新安全观的立场文件》，2002 年 7 月 31 日，http：//www. fmprc. gov. cn/web/ziliao_674904/tytj_674911/zcwj_674915/t4549. shtml（访问时间：2015 年 11 月 14 日）。

集中阐述的总体国家安全观[①][②]："既重视传统安全，又重视非传统安全，构建集政治安全、国土安全、军事安全、经济安全、文化安全、社会安全、科技安全、信息安全、生态安全、资源安全、核安全等于一体的国家安全体系"[③]，再到2014年5月亚信峰会上习主席对"共同安全""综合安全""合作安全"和"可持续安全"的阐述[④]，表明中国新安全观的不断发展与日益成熟。

## 二、美国视角下的安全

在新旧安全观的转换过程中，各国发展程度并不同步，甚至有些国家仍在新旧安全观之间徘徊，这其中以美国为主要代表。

一方面，美国认识到冷战后安全环境的巨大变化，并依此对安全环境和安全威胁进行评估。美国认为新安全环境具有如下特征：一是美国仍是世界唯一超级大国，具有无可比拟的综合优势；二是以中国、欧盟等为代表的新兴力量正不断崛起，势将对美国主导的国际政治经济秩序构成重大挑战；三是以地区冲突、大规模杀伤性武器、恐怖主义为代表的非传统安全威胁正对美国国家安全造成严峻考验；四是除军事安全外，经济安全、文化安全、生态安全的重要性已变得不容忽视。

---

① 《习近平主持召开中央国家安全委员会第一次会议强调：坚持总体国家安全观，走中国特色国家安全道路》，人民网，2014年4月16日，http://politics.people.com.cn/n/2014/0416/c1024-24900227.html（访问时间：2015年11月14日）。

② 总体国家安全观的基本内涵是以人民安全为宗旨，以政治安全为根本，以经济安全为基础，以军事、文化、社会安全为保障，以促进国际安全为依托，走出一条中国特色国家安全道路。需要特别指出的是，理解总体国家安全观的内容不应局限于此次会议上的讲话，而必须扩展到习主席在其他场合关于国家安全的论述，特别是在十八届三中全会上关于设立国家安全委员会的说明，以及在第四次亚信峰会上关于"亚洲安全观"的论述。

③ 中共中央党校中国特色社会主义理论体系研究中心：《把握总体国家安全观的科学内涵》，中国共产党新闻网，2016年2月29日，http://theory.people.com.cn/n1/2016/0229/c40531-28158630.html（访问时间：2016年3月2日）。

④ 《习近平在亚信峰会作主旨发言（全文）》，人民网，2014年5月21日，http://world.people.com.cn/n/2014/0521/c1002-25046183.html（访问时间：2015年11月14日）。

在安全威胁的变化方面，美国认为随着冷战结束，来自苏联的军事威胁已经消失，特别是击毙本·拉登，获得反恐斗争阶段性胜利之后，取而代之的是多样化安全挑战，包括“暴力极端主义、国际恐怖主义、网络安全威胁、气候变化以及传染性疾病”[①] 等。安全威胁的来源不再仅仅局限于国家，而是涉及国家和非国家行为体；安全威胁的表现形式也分为传统安全和非传统安全；与之相对应，安全威胁的应对方式也从过去的以军事手段为主转变成为融合政治、外交、军事、经济等多种手段的整体应对。

另一方面，美国虽然意识到非传统安全的作用正日益上升，但传统安全观念仍然占有相当大的比重，主要表现在：美国仍然将寻求全球领导地位和绝对优势作为其安全目标，秉持“以军事实力为后盾的单一和同盟的安全观”[②]，不惜使用武力并采用单边主义路线以维护其全球利益。在这种情况下，美国的安全观虽有其适应形势的积极一面，但其动辄“胡萝卜加大棒”的干涉主义政策极大损害地区和平与稳定，必然招致抵制和反对。究其原因，尽管美国有着强大的综合国力以及优越的地缘政治环境，但它却与生俱来地始终感到不安全，正如托克维尔所指出：“美国人时刻感到自己处于危险之中，即使在它取得绝对优势地位之后，仍然会想到自己将如何面临威胁”[③]。同时，美国始终需要有敌人的存在，刻意寻求外部威胁已内化为其国家安全的固有需求，即“不自主地甚至有意把某些或某类国家作为现实的或潜在的对手，并以此来判断对方的意图、基本战略，规划自己的战略目标和相对能力”[④]。正因如此，美国在某些领域、某些时段仍然固守冷战思维，坚持“非此即彼”的零和博

① *2015 National Security Strategy*, https://www.whitehouse.gov/sites/default/files/docs/2015_national_security_strategy.pdf.（访问时间：2015 年 12 月 28 日）

② 《罗援：中美安全观念比较》，新浪军事，2004 年 10 月 27 日，http://mil.news.sina.com.cn/2004-10-27/1122237898.html（访问时间：2015 年 11 月 14 日）。

③ 托克维尔著，董果良译：《论美国的民主》（下卷），北京：商务印书馆，1989 年版，第 668 页。

④ 时殷弘、陈然然：《论冷战思维》，载《世界经济与政治》，2001 年第 6 期，第 8 页。

弈策略，正如习主席所指出的那样："身体已进入21世纪，而脑袋还停留在冷战思维、零和博弈的旧时代"[①]，通过牺牲别国的安全利益以谋求自身"绝对安全"，正是美国安全观的独特之处。

## 第三节 新安全环境下的网络恐怖主义威胁

恐怖主义既是传统的政治和社会现象，也是当代世界所面临的突出现实问题。作为"现实世界各种矛盾尖锐化或畸形化的产物"[②]，恐怖主义可对国际政治分野和国际格局变化产生深远影响。新的安全环境下，随着全球化和信息化的快速发展，恐怖主义日益融入网络空间，不仅将互联网作为实施恐怖活动的工具，而且也着力将其作为恐怖活动的攻击目标，对国际社会构成全新威胁与挑战。

### 一、传统恐怖主义的转型

冷战结束，国际关系发生了重大的变革和调整。经济全球化和世界多极化加速推进，与此同时，国际安全领域也出现了诸多全新挑战，如恐怖主义开始突破传统的地域限制，呈现国际化趋势，以其"超过法理的残忍""极度的隐秘"和"明确的政治目标"[③]活跃在国际舞台，成为一支挑战国际秩序的强大的非传统力量。正如某些学者所言，冷战的结束和国际权力结构的失衡，使得新恐怖主义活动越来越泛化，寻求制造一切可能的恐怖暴力[④]。冷战后的恐怖主

---

① 《习近平在亚信峰会作主旨发言（全文）》，人民网，2014年5月21日，http://world.people.com.cn/n/2014/0521/c1002-25046183.html（访问时间：2015年11月14日）。

② 戴凤秀：《防恐怖战略与对策》，北京：当代中国出版社，2003年版，序言第2页。

③ 王逸舟等：《恐怖主义溯源（修订版）》，北京：社会科学文献出版社，2010年版，第13页。

④ Danny Wayne Davis, *Al-Qaeda and Phinehas Priesthood Terrorist Groups with a Common Enemy and Similar Justifications for Terror Tactics*, Ann Arbor: ProQuest Information and Learning Company, 2003, p. 177.

义在跨越国界的同时，也在一些国家悄然生根发芽，呈现出全球化与本土化并存的发展趋势，这些都是传统恐怖主义所不具备的全新特点。

除此之外，传统恐怖主义多以秘密开展地下活动、事后才开始宣扬为主，而现今的国际恐怖主义则更为张扬，注重基于新媒体的信息战、心理战和宣传战；传统恐怖主义在组织结构方面一般呈现垂直化，属于纵向领导，而如今的恐怖主义，尤其是经历过全球反恐战争的打击之后，更多地呈现扁平化、多节点的组网模式；传统恐怖主义在实施恐怖袭击时，往往需要数个分支相互配合、紧密联系，有的负责侦察，有的负责后勤，有的负责情报等，而当今的恐怖主义则更加小型化、离散化和草根化，只需在意识形态上保持一致，而无需在组织结构上紧密联系；在策划实施恐怖袭击时，更多是就地取材、实施简便，甚至出现众多的“独狼”式[①]恐怖袭击事件。以意识形态类型为主的传统恐怖主义仍然局部存在，但总体式微，而打着宗教旗号的新恐怖主义则蓬勃兴起，方兴未艾，诚如布热津斯基所言：“来自伊斯兰原教旨主义的挑战将缺乏地缘政治核心，因此更可能通过扩散暴力行为表现出来”[②]，特别是各种类型的恐怖主义与信息时代的融合，不仅改变了恐怖主义传统的运作方式，而且极大增强了其影响力，成为国际社会和各国政府亟需解决的一个重大难题。

近些年来，尽管恐怖主义不断受到反恐斗争的打压，但由于国际政治经济秩序中一些深层次、结构性的矛盾依然存在，恐怖主义滋生的土壤仍然十分肥沃。同时，借助信息技术的高速发展，恐怖主义又获得了新的发展空间和发展动力，完成了组织结构、行为模

① “独狼”式恐怖分子是指那些独自准备并实施暴力行为的个人，他们不隶属于任何指挥架构，也不从任何组织接受物质支持。不过，“独狼”或许会受到某个外部组织的意识形态和信念的影响或驱使，或许会以行动向该组织表示支持。

② 兹比格纽·布热津斯基著，中国国际问题研究所译：《大棋局——美国的首要地位及其地缘战略》，上海：上海人民出版社，2015 年版，第 44 页。

式、活动地域等方面的变革，不断突破相关国家的防线，不断挑战人类文明的底线，成为国际社会的一股强劲逆流。以美国为例，虽然其本土在“9·11”事件后没有发生大的恐怖袭击事件，但其国内的安全形势却始终堪忧。2011 年美国《国家反恐战略报告》指出，“即使我们在阿巴地区最终战胜了‘基地’组织，但不断扩展和更加多样化的恐怖组织网络仍然会进行顽抗”①。2014 年《全球恐怖主义指数报告》也明确指出，全球恐怖袭击已经达到有史以来最严峻的程度，且未来将以“前所未有”的速度发展②。随着各国反恐策略和措施的完善，2017 年全球恐怖活动致死人数虽然较 2014 年恐怖活动高峰时的 32500 人有所下降，但仍然处于 25673 人的高位③。2017 年 12 月，美国在其最新版的《国家安全战略报告》中提出：“美国公民所面临的最主要跨国威胁来自于‘圣战’恐怖分子和跨国犯罪集团”④。总之，面对不断适应新形势、发生新变化的恐怖主义，国际社会的反恐斗争仍将前路漫漫。

## 二、网络恐怖主义的崛起

新安全环境下，恐怖主义积极延伸触角，主动拓展平台，加大对信息时代的融入力度，特别是不断加强与互联网的融合力度，不仅有效拓宽了自身的生存发展空间及其在国际政治领域的活动范围，而且大大提升了行动能力，在新的战线上对人类文明构成了强大

---

① *National Strategy for Counterterrorism*, June 2011, https://obamawhitehouse.archives.gov/sites/default/files/counterterrorism_strategy.pdf.（访问时间：2015 年 11 月 15 日）

② 章华龙：《全球恐袭指数出炉，称恐袭达到“最严峻”程度》，中国网，2015 年 11 月 18 日，http://news.china.com.cn/world/2015-11/18/content_37091805.htm（访问时间：2015 年 12 月 16 日）。

③ Institute for Economics and Peace, *2017 Global Terrorism Index*, November 2017, http://visionofhumanity.org/app/uploads/2017/11/Global-Terrorism-Index-2017.pdf.（访问时间：2017 年 12 月 26 日）

④ *2017 National Security Strategy*, http://nssarchive.us/wp-content/uploads/2017/12/2017.pdf.（访问时间：2017 年 12 月 30 日）

挑战。

网络恐怖主义的出现，一方面是传统恐怖主义受到全球反恐的不断打击，对自身进行调整的结果，另一方面也是恐怖主义者积极利用新技术，对自身进行提升的结果。“9·11”事件是国际恐怖主义活动的最高点，也是转折点。随着美国主导的全球反恐战争的全面推进，恐怖主义的传统生存空间受到巨大威胁：包括本·拉登在内的众多恐怖组织高层被定点清除；众多恐怖组织被列入黑名单，受到严厉制裁；恐怖组织的资金来源受到严格监管；各国边检严格程度大幅提升，恐怖分子跨境流动难度加大等等。因此，以“基地”组织为代表的恐怖组织开始将目光转向互联网，寻求网络化生存，在虚拟空间找到了新的家园。

信息技术，尤其是网络技术的飞速发展给恐怖主义的“虚拟化生存”提供了必备条件。以计算机、服务器和互联网有机结合为特征的第二代信息技术平台已在全球广泛应用，目前以移动互联网、社交网络、云计算、大数据为特征的第三代信息技术架构正在蓬勃发展，网络互联的移动化和全球化、信息处理的集中化和大数据化、信息服务的智能化和个性化正成为当今信息技术发展的时代特征。为适应反恐形势和科学技术的发展，恐怖主义开始将网络作为新的避风良港和表演舞台。

当前，网络恐怖主义仍主要处于工具型阶段，即对网络的利用。以恐怖组织的培训为例，恐怖组织传统的培训营地目标明显，人员聚集到一起费时费力费钱，培训时间不够灵活，目前已几乎被摧毁殆尽。于是，恐怖组织将目光投向国际互联网，因其无论是从隐蔽性还是灵活性来说，都要远胜于传统的培训营地。一些恐怖组织利用网络聊天室等社交应用开办“网上培训学校”网站，或者通过制作暴恐视频的方式传播恐怖活动方法，培训恐怖人员掌握恐怖活动的技能①。还有一种培训方式是将各类相关培训资料放到网上，无论

---

① 盘冠员、章德彪：《网络反恐大策略：如何应对网络恐怖主义》，北京：时事出版社，2016 年版，第 125 页。

是处于全球哪个角落的恐怖分子均可轻松获取，自主完成训练，培训成本极大削减，而成效则得到极大提升。1999 年，一个名叫大卫的年轻人在伦敦的 3 个不同地方放置了固定炸弹，在三周的时间内，他杀死了 3 人并伤了 139 人。受审时，他承认是从网络上获取的这些致命技术，还曾从网上下载了两本指导手册①。

对于恐怖组织的宣传来说，传统方式是通过印刷品、磁带、录像带等媒介来进行传播，容易受到审查和管制，传播速度、传播渠道和传播范围受限，因此，更多情况下，诸如劫机、暗杀等恐怖活动会被当作一种直接的宣传手段，旨在引发目标受众的关注，从而达到宣传自身主张、获取民众同情和支持等目的。进入信息时代，特别是当今的自媒体时代，除了开设网站进行全面、系统的宣传之外，人人都有麦克风，个个都是发言人②。Twitter、Facebook 等新的媒介迅速改变了传统的传媒生态，包括恐怖分子在内的恶意行为体都可以方便快捷地成为信息的发布者，向目标受众传递传统媒体上不能或很难传递的信息，这就大大降低了恐怖宣传的难度，扩大了恐怖宣传的范围，提升了恐怖宣传的速度和效果。在“伊斯兰国”兴盛时期，约有上万名恐怖主义战斗分子奔赴伊拉克和叙利亚参与战事，恐怖主义网络宣传在推动这些战斗分子的极端化过程发挥着相当重要的作用。尽管“伊斯兰国”当前在正面战场严重溃败，但极端主义思想仍通过网络等方式在全球范围内持续扩散，并不断吸引潜在的恐怖分子完成自我极端化过程，以“独狼”等形态对各国安全与稳定造成威胁。

恐怖组织还利用网络进行潜在目标的信息搜集。丹·韦尔顿（Dan Verton）在其《黑冰：网络恐怖主义的潜在威胁》一书中指出：“‘基地’组织的行动小组利用网络搜集目标信息，特别是那些

---

① Gabriel Weimann, *How Modern Terrorism Uses the Internet*, *Special Report 116*, Washington D. C.: United States Institute of Peace, 2004, p. 10.

② 张天：《“自媒体”时代的思考》，新浪网，2013 年 12 月 8 日，http://news.sina.com.cn/c/2013-12-08/071028915396.shtml。（访问时间：2015 年 11 月 16 日）

重要的经济数据，同时他们也不断学习掌握相关设施的架构缺陷，并且对系统攻击所产生的连锁效应进行预测”①。美国在阿富汗查获的笔记本电脑中发现，“基地”组织成员访问相关网站，查找水力、电力和通信控制设施的数字开关软件和编程说明，其电脑中包括水坝模型、可模拟重大事故的软件以及对钢筋混凝土结构进行分析的通用结构分析应用软件“Microstran”，而在对关塔那摩的“基地”战犯审讯时也得知，“基地”组织已经制定了使用这些开关软件对美国发动攻击的初步计划②。

互联网等信息技术使恐怖主义活动由物理空间延伸到网络空间，网络空间因此也成为恐怖主义滋生蔓延的全新土壤。同时，对于恐怖组织的信息搜集、人员招募、资金筹集、行动策划、互联互通等来说，信息技术，特别是互联网均起到了“力量倍增器”的作用，使恐怖主义如虎添翼，不但隐蔽性、欺骗性和破坏性更强，而且可远程实施，从而能够以更低的成本实现更大范围的活动覆盖。因此，网络恐怖主义得以有效突破传统恐怖主义的地域局限，在全球广泛传播并产生极大影响。

## 三、网络恐怖主义的发展趋势

作为一种社会现象，恐怖主义是对社会现实的扭曲反映，将会在相当长的历史时期内存在。只要国际社会仍然存在不公正、不合理的政治经济秩序，只要霸权主义和强权政治仍然横行，恐怖主义就不会彻底消亡。作为恐怖主义在网络空间的延伸，网络恐怖主义亦是如此。网络技术日新月异，给恐怖主义带来的好处显而易见，因此后者会不断加大对网络的利用力度，并将实现从“工具型”到

---

① Dan Verto, *Black Ice*: *The Invisible Threat of Cyber - Terrorism*, Emeryville, Calif.: McGraw - Hill/Osborne, 2003, p. 109.

② Toby Harnden, “Al - Qa'eda Plans Cyber Attacks on Dams,” *The Telegraph*, June 28, 2002, https: //www. telegraph. co. uk/news/worldnews/asia/afghanistan/1398683/ Al - Qaeda - plans - cyber - attacks - on - dams. html.（访问时间：2015 年 11 月 3 日）

"工具型"和"目标型"并举的转变。

事实上，恐怖主义不仅将网络作为实施行动的得力工具，也致力于将其作为攻击的有效目标。正如巴里·科林所言："（网络恐怖主义）处于现实世界和虚拟世界的交汇地带，对准我们最为脆弱之处，使用'0'和'1'对我们发起攻击"①。美国国家情报委员会早在2004年就断言："我们预计恐怖分子也会试图获取并且发展网络攻击能力，进而破坏关键的信息网络"②。

从未来发展看，目标型网络恐怖主义会成为危害极其巨大的全新安全威胁，因为它将直接针对关乎国计民生的关键性基础设施，一旦得逞，后果将不堪设想。从目前来看，虽然恐怖组织尚未完成相应的技术和人才储备，但以网络为攻击目标的恐怖活动已现端倪：自称极端组织"伊斯兰国"支持者的黑客曾于2015年1月12日入侵美军中央总部在Twitter和Youtube的账户③；在2015年法国《查理周刊》恐怖袭击事件后，大量法国网站被黑，并替换为宣扬宗教极端思想的内容。2015年9月，英国内阁邮件系统遭到"伊斯兰国"黑客的网络攻击，恐怖分子获得邮件访问权限，严重危害政治信息安全④。实际上，恐怖组织和个人一直致力于实现对网络发动直接攻击这一目标。据美国官员表示，"伊斯兰国"的黑客们曾试图入侵管理美国电网的计算机系统；美国知名的威胁情报评估公司"闪点"（Flashpoint）也表示，在互联网论坛上，"伊斯兰国"的同情者也在讨论如何通过入侵飞机上的电子系统来使飞机坠毁、向核电厂

---

① Barry C. Collin, "The Future of Cyberterrorism: Where the Physical and Virtual Worlds Converge," http://www.crime-research.org/library/Cyberter.htm.（访问时间：2015年11月3日）

② 丹·考德威尔、罗伯特·E·威廉姆斯著，彭子臣译：《危中求安：如何在动荡的世界寻求安全》，北京：金城出版社，2017年版，第187页。

③ Dan Lamothe, "U.S. Military Social Media Accounts Apparently Hacked by Islamic State Sympathizers," *The Washington Post*, January 12, 2015, https://www.washingtonpost.com/news/checkpoint/wp/2015/01/12/centcom-twitter-account-apparently-hacked-by-islamic-state-sympathizers/.（访问时间：2015年12月30日）

④ 盘冠员、章德彪：《网络反恐大策略：如何应对网络恐怖主义》，第213页。

发送虚假指令使其释放致命的核辐射等[①]。

由于恐怖主义内驱动力的存在，加之网络科技的不断进步，网络使恐怖主义得以获取隐秘的生存空间、不竭的发展动力、多变的行动手段和有效的攻击目标。网络恐怖主义也将籍此获得较为强劲的发展，并将在相当长一段历史时期内成为影响人类社会持久和平与稳定发展的重要变量。

## 本章小结

新安全环境下，传统安全威胁与非传统安全威胁交织，安全的内涵和外延发生了巨大变迁，军事安全不再居于主导地位，综合安全成为各国关注重点。随着信息技术的突飞猛进，恐怖主义获得新的发展机遇和发展空间，呈现出新的发展形态——网络恐怖主义，在全球持续蔓延。作为新安全环境下的新生事物，网络恐怖主义获得了长足发展，在科技进步的助力之下，兼具工具型和目标型的网络恐怖主义会对国际社会造成持续的严重威胁。针对网络恐怖主义的这些新特点，各国需要以新安全观为指导，积极适应客观形势的发展变化，采取行之有效的措施，应对不断变化的网络恐怖主义威胁。

---

① Joseph Marks, "ISIL Aims to Launch Cyberattacks on U. S. ," *Politico*, December 29, 2015, https: //www. politico. com/story/2015/12/isil - terrorism - cyber - attacks - 217179.（访问时间：2015年12月30日）

# 第二章　美国网络恐怖主义应对机制的构建

新安全环境下，安全的内涵和外延都发生了变化。随着信息技术的发展，恐怖主义实现转型，网络恐怖主义成为国际社会面临的日益严峻的全新威胁。在美国面临的安全威胁之中，网络恐怖主义威胁所占的比重日益增加，美国决策层对此的关注和重视程度也随之不断加大。为有效应对此种威胁，以美国自身的安全观为指导，在对网络恐怖主义进行威胁评估的基础上，美国及时确定应对策略，争取合理资源调配，协调整合力量，形成了相应的应对机制，旨在有效防范和打击网络恐怖主义，确保其国家利益得以维护。

## 第一节　应对机制的构建背景

新安全环境下，由于美国仍在传统安全观与非传统安全观之间徘徊，霸权主义和冷战思维严重扰乱国际秩序，使其成为恐怖主义的重要目标。美国在信息网络领域存在诸多薄弱环节，因此对网络恐怖主义实施有效应对就成为美国的一项重要任务。同时，作为全球经济及军事实力首屈一指的强国，美国在信息技术领域也有着明显的先发优势，为其有效应对网络恐怖主义提供了较为有利的条件。

### 一、依然严峻的恐怖主义威胁

美国为了自身利益，特别是一些财团的利益，推行霸权主义和强权政治，特别是在中东、北非等地通过军事手段强行实施民主改造，再加上在巴以问题上长期偏袒以色列，导致反美主义和反美情绪在伊斯兰世界相当盛行。此外，种族、移民等国内社会问题也使美国极右翼势力拥有相当市场，近年频发的枪击事件主要是宗教型与极右翼为主的恐怖主义案件，而且在此类案件中，绝大多数恐怖分子都是通过网络受到恐怖组织的“激励”，完成自我极端化和恐怖化的转变。因此，在未来相当长的历史时期内，美国仍将受到包括网络恐怖主义在内的较为严重的恐怖主义威胁。

美国领导全球反恐战争对恐怖主义进行了十年左右的持续打击，但此举并未使世界变得更加安全，反而出现了“越反越恐”的局面。时至今日，恐怖主义依然在全球持续蔓延，美国面临的恐怖主义威胁也仍然十分严峻。2016 年 2 月，美国国家情报总监詹姆斯·克莱柏（James Clapper）就表示，美国面临着自“9·11”事件以来最高等级的恐怖主义威胁[①]。美国众议院国土安全委员会也在 2016 年 12 月的一份报告中指出，美国面临着自“9·11”事件以来最为严峻的伊斯兰恐怖主义威胁，而其中大部分都属于本土极端化的产物[②]。尽管美国本土并未再次遭受类似“9·11”事件的重大恐怖袭击，但这并非是因为恐怖主义不再将美国作为攻击目标，而是依靠美国政府大量的反恐资源投入而取得的短期成效，一旦松懈恐怖主义便会随时乘虚而入。此外，恐怖势力不断调整战略战术，提升技术含量，越来越多地利用网络来发动对美的“圣战”，给美国的反恐努力带来了新的严峻挑战。

## 二、美国信息技术的优势与弱点

美国是信息时代最有力的推动者，从“信息高速公路”概念提

---

① Adam Kredo, “Top Intel Officials: U. S. Faces Highest Terror Threat Level since 9/11,” *Washington Free Beacon*, February 25, 2016, http://freebeacon.com/national-security/us-highest-terror-threat-since-911/.（访问时间：2016 年 3 月 12 日）

② Brooke Singman, “House Report: US Facing Biggest Islamic Terror Threat since 9/11,” *Fox News*, December 6, 2016, http://www.foxnews.com/us/2016/12/06/house-report-us-facing-biggest-islamic-terror-threat-since-911.html.（访问时间：2016 年 12 月 9 日）

出以来，美国依托其强大的经济和技术实力，在信息技术领域取得了长足进展。无论是信息时代的核心技术，还是信息时代的规则制定，美国均拥有绝对的主导权和话语权。对于信息时代的重要标志——国际互联网，美国处于全球遥遥领先的地位并不断创新，不仅直接掌控整个底层架构①，而且核心软硬件、主流网站和网络协议②也多由美国开发和负责，而以“硅谷”为代表的高科技园区更是聚集了全球顶尖的信息网络人才，使美国在此领域处于全球领先地位。

美国对信息网络高度依赖，其范围之广、程度之深，在世界首屈一指：“信息技术及其产业不仅成为美国经济发展的支柱和动力，而且也成为美国交通、能源、金融、通讯乃至国防、情报等赖以存在和发展的基础”③。特别是应用广泛、涉及国计民生的关键基础设施，一旦受到网络攻击并被破坏，将会对美国政治、经济和社会产生极为重大的影响。2013 年 4 月 23 日，美联社官方推特账号被黑客攻陷并发布一条虚假推文“白宫发生两起爆炸，奥巴马受伤”，美国股市因此震荡下行，资本市场一瞬间蒸发 1360 亿美元，名为“叙利亚电子军”的黑客组织事后宣称对此负责④。正是由于金融业务对互

---

① 全球共 13 台根域名服务器，其中 10 台设在美国，所有根服务器均由美国政府授权的互联网域名与号码分配机构 ICANN 统一管理。根服务器是架构互联网所必须的关键基础设施，美国通过控制根服务器即可控制整个互联网，对其他国家的网络安全构成潜在的重大威胁。拥有主根服务器意味着美国拥有互联网的“生杀大权”，可轻而易举地让他国从互联网中消失。2003 年伊拉克战争期间，美国就终止了伊拉克顶级域名 . iq 的解析服务，造成伊拉克网络服务全面瘫痪。2004 年，由于与利比亚在顶级域名管理权问题上发生争执，美国终止了利比亚的顶级域名 . ly 的解析服务，导致利比亚从网络中消失 3 天。参见于柳箐：《美国网络霸权浅析》，载《信息安全与通信保密》，2014 年第 10 期，第 126 – 128 页。

② 核心软件包括：Windows 操作系统、office 办公软件、IE 浏览器等；硬件包括 intel 处理器、Cisco 路由器等；具有世界影响力的主流网站包括：Google、Amazon、Facebook、Twitter、Yahoo 等；而互联网协议则如 TCP/IP、UDP、DNS 等。

③ 唐岚：《美国国家信息安全保障体系简介》，载《国际资料信息》，2002 年第 5 期，第 18 – 23 页。

④ Max Fisher, “Syrian Hackers Claim AP Hack That Tipped Stock Market by $136 Billion. Is It Terrorism?” *The Washington Post*, April 23, 2013, https://www.washingtonpost.com/news/worldviews/wp/2013/04/23/syrian-hackers-claim-ap-hack-that-tipped-stock-market-by-136-billion-is-it-terrorism/?noredirect=on&utm_term=.9f9fe4d11907.（访问时间：2016 年 10 月 25 日）

联网的高度依赖，才会导致如此严重的后果。2016 年 10 月 21 日，由美国主要的域名服务器供应商 Dyn 公司管理的 DNS（域名解析系统）[①] 基础设施遭受史无前例的大规模拒绝服务攻击（DDOS），包括 Twitter、Tumblr、Github、Reddit、CNN、Spotify、WSJ 等网站均出现无法登陆现象，美国东海岸众多地区无法正常访问互联网[②]。由此可见，高度网络化既是美国的优势，同时也是其绝对“软肋”。正因如此，从实际情况来看，有着强烈反美意愿的恐怖主义与网络空间日益融合，使美国面临的网络恐怖主义威胁也日趋严重。对于这一点，无论是美国官方，还是民间学者，多持相同观点。盖洛普民意调查研究所于 2016 年 2 月进行的民调表明，美国民众认为国际恐怖主义、伊朗研制核武器、网络恐怖主义是美国面临的最为严重的三大安全威胁[③]；而根据该研究所于 2018 年 2 月进行的最新民调结果显示，认为网络恐怖主义对美国的国家安全构成严重威胁的美国民众百分比已达 81%，仅次于朝鲜研制核武器[④]。

---

① DNS 是互联网运作的核心，主要职责就是将用户输入的内容翻译成计算机可以理解的 IP 地址，从而将用户引入正确的网站。一旦遭到攻击，用户就无法登录网站。参见《全美互联网遭大规模网络攻击 半个美国网络瘫痪》，环球网，2016 年 10 月 22 日，http：//world. huanqiu. com/article/2016 – 10/9586631. html。（访问时间：2016 年 10 月 25 日）

② Nicky Woolf, “DDoS Attack that Disrupted Internet Was Largest of Its Kind in History, Experts Say,” *The Guardian*, October 26, 2016, https：//www. theguardian. com/technology/2016/oct/26/ddos – attack – dyn – mirai – botnet. （访问时间：2016 年 10 月 30 日）

③ 根据该民调数据显示，79% 的美国民众认为国际恐怖主义已对美国的国家安全构成了严重威胁，认为伊朗研制核武器、网络恐怖主义构成严重安全威胁的民众百分比分别为 75% 和 73% 。参见 Justin McCarthy, “Americans Cite Cyberterrorism among Top Three Threats to U. S. ,” *Gallup*, February 10, 2016, http：//news. gallup. com/poll/189161/americans – cite – cyberterrorism – among – top – three – threats. aspx. （访问时间：2016 年 6 月 16 日）

④ Jim Norman, “North Korea, Cyberterrorism Top Threats to U. S. ,” *Gallup*, March 5, 2018, http：//news. gallup. com/poll/228437/north – korea – cyberterrorism – top – threats. aspx. （访问时间：2018 年 3 月 6 日）

表2—1 美国民众对美国切身利益威胁的观点调查统计表①

| | 严重威胁（%） | 重要威胁（%） | 不重要威胁（%） |
|---|---|---|---|
| 朝鲜研制核武器 | 82 | 14 | 3 |
| 网络恐怖主义 | 81 | 16 | 3 |
| 国际恐怖主义 | 75 | 22 | 2 |
| 中国的经济实力 | 40 | 45 | 14 |
| 大批移民进入美国 | 39 | 31 | 29 |
| 巴以冲突 | 36 | 48 | 14 |

## 三、美国认知体系下的网络恐怖主义威胁

作为恐怖主义的支持国和受害国，美国运用政治和军事力量对恐怖主义认知体系进行独立建构和自主操控。作为具有建构意义的力量载体，恐怖主义一词被美国赋予了特殊含义。就世人共知而言，恐怖主义是人类的公敌，是对全人类安全的共同威胁，而美国却根据自身战略利益，实施双重标准，选择性地将对手贴上恐怖主义标签。

因此，在其双重标准的恐怖主义话语体系下，美国对网络恐怖主义威胁也会自行判断。首先，某种威胁是否属于网络恐怖主义威胁，美国认为自己拥有决定性话语权。只要针对美国，答案必属肯定。如果不是，则需视情而定②。例如，按照美国众议院司法常设委员会的解释，网络恐怖主义是指“利用电脑系统进行由特定的法律所界定的恐怖活动。真正的网络恐怖主义的特点在于进行或威胁要

① 数据来源：盖洛普民意调查研究所于2018年2月1日–10日进行的民调统计结果。参见Jim Norman, “North Korea, Cyberterrorism Top Threats to U. S. ,” *Gallup*, March 5, 2018, http://news. gallup. com/poll/228437/north – korea – cyberterrorism – top – threats. aspx.（访问时间：2018年3月6日）

② 例如，对于“东突”等恐怖组织利用国际互联网从事的宣传、组织、策划、招募、煽动等网络恐怖主义行为，美国的态度是“有选择的忽略”。

进行大规模的破坏，其目的是为了损害或强迫平民或政府”①。由于这种官方定义并未限定网络恐怖主义的行为主体，因此给美国的自由诠释留下了足够空间。

其次，由于美国对网络的依赖程度不断加深，针对美国网络和电信基础设施的安全威胁也日益增多，“网络珍珠港”“网络9·11”成为美国最为担心的梦魇。美国认为，自冷战结束以来，针对美国的恐怖活动日益增多，而随着信息技术的发展，特别是20世纪90年代中期“信息高速公路”概念的提出，以网络技术为代表的信息技术日益融入社会发展的方方面面，也同样与恐怖主义渐成一体。随着安全环境的变化和信息技术的发展，恐怖主义与网络空间加速融合，不仅改变了恐怖主义原有的表现形态及生存活动方式，也为高度依赖网络的美国带来了极为严峻的安全挑战。白宫国土安全委员会官员就认为，美国当前面临着多方面的技术漏洞，“国家和非国家行为体正以前所未有的规模对我们的信息系统加以利用”②。美国前任国家情报总监迈克尔·麦克康奈尔（Mike McConnell）也在2009年表达了对恐怖分子利用网络技术威胁美国基础设施安全的担心：“恐怖分子迟早会掌握复杂的网络技术并使美国的基础设施遭受战略损失”③。而美国众议院网络安全和基础设施保护小组委员会也在2016年2月25日举行的听证会上指出：“犯罪组织和恐怖组织持

① *Virtual Threat, Real Terror: Cyberterrorism in the 21st Century*, Hearing before the Subcommittee on Terrorism, Technology and Homeland Security of the Committee on the Judiciary United States Senate One Hundred Eighth Congress, Second Session, U. S. Government Printing Office, February 24, 2004, p. 5.

② John Rollins and Anna C. Henning, "Comprehensive National Cybersecurity Initiative: Legal Authorities and Policy Considerations," March 10, 2009, https://fas.org/sgp/crs/natsec/R40427.pdf.（访问时间：2015年12月28日）

③ The Charlie Rose Show, "Interview of Mr. Mike McConnell, Director of National Intelligence," PBS, January 8, 2009, https://www.dni.gov/files/documents/Newsroom/Speeches%20and%20Interviews/20090108_interview.pdf.（访问时间：2015年12月30日）

续打造并获取网络工具和能力，正对美国民众造成越来越大的伤害”①。

对于美国面临的网络恐怖主义威胁而言，一方面，各类反美恐怖势力，尤其是效费比很高的网络恐怖主义，仍会不遗余力寻求各种途径，对美国及其决策进程施加压力；另一方面，美国众多的关键性网络基础设施对国计民生至关重要，一旦受损，后果不堪设想。可以想见，在网络空间这一领域，美国与反美恐怖势力之间，即“世界中心”与“世界边缘”之间的斗争，将会愈演愈烈并不断延续。反美恐怖势力一方会无所不用其极，暗中想方设法给美国造成足够严重的伤害，以影响美国的决策；而美国则会不断调配资源，加大投入，严密防守，避免恐怖势力的阴谋得逞。

## 第二节　应对机制构建的现实困扰

对于网络恐怖主义应对机制的构建来说，需要面对和解决的难题很多，有些甚至根深蒂固。在最终构建并有效运转的过程中，如何化解矛盾、将不利因素转化为有利因素，实现构建目标，考验的不仅是决策者的宏观战略思维，更是其在各利益方反复博弈的过程中积极斡旋、坚持到底的智慧、勇气和信念。

### 一、理想主义与现实主义之争

理想主义与现实主义二者之争由来已久，即使进入 21 世纪，在新的安全环境下，争论仍然存在。此种争论不只体现在美国的对外政策上，同时也存在于美国的国内政治进程之中，使美国“身陷道

① “Emerging Cyber Threats to the United States, Hearing before the Cybersecurity and Infrastructure Protection Subcommittee,” February 25, 2016, https: //homeland. house. gov/hearing/emerging – cyber – threats – to – the – united – states/. （访问时间：2016 年 3 月 15 日）

德与现实的拉锯之苦中”[①]。对网络恐怖主义应对机制加以构建，首先遇到的就是此类问题。

应该说，理想主义和现实主义存在着根本的观点冲突。“一个学派（理想主义）……假定人类本性善良，并具有无限的适应性……另一学派（现实主义）则认为，从理性观点看现实，世界是不完善的……在这样一个存在着利益冲突的世界上，道德原则从来不可能完全得以实现。”[②] 经历了两次世界大战和苏联解体的冲击，理想主义思潮开始退却，而现实主义思潮则方兴未艾，但前者依然顽强存在，而后者也无法将前者完全覆盖。

涉及在网络恐怖主义应对的问题上，两派的观点也同样存在差异。理想主义认为，人性可以通过教育得到改造，网络恐怖主义分子也不例外；战争可以避免，而作为非传统安全威胁一种表现形式的网络恐怖主义自然也可以实现规避。因此，以国际法为准则，以联合国为主导，建立起良好的全球生态，是应对网络恐怖主义的应有之道。而现实主义则持人性本恶的观点，“通过教育和智慧的增长并不能解决人性恶的问题”[③]；国际社会处于无政府状态，无论是国家，还是网络恐怖主义组织这样的非国家行为体，都会以追求权力为目标。因此，从一定角度来看，国际社会与网络恐怖主义之间也是一种权力斗争关系。哪一方的权力越大，就越能维护和实现自身的利益。

可以看出，在网络恐怖主义应对机制的构建问题上，理想主义与现实主义之间出现角力，主要体现在如何构建这一方面，即以何为主导、以哪种方式构建。虽然“盲目乐观”的理想主义有时看起来有些幼稚，但不可否认，信奉道义和良知的这一思潮对现实主义的过度扩张起到了较好的制衡作用，也同样使网络恐怖主义应对机

① 亨利·基辛格著，顾淑馨、林添贵译：《大外交》，海口：海南出版社，2012 年版，第 7 页。

② 倪世雄等：《当代西方国际关系理论》，第 29 页。

③ 倪世雄等：《当代西方国际关系理论》，第 37 页。

制里闪烁着理想主义元素的光芒。

## 二、现实力量的利益冲突

除了理想主义和现实主义这样的理念差异之外，现实力量的利益纠葛也是网络恐怖主义应对机制构建过程中遇到的现实难题：温和派和强硬派之间、民主党和共和党之间、两党内部、府院之间、联邦和州之间、各执行机构之间、军地之间、选民和政治家之间、国内和国外之间等，各为自家利益，各持己方立场。

以网络监控为例。由于网络恐怖主义以网络空间为平台，因此其通信联络、组织策划、融资筹款等行为无论加密与否，都会在网络空间留下踪迹。借助其在互联网领域的先发优势，美国依靠“棱镜”① 等项目，对全球网络通信实施大规模监控，以期实现对网络恐怖主义等网络安全威胁的早期预警、防范打击和调查取证。从监控方的角度来看，监控的范围越广，监控的领域越宽，监控的人数越多，监控效果就会越好，对国家安全也就越有利，也更加符合美国的国家利益。然而，其他相关力量对此并不认同，他们认同保证国家安全这一目标的重要性，但对实现目的之手段的合理性与合法性则提出质疑和挑战。在他们看来，国家安全并非国家利益的全部，道德及法律的约束同样必不可少，只要权力不要道德的做法在美国行不通，正如当年理想主义曾极力反对的并不是国际局势的改变，而是改变的方法，尤其是反对使用武力一样②。因此，以国家安全为名实施的这些监控项目一经中情局前雇员斯诺登披露，立刻引起轩然大波：“美国公民自由联盟”等就认为，此举严重侵犯公民隐私，

---

① “棱镜”计划（PRISM）是一项由美国国家安全局自2007年起开始实施的绝密电子监听计划。该计划的正式名称为“US－984XN”。“棱镜”主要监控10类信息：电邮、即时消息、视频、照片、存储数据、语音聊天、文件传输、视频会议、登录时间和社交网络资料的细节。通过“棱镜”项目，国家安全局甚至可以实时监控一个人正在进行的网络搜索内容。此项目还可使情报人员通过“后门”进入9家主要科技公司的服务器，包括微软、雅虎、谷歌、Facebook、PalTalk、美国在线、Skype、Youtube、苹果。

② 亨利·基辛格：《大外交》，第7页。

政府权力非法进入了公民的权利边界，并将国家安全局和联邦调查局告上法庭；而根据法院判决，国家安全局的相关监控项目未获国会授权，超出了《爱国者法案》第215条规定[①]的范围[②]；美国参议院情报特别委员会主席黛安娜·范斯坦（Dianne Feinstein）表示，国会将对所有情报监控项目进行彻查[③]；由于遭到强力反对，美国参议院2015年5月31日未能通过《爱国者法案》修正法案，美国国家安全局的3个监视项目将从6月1日起停止执行[④]；另外，美国大规模监控盟国上至首脑、下至平民的各层级通信，也引发了相关盟国的强烈抗议，德、法等国政府已要求美国政府做出明确解释。

由此可见，持"反恐监控扩大化"观点的美国，通过全域和全时监控，力求反恐监控无死角，以期实现国家安全利益的最大化。然而，此举被批违反了美国宪法第一修正案和第四修正案中有关保护公民言论自由的规定[⑤]，以及作为国际法基石的国家主权原则。因此，在构建网络恐怖主义应对机制时，政府机构的权力边界不能无限延伸，应当受到来自立法、司法、民众、国际社会等各方力量的有效制约，以防权力失控，这也是一种较为有效的纠偏和纠错手段。换言之，政府机构并非一家独大，不能为所欲为，而是得按照"规

---

① 按照《爱国者法案》第215条的规定，美国相关调查机构可依照1978年《外国情报监视法案》第五篇（Title V）的授权获取相关商业数据及实物，但前提是必须按程序办事：按照《美国法典》第28篇第43章的要求，须向地方法官（Magistrate Judge）提交申请；依照第12333号总统行政令，此申请须获司法部长（Attorney General）的批准；不得违反美国宪法第一修正案的规定对美国人实施监控等等。https：//www. gpo. gov/fdsys/pkg/PLAW – 107publ56/html/PLAW – 107publ56. htm.（访问时间：2015年12月16日）

② 《美国联邦上诉法院首次裁定国安局监听行为违法》，人民网，2015年5月8日，http：//world. people. com. cn/n/2015/0508/c157278 – 26966033. html（访问时间：2015年12月16日）。

③ 《美国国会计划彻查全部情报监控项目》，中国网，2013年10月29日，http：//news. china. com/focus/usljm/11141678/20131029/18115732. html（访问时间：2015年12月16日）。

④ 《美国政府电话监控项目暂停》，新华网，2015年6月1日，http：//news. xinhuanet. com/world/2015 – 06/01/c_1115473312. htm（访问时间：2015年12月16日）。

⑤ *The United States Bill of Rights*：*First 10 Amendments to the Constitution*，https：//www. aclu. org/united – states – bill – rights – first – 10 – amendments – constitution.（访问时间：2015年12月16日）

矩”办事。这一“规矩”就是必须充分考虑各相关方面的利益所在，并在构建过程中予以贯彻，否则就会受到相关方面的强力反弹，最终还得将方案回炉，重新平衡各方利益。

## 三、战略构建的“西西弗斯”之痛

除了理想主义与现实主义的角力、各方力量的利益冲突之外，在网络恐怖主义应对机制的构建过程中，还有一个绕不开的难题就是所谓的“西西弗斯”之痛：网络恐怖主义与应对机制之间永远处于一种非对称状态。针对层出不穷、无处不在的网络恐怖主义，实现无死角的防范和打击成为一件“不可能完成的任务”，由此涉及到的是投入与产出的效费比这样的经典话题：投入的资源、精力、经费、人力到底多少才合适？应对机制究竟应该采取多大力度，达到何种规模，才能既确保应对的有效性，又省去不必要的投入？

西西弗斯，作为一位希腊神话人物，受到诸神惩罚，必须将一块巨石推上山顶，而每次到达山顶后巨石又滚回山下，如此永无止境地重复下去。网络恐怖主义应对机制所面对的正是这样一种困境：美国的霸权主义和强权政治是导致反美恐怖主义生生不息的重要因素，网络恐怖主义在相当长的时间内也会一直是美国的梦魇。美国所取得的每一次胜利并不代表与网络恐怖主义作战的最终胜利，而只是迎击后者过程中一闪即逝的一个亮点而已，这种交战会反复进行，不断消耗着美国的资源、精力和耐心，直至其筋疲力尽。更为严重的是，此种交战并非战场上的正面对决。网络恐怖主义等网络安全威胁可以躲在暗处养精蓄锐，待时机成熟才会找准薄弱环节发动有力攻击；而一个国家要想确保安全，最稳妥的做法就是处处设防、时时设防，但如此一来，且不说全面防御所需投入是个无底洞，浪费的机会成本也绝对是惊人的。

与网络恐怖主义这种看不见的敌人交手，哪怕应对机制从理论上构建得再完美，投入的资源再多，防护体系再复杂，也难以百分百保证在漫漫的交锋过程中、在浩如烟海的网络节点上，次次都能够稳操胜券。即使九十九次成功，只要有一次失败，就会让前面的胜利大打折扣。而日复一日、年复一年的交手，精神高度紧张，也容易产生职业倦怠。此外，不可过度宣扬的成功与网络恐怖主义袭击的极易带来成就感的缺失和挫败感的萦绕，这也严重影响了应对机制的效率和效能。这些都是构建网络恐怖主义应对机制过程中需要加以充分考虑的因素。

因此，在这场与看不见的敌手进行的持久战和消耗战中，构建合理的应对机制，在“全面防御”和“有效防御”之间找到平衡点，避免疲于奔命，保持人员士气，尽量减轻“西西弗斯”之痛，显得尤为关键。

## 第三节　构建难题化解的基本遵循

上述难题，不仅在网络恐怖主义应对机制的构建过程中出现，部分也会在正常运作的过程中存在。是否勇于面对、想方设法加以解决，解决得是否全面和彻底，关系到应对机制的成效甚至成败。作为应对机制构建先行者的美国，对此进行了一番不懈的探索。为调和理想主义与现实主义之争、平衡现实力量的利益冲突，美国注重权力制衡体系下的充分博弈；为缓解战略构建的“西西弗斯”之痛，美国则努力在“绝对安全”和“相对安全”之间找寻平衡，以此作为应对机制战略构建的基本遵循。

### 一、权力制衡体系下的充分博弈

无论是理想主义与现实主义的角力，还是各方力量的利益冲突，其实质都是信念或利益的碰撞，无所谓绝对的对与错，有的只是在当时的客观条件下，哪一家更能在互相博弈中占得上风而已。在美国的政治体制之下，不可能有哪一支政治力量可以一家独大。也许会有比较强势的政治力量，但在美国充满权力制衡的政治框架下，谁也无法将自身观点强加于人。只有经过不断斗争加上不断妥协，各方利益才会得到充分调和，政策才有可能最终出台，机制也才有可能最终成型。

美国在建国之初，为避免权力失控并兼顾各方利益，即由开国之父们建立起了权力制衡体系。所谓权力制衡，即将行政权、立法权和司法权分别交由政府、国会和法院三方行使，互相监督，互相制约，以防任何一方越界。正如孟德斯鸠所言："从事物的性质来说，要防止滥用权力，就必须以权力约束权力。"① 在分权体制下，各个利益集团，无论大小，都有自己正常的利益诉求渠道，可以对政府决策、立法或司法进程施加影响，以最大程度维护己方利益。在此过程中，不同利益团体会出现观点和利益的碰撞与较量，经过充分博弈，取最大公约数，以达到各方利益的平衡。

因此，无论是一项政策、法令，还是一条法律或一项判决的出台，亦或是一种机制的创建，仅凭一家之言是绝对行不通的，必须经过广泛的公众听证以及合理合规的行政、立法或司法程序，吸收尽可能多的优秀建议和意见，充分考虑各方合理关切，在不断的较量与妥协过程中，找到各方均能接受的最终方案。如此一来，经过充分博弈的最终方案，也许从某种角度来说并非是最完美的，但它一定是各方都能基本接受的，也避免了任意一方对其他方利益的挤压和侵占；不一定能保证最大的效率，但定能确保最大的公平，这也符合立国之父们对权力运用的最初构想：权力不能滥用而必须得到制衡。需要指出的是，在此过程中，追求公平的同时，难免也会造成一定程度上的效率损失。

网络恐怖主义应对机制的构建也同样具有广泛而充分的参与性，在各方（理想主义与现实主义、民主与共和两党、联邦与地方等等）利益充分博弈的基础上，勘探出各方合理的利益边界，确保各方利益得到充分关注，实现应对机制的合理构建。

① 孟德斯鸠：《论法的精神》（上），北京：商务印书馆，2012 年版，第 154 页。

## 二、“相对安全”的最大化

经过充分博弈，充分关注各方利益的同时，在“绝对安全”和“相对安全”之间找到平衡点，对于网络恐怖主义应对机制的有效构建同样至关重要。

“绝对安全”和“相对安全”的概念最早出现在密码学中。众所周知，密码系统的基本要素是算法和密钥。无论对称算法还是非对称算法，亦或序列密码体制、分组密码体制和公开密钥体制，其使用目的就是为了最大限度地增加信息传输和信息存储的安全性。按照“绝对安全”的想法，可设计出世上最复杂的算法以及长度可观的随机伪序列密钥，对信息加密之后将存储介质锁进世上最先进的保险柜，再放入钢筋混凝土的房间里，加上全天候的警卫措施。如此一来，信息倒是安全了，但也成了“绝对安全”下的“信息孤岛”，某种意义上成了无法使用的“无用”信息。因为共享性是信息最重要的一项基本属性，共享过程中信息的价值才能得以充分体现，故而存储、传输和使用过程对于信息来说必不可少。然而，这些过程中都会出现技术上或管理上的漏洞，例如密码设备的保管、密钥的传输、内部人员威胁等等，给密码安全进而是信息安全带来了不小的挑战。不过，安全措施和安全挑战是共生共存、此消彼长的，需要依靠技术的不断进步和管理的持续创新，来最大限度地减少薄弱环节，确保信息安全。因此，在信息使用过程中，要尽可能确保其“相对安全”，而不是因噎废食。

网络恐怖主义应对机制的构建也是同样的道理。从极端的角度来说，绝对避免网络恐怖主义，迅速将其斩草除根，最简单直接的办法就是关闭世界所有的根服务器、拔掉全部网线、切断所有网络连接，世界上就绝对不会再有任何网络安全威胁，就可以获得针对网络恐怖主义所谓的“绝对安全”。显然，将安全价值视为唯一价值是一种不切实际的、幼稚而疯狂的想法，因为以互联网为代表的现代网络已经与人类社会交融在了一起，形成彼此密不可分的情势，简单粗暴地将其连根拔起会对人类社会的正常发展造成不可估量的损失。

互联网上浩如烟海的节点给人类社会带来全球互联互通的巨大便利的同时，也带来了无处不在、防不胜防的漏洞，给了恐怖分子等别有用心之徒以可乘之机，这是人类社会享受信息红利时必然要承受的代价。正确的做法应当是“以一种可变的时间视野对安全作恰当理解，并在短期安全和长期安全之间做出权衡”,[①] 在合理控制风险防范成本的基础上，尽量确保将网络恐怖主义活动等网络安全威胁压缩到最低的幅度，实现“相对安全”的最大化，确保公共安全和社会稳定，进而有效维护网络安全和国家安全。为此，将“相对安全”理念充分融入相关的政策和法律体系，推动技术进步和管理创新，加强国际合作，才是构建起一套行之有效的网络恐怖主义应对机制的必然之路。

## 第四节　应对机制的基本架构

为有效应对日益严峻的网络恐怖主义威胁，美国形成了融政策体系、法律体系、组织体系和技术体系为一体的网络恐怖主义应对机制。前两者属于宏观层面，对应对机制的总体架构起决定性作用；后两者属于微观层面，依据政策及法律体系推进有效的贯彻落实。

1. 政策体系

作为美国网络恐怖主义应对机制总体架构的重要有机组成，政策体系位于整个架构的顶层，起引领作用，为其他相关体系的合理构建和正常运作提供基本的政策框架，属于总体架构的核心。网络恐怖主义应对机制的政策体系由一系列国家安全战略、网络安全战略、综合反恐战略以及诸多总统文件、相关机构部门政策文件等组

① 柯武刚、史漫飞著，韩朝华译：《制度经济学——社会秩序与公共政策》，北京：商务印书馆，2000 年版，第 96 – 97 页。

成，在对安全威胁加以评估的基础上，界定相应的国家安全、网络安全和反恐目标，并对具体的安全手段加以明确，为网络恐怖主义应对工作提供宏观指导。

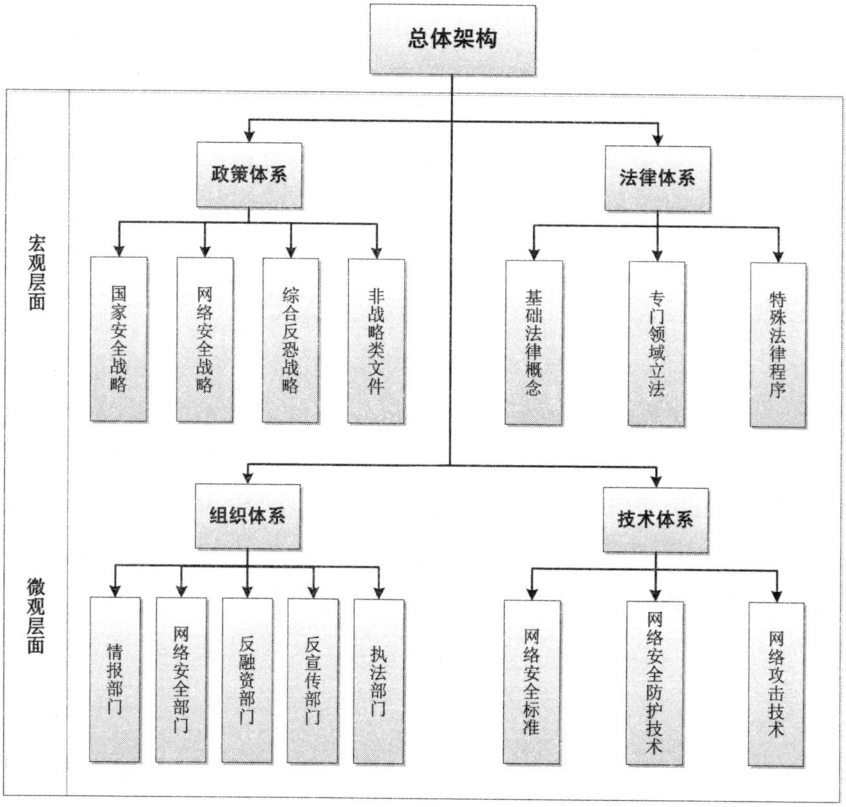


**图 2—1　美国网络恐怖主义应对机制架构示意图**

2. 法律体系

法律体系同样位于整个架构的顶层，对架构的依法建构与合法运行提供法理保障，既可确保对网络恐怖主义犯罪的依法追究与及时惩治，同时也可确保最大程度地赋予相关机构部门以权力空间但又不至于权力失控，即实现“授权”与“限权”的有机统一。网络恐怖主义应对工作的法律体系中，既包括对涉及网络恐怖主义犯罪的相关基础法律概念的清晰界定，也涵盖反恐融资、反宣传等专门领域的法律法规，还包括刑事调查和诉讼环节的特殊法律程序。

3. 组织体系

为了维护美国的网络安全，阻止网络恐怖主义等网络安全威胁，需要调动一切可用资源并协调一切可用力量，为此要求美国联邦、州和地方各级政府机构进行合理分工并明确职责，构建起科学高效的组织体系，有效应对网络恐怖主义等网络安全威胁。在此体系中，既包含作为无形利剑和隐形盾牌的情报部门，提供技术支撑、强化网络攻防的网络安全部门，强化金融监管、斩断恐怖主义网络融资黑手的反融资部门，也包括争夺舆论阵地、力争话语主导的反宣传部门以及强化反恐执法、提升执法效能的反恐执法部门，它们各负其责又相互配合，共同应对网络恐怖主义带来的挑战。

4. 技术体系

技术体系位于防范网络恐怖主义等网络安全威胁的前沿战场，一方面尽可能确保美国的重要网络资产，特别是关键基础设施的安全，另一方面对网络恐怖主义等网络安全威胁实施有效反击。技术体系主要包括网络安全标准、网络安全防护技术和网络攻击技术三个方面。为了向网络安全提供有力支撑，美国通过国家网络安全标准化组织制定相关技术标准，紧跟网络安全技术发展趋势，提升标准的科技含量和技术水平。同时，针对网络安全威胁来源和种类的多样性，美国还充分利用先发优势，对各个层面实施纵深覆盖，构筑起网络安全防护体系。随着网络安全战略的转变，美国开始大力发展网络攻击技术，提升网络攻击能力，以形成对网络恐怖主义的压倒性优势。

## 本章小结

新安全环境下，为应对以“9·11”事件为顶峰的恐怖主义袭击，美国主导发起全球反恐战争，但这并未使恐怖主义销声匿迹，反而出现了“越反越恐”的局面，美国如今面临的恐怖主义威胁依然严峻。恐怖主义紧跟时代发展和技术进步，通过与网络空间结合对美发起全新的“电子圣战”。尽管美国在信息技术领域优势明显，但是因为整个社会对信息技术的高度依赖而存在诸多薄弱环节，网络恐怖主义因此成为其全新的严峻威胁。对此，美国无论是官方还是民间，均有较为清醒的认识。构建相应机制，对网络恐怖主义威胁实施有效应对已显得相当必要。

值得指出的是，对网络恐怖主义应对机制加以构建并非一路坦途，而是需要克服诸多难题，如调和理想主义与现实主义的矛盾、化解各种利益冲突等。为此，必须顺应新形势，辅以新变化，以全新的战略思维和应对思路，在充分博弈的基础上，以“相对安全”理念构建起行之有效的网络恐怖主义应对机制，通过行政、法律等手段对各类资源进行合理调配，协调整合力量，优化组织结构，强化技术研发，以形成合力对网络恐怖主义实施有效防范和打击，确保网络安全和国家利益得以保障和维护。

# 第三章　美国应对网络恐怖主义的政策体系

新的安全环境催生了新的机遇和挑战。作为恐怖主义的一种全新表现形式，网络恐怖主义身处恐怖主义与网络空间的交汇地带，给国家安全带来新的难题。克服一系列矛盾和困难，构建起行之有效的网络恐怖主义应对机制，是迎接这一挑战、进而维护国家安全的正确做法。

政策体系是应对机制的核心，通过其战略视野为应对工作提供富有洞见和远见、兼具科学性与灵活性的宏观指导；通过定期评估新安全环境下的安全威胁，确定应对工作的总体任务目标及相应的安全手段，进而在资源调配的基础上，明确各职能机构的分工协作，实现对网络恐怖主义在内的安全威胁的有效防御与有力打击。

政策体系主要由历届政府的国家安全战略、网络安全战略、综合反恐战略，以及一系列总统文件及相关部门机构文件组成，基本覆盖了从网络恐怖主义应对的战略层面到执行层面。

## 第一节　国家安全战略

“9 · 11”事件之后，恐怖主义威胁才真正得到美国的高度重视，因此本书选取的国家安全战略文件主要是 2002 年、2006 年、2010 年、2015 年和 2017 年的《国家安全战略报告》。在网络恐怖主义应对机制的政策体系中，此类国家安全战略形成的是一种动态分析报告，每一版国家安全战略均对当时的国家安全环境进行了分析，对安全威胁的来源、种类、严重程度加以明确，并从战略高度为总体的网络恐怖主义应对工作确定了指导框架。综合五份国家安全战略可以看出，随着客观安全形势的不断变化，作为美国网络恐怖主义应对工作指导原则的美国国家安全战略也发生相应变迁。

## 一、评估安全威胁

根据安全形势的变化，五份报告首先对美国面临的安全威胁，特别是其中的恐怖主义威胁进行评估，为安全目标的界定和安全手段的选取奠定基础。

受“9·11”事件的直接影响，2002 年《国家安全战略报告》鲜明指出：“激进主义与技术的交融是美国面临的最为严峻的危险”①。美国面临的安全形势已发生重大变化，恐怖主义一跃成为美国的头号安全威胁，“恐怖分子业已组织起来，对开放社会进行渗透，并借助现代技术对我们发动进攻”②。

2006 年《国家安全战略报告》的出台正值美国反恐战争如火如荼之际，基本延续了 2002 年报告的主题内容和行文风格。该报告着重指出：“美国正处于战争状态……最重大的挑战来自于恐怖主义的崛起，后者由仇恨和谋杀这种进攻性的意识形态所驱动”③。应当指出，2002 年和 2006 年的《国家安全战略报告》同样将恐怖主义视作美国面临的最大威胁，但其形成背景则有很大差别：前者的安全环境刚刚经历巨大变化，而后者则变化较小。

随着国际安全形势的重大变化，特别是美国实力在整个国际体系中的变化，2010 年《国家安全战略报告》与 2002 年和 2006 年两版相比有了重大变化：放弃“反恐战争”的提法，恐怖主义威胁不再处于国家安全的首要位置，而且威胁来源也从过去的泛化变为专

---

① *2002 National Security Strategy*, http://www.state.gov/documents/organization/63562.pdf.（访问时间：2015 年 11 月 28 日）

② Ibid.

③ *2006 National Security Strategy*, http://www.state.gov/documents/organization/64884.pdf.（访问时间：2015 年 11 月 28 日）

门针对“基地”及其分支机构。经过近十年的反恐战争，虽然对“基地”组织造成沉重打击，但美国深陷伊拉克和阿富汗两场战争的泥潭，而且其先发制人的反恐战略也弊病丛生，因此该报告认为美国应当实施反恐战略收缩，一方面在域外重点反恐，另一方面则应更加重视打击本土恐怖主义。此外，在该报告中，恐怖主义与网络的结合也受到关注：“我们的日常生活和公共安全依赖于电力和电子网络，但我们的潜在敌手也可以利用网络的弱点，对其进行大范围破坏……我们正面临着从单枪匹马的违法黑客到有组织的犯罪团体、从恐怖分子网络到先进国家行为体的各种威胁”①。

2011 年美国击毙本·拉登之后，恐怖主义威胁并未如美国所愿逐渐减少，相反，安全形势却随着 2014 年“伊斯兰国”的崛起而变得迅速恶化，重大恐怖袭击事件此起彼伏。因此，在 2015 年《国家安全战略报告》中，恐怖主义威胁重新被列为美国所面临的严重安全威胁：“暴力极端主义和不断演变的恐怖主义威胁会对美国和盟国造成持续的攻击风险”②。

2017 年，“伊斯兰国”在正面战场被全面击溃，美国认为恐怖主义威胁的严峻程度已得到一定缓解，这一点也体现在 2017 年的《国家安全战略报告》中，但是“美国面临的世界仍然极端危险……美国面临着来自于从‘圣战’恐怖分子到跨国犯罪集团的主要跨国威胁”③，尽管“伊斯兰国”在叙利亚和伊拉克正面战场遭遇溃败，但“来自‘圣战’恐怖分子的威胁仍将持续”④。

从五份报告可以看出，美国面临的安全威胁在不断变化，尽管重要程度存在差异，但恐怖主义威胁在其中始终占有一席之地。总

---

① *2010 National Security Strategy*, http://www.whitehouse.gov/sites/default/files/rss_viewer/national_security_strategy.pdf.（访问时间：2015 年 11 月 28 日）

② *2015 National Security Strategy*, https://www.whitehouse.gov/sites/default/files/docs/2015_national_security_strategy.pdf.（访问时间：2015 年 12 月 28 日）

③ *2017 National Security Strategy*, http://nssarchive.us/wp-content/uploads/2017/12/2017.pdf.（访问时间：2017 年 12 月 30 日）

④ Ibid.

体来说，美国对于恐怖主义威胁的评估是较为清醒而冷静的，也依此进行了有针对性的应对部署。但需指出，美国对恐怖主义威胁的判断是以自身利益为标准尺度的，它所关注的更多是美国面临的安全威胁，而对非西方国家，特别是对恐怖主义传统策源地的恐怖主义威胁情况关注较少。当前，在全球化、恐怖主义国际化和网络化的大背景下，美国对这一恐怖主义威胁的判断明显存在一定瑕疵，这实际上也反映出美国安全观的局限。因此，虽然取得了像击毙本·拉登、击败“伊斯兰国”这样的重大阶段性胜利，但国际社会所期待的恐怖主义消亡这一现象并未出现，反而呈现出“越反越恐”的局面。同时，随着反恐斗争的持续深入，反恐成效依然会受到国际反恐斗争中的深层次、结构性矛盾和问题的不断制约，恐怖主义威胁也仍将在全球持续蔓延。

## 二、界定安全目标

根据安全威胁评估结果，五份报告分别界定了美国在当时的安全目标。

2002 年《国家安全战略报告》将打击恐怖主义同化解地区冲突、防止大规模杀伤性武器扩散一起作为美国国家安全的优先目标。在打击恐怖主义方面，美国的首要任务是“削弱并摧毁具有全球影响力的恐怖组织”，并“对其领导层、指挥、控制和通信系统，以及金融体系等发起攻击”①。

作为 2002 年报告的继承和延续，2006 年《国家安全战略报告》仍将打赢反恐战争、化解地区冲突和防止大规模杀伤性武器扩散作为美国国家安全的优先目标。在打赢反恐战争方面，报告强调指出了美国的短期目标和长期日标。从短期目标来看，报告主张“美国运用军事力量及其他手段来杀死或俘获恐怖分子；使其无法得到安

① *2002 National Security Strategy*, http: //www. state. gov/documents/organization/63562. pdf.（访问时间：2015 年 11 月 28 日）

全避风港也无法控制任何国家；防止其获得大规模杀伤性武器；以及切断其支持来源”①。而在长期目标方面，报告则主张赢得思想领域的战争，因为“恐怖主义思想可使那些幻想破灭者变成屠戮无辜受害者的凶手”②。

与前两份报告相比，2010 年《国家安全战略报告》对单边主义路线做出重大战略调整，并将安全、繁荣、价值观和国际秩序并列为美国的四大关键利益。虽然恐怖主义威胁的重要程度有所减弱，但仍然是值得美国重视的主要威胁之一。在美国的安全利益方面，报告提出美国应追求的目标包括：“强化本土安全及适应能力；在阿富汗、巴基斯坦和世界各地瓦解并击败‘基地’组织及其暴力极端分支；……确保网络空间安全”③。具体目标则包括：“阻止针对美国国土的恐怖袭击；强化航空安全；阻止恐怖分子获取大规模杀伤性武器；使‘基地’无法威胁美国及其盟友；阻止恐怖分子获得安全避风港；确保司法公正等”④。

针对恐怖主义形势的重大变化，2015 年《国家安全战略报告》再次将安全问题提到首要位置，并将“强化国防、强化国土安全以及打击恐怖主义的持久威胁”⑤ 列为美国安全目标的前三位。在强化国防方面，报告指出“强大的军队是国家安全的基石”⑥，军事力量建设再次受到高度重视；在强化国土安全方面，防御恐怖主义袭击仍然被视作“国土安全的核心职责”⑦，为此需要积极适应这一挑战；在打击恐怖主义的持久威胁方面，继续对恐怖主义实施重点打

---

① *2006 National Security Strategy*, http://www.state.gov/documents/organization/64884.pdf。(访问时间：2015 年 11 月 28 日)

② Ibid.

③ *2010 National Security Strategy*, http://www.whitehouse.gov/sites/default/files/rss_viewer/national_security_strategy.pdf. (访问时间：2015 年 11 月 28 日)

④ Ibid.

⑤ *2015 National Security Strategy*, https://www.whitehouse.gov/sites/default/files/docs/2015_national_security_strategy.pdf. (访问时间：2015 年 12 月 28 日)

⑥ Ibid.

⑦ Ibid.

击、更多强调依法反恐、加大对“伊斯兰国”的关注和打击力度等成为其安全目标。

2017 年《国家安全战略报告》则依据对安全威胁的自我判断，将“确保美国边界和领土安全、追查威胁来源以及维系美国在网络时代的安全”① 作为排名前三位的安全目标，而在追查威胁来源方面，击败“圣战”恐怖分子则位居首位。报告着重指出，“美国国土面临众多威胁，难以实现完全防御，因此，美国必须保持进攻态势”②。为此，美国相应的安全行动目标就包括：“挫败恐怖阴谋、采取直接行动、清除恐怖分子安全避风港、断绝其力量来源、责任共担以及在社区层面打击激进化和招募活动”③，旨在与恐怖主义进行坚决斗争。

从以上五份报告可以看出，依据不断变化的安全威胁，特别是恐怖主义威胁，《国家安全战略报告》界定了相应的安全目标，既包括长期目标，也包括短期目标。尽管存在程度差异，但直接打击恐怖组织和恐怖分子、阻止其获得安全避风港、阻止恐怖势力与大规模杀伤性武器的结合、阻止恐怖势力获得支持等是美国反恐斗争中始终不变的目标；而随着对恐怖主义威胁的认识不断深入，美国也在其反恐目标中加入了意识形态领域对抗的内容，不仅注重传统领域，也开始关注网络空间。而从 2010 年报告开始，实施本土反恐、确保本土安全成为美国反恐的重要目标之一，这既反映了国际反恐形势的变化，也是美国籍此调整国家安全利益指向的现实需要。美国的安全目标，特别是反恐安全目标紧跟形势变化，结合美国自身特点，具有相当的针对性，为后续的计划开展和行动实施指明了方向。

---

① *2017 National Security Strategy*, http: //nssarchive. us/wp - content/uploads/2017/12/2017. pdf.（访问时间：2017 年 12 月 30 日）

② Ibid.

③ Ibid.

## 三、明确安全手段

五份《国家安全战略报告》根据不同时期的安全威胁，围绕报告中界定的安全目标，明确了相应的安全手段。

“9·11”事件给美国带来了巨大的心理冲击，2002年《国家安全战略报告》随即指出，为应对严峻的恐怖主义威胁，有必要使用一切手段，如“军事力量、国土防御、执法、情报、反恐融资”①等，以击退这一安全威胁。以反恐融资为例，该报告表示美国将同盟友一道，致力于“破坏恐怖主义的融资活动……发现并切断恐怖主义的资金来源，冻结恐怖分子及其支持者的资产，阻止恐怖分子对国际金融体系的利用”②。为此，改革国家安全机构，以“抓住21世纪新的机遇并迎接新的挑战”③，也在此份国家安全战略文件中定下了基调。

2006年《国家安全战略报告》则再次强调先发制人手段的重要性：“我们不能再仅仅依靠威慑手段或防御措施来阻止恐怖分子”④，而是应当主动发起攻击，使恐怖分子疲于奔命。除了延用2002年报告提出的安全手段之外，该报告指出还应当采取特别举措，如“提前阻止恐怖袭击、毫不犹豫地阻止流氓国家和恐怖分子的盟友获得大规模杀伤性武器、阻止恐怖组织获得流氓国家的支持和庇护、阻止恐怖分子对任何国家加以控制”⑤，以实现反恐的长期目标。

2010年《国家安全战略报告》中，奥巴马政府对前任布什总统的单边主义政策进行修正，不再过度倚重军事力量，转而谋求以多边外交等方式来实现安全目标。为实现对恐怖主义的应对转向，该

---

① *2002 National Security Strategy*, http://www.state.gov/documents/organization/63562.pdf.（访问时间：2015年11月28日）

② Ibid.

③ Ibid.

④ *2006 National Security Strategy*, http://www.state.gov/documents/organization/64884.pdf.（访问时间：2015年11月28日）

⑤ Ibid.

报告提出美国既会注重军事力量的运用，也会加大非军事手段的应用。为确保司法公正，美国应当采取与安全目标及价值观相符的法律手段，在将恐怖分子绳之以法的同时，也不违背法治和程序正义原则；为维护网络空间安全，使之免受恐怖分子等的袭扰和破坏，美国应当继续加大技术研发和人才培养，并有效保护公民的个人隐私①。该报告特别指出，为实现其安全目标，美国应当运用“整体政府”理念，对美国力量的诸要素加以“更新、平衡与整合”②。

2015 年《国家安全战略报告》再度明确，美国已经从耗资巨大的大规模地面战争转向追求更具持久性的手段，如“具有针对性的反恐行动、与负责任伙伴的合作行动以及旨在遏制暴力极端主义和激进化发展的相关行动等”③。为此，美国将“从决策层开始重点关注并努力打破外国恐怖主义分子进出冲突地区的流动格局，致力于解决孕育暴力极端主义的深层次条件，如贫穷、不平等和压迫等”④，并通过多种手段为相关国家提高反恐能力。

根据反恐形势变化，按照确定的反恐行动目标，2017 年《国家安全战略报告》指出，美国将提升国内外的情报共享能力，同时为国土安全、执法部门和情报部门提供必要的“工具、权限和资源”，以便提前阻止恐怖袭击；对于威胁到美国国土和民众安全的恐怖组织和恐怖分子，无论其身处何处，美国都将运用包括军事力量在内的必要手段，对其进行严厉打击；美国不仅将对恐怖势力的现实领土进行挤压，同时也将通过与私营企业合作，追踪其“数字网络”，使其虚拟化生存变得更加艰难；美国将破坏“恐怖组织的金融、物

① *2010 National Security Strategy*, http: //www. whitehouse. gov/sites/default/files/rss_viewer/national_security_strategy. pdf. （访问时间：2015 年 11 月 28 日）

② Ibid.

③ *2015 National Security Strategy*, https: //www. whitehouse. gov/sites/default/files/docs/2015_national_security_strategy. pdf. （访问时间：2015 年 12 月 28 日）

④ Ibid.

资供应和人员供应链”[①]，如削弱其宣传和招募能力，使其丧失力量源泉等。

由上述分析可见，美国围绕安全目标，采用多种安全手段来应对安全威胁，特别是恐怖主义威胁。其中，运用军事力量对恐怖主义实施有力打击始终是美国反恐斗争的重要手段。尽管对军事手段的倚重程度有所降低，但它仍是美国历届政府笃信的有效反恐手段。与此同时，情报、执法、反恐融资、司法等手段也始终受到报告关注，旨在以多样化安全手段应对包括网络恐怖主义在内的安全威胁。

## 第二节　网络安全战略

与国家安全战略报告相比，此类文件指向更加明确，从战略高度对网络安全进行谋划指导，为网络恐怖主义应对工作提供明确的政策依据。此类文件主要包括：2003 年《确保网络空间安全国家战略》、2009 年《网络空间政策评估》、2011 年《网络空间可信身份国家战略》《网络空间行动战略》和《网络空间国际战略》、2015 年《国防部网络战略》等。

### 一、网络安全威胁认知

随着互联网应用范围日益广泛，恐怖主义与互联网的结合程度也愈加紧密，美国面临的网络安全形势也越来越严峻。相关网络安全战略类文件首先对网络安全威胁加以评估，为后续的安全目标确定和安全手段选择提供先决条件。

2003 年美国发布《确保网络空间安全国家战略》并指出，过去

① *2017 National Security Strategy*, http://nssarchive.us/wp-content/uploads/2017/12/2017.pdf.（访问时间：2017 年 12 月 30 日）

几年里，“网络空间的安全威胁已急剧上升”①。在对网络安全保障对象的认知方面，美国认为关键基础设施是其最为迫切的安全保障对象；而在威胁来源的认知方面，该报告指出，由于信息技术，尤其是网络攻击工具和技术方法的广泛扩散，各类恶意行为体的技术能力得以不断提升。“网络空间的恶意行为体可以表现为多种形态，如个人、犯罪集团、恐怖分子或民族国家”②，而在此过程中，“由于网络攻击的快速性和匿名性，区分恐怖分子、犯罪集团和国家行为体将变得相当困难”③。因此，恐怖势力被明确纳入美国网络安全治理范畴。

鉴于美国的网络安全应对“未能跟上威胁发展变化的步伐”，2009 年《网络空间政策评估》首先对美国面临的网络安全威胁做出评估，并指出：“巨大的风险正在威胁着国家、私营企业和个人权益……国家的数字基础设施架构（多数依赖互联网）并不安全或是具有弹性……现状再也难以令人接受”④。鉴于“国家正处于十字路口”，需要制定明确目标并采取有力举措，以改变令人不安的网络安全现状，确保网络空间安全。

随着网络应用的普及，越来越多的信息及服务要依托网络来提供。2011 年《网络空间可信身份国家战略》指出，美国的个人信息、敏感信息、金融信息和保密信息等正面临着一系列愈加复杂的威胁，“银行、零售业及其他部门的欺诈交易，以及针对国家关键基础设施资产的入侵正变得屡见不鲜”⑤，而随着更多的商业和政府服务上线，互联网上传输的敏感信息和金融信息数量持续增长，数据

① *National Strategy to Secure Cyberspace*, February 2003, https://www. us - cert. gov/sites/default/files/publications/cyberspace_strategy. pdf.（访问时间：2015 年 11 月 28 日）

② Ibid.

③ Ibid.

④ *2009 Cyberspace Policy Review*, https://www. dhs. gov/publication/2009 - cyberspace - policy - review.（访问时间：2015 年 11 月 28 日）

⑤ *National Strategy for Trusted Identities in Cyberspace*, April 2011, https://www. nist. gov/sites/default/files/documents/2016/12/08/nsticstrategy. pdf.（访问时间：2016 年 12 月 16 日）

泄露、数据盗窃和隐私泄露风险也逐渐增加。

2011 年《网络空间国际战略》虽未直接提及美国面临的网络安全威胁，但也指出："过去三十年里，我们看到了网络技术对经济和日常生活的变革，也同时目睹了线下挑战转至线上……全世界必须共同认识到恶意行为体进入网络空间所带来的挑战"①，各国需要为此调整国家层面和国际层面的网络安全政策，采取共同举措，"在这个网络化的世界里实现繁荣、安全与开放"②。

2015 年《国防部网络战略》则指出，"我们在这个通过网络互联互通的世界中很脆弱"③，美国的众多关键业务对互联网及网络空间的系统和数据高度依赖，如此便使美国的漏洞暴露在真实而危险的网络威胁面前。正如报告中所描述的一样，"我们依赖于数据的保密性、可用性和完整性，但与之形成鲜明对比的却是我们的网络安全不足"④。针对数据泄露、业务受到干扰、关键系统失能等严重的网络安全状况，美国需要采取相应对策，以有效维护美国国家安全利益。

从这几份网络安全战略文件可以看出，按照美国的认知，随着美国经济社会对网络日益依赖，美国面临的网络安全威胁日益严重，国家利益和个人权益正在或即将遭受侵害；威胁来源不断增加，涵盖了个人、犯罪集团、恐怖势力或民族国家等在内的各类恶意行为体；网络安全的保障对象既包括关键基础设施安全，也包括与之相关的信息安全、数据安全、身份安全等；构成网络安全威胁的原因既包括信息技术，尤其是网络攻击工具和技术方法的广泛扩散，更是源于恶意行为体对美国利益的觊觎和侵害。而从实践层面来看，尽管措辞不尽一致，但这几份报告均表示，美国的网络安全工作尽

① *International Strategy for Cyberspace*, May 2011, https: //obamawhitehouse. archives. gov/sites/default/files/rss_viewer/international_strategy_for_cyberspace. pdf.（访问时间：2015 年 11 月 28 日）

② Ibid.

③ *The Department of Defense Cyber Strategy*, April 2015, http: //www. dtic. mil/doctrine/doctrine/other/dod_cyber_2015. pdf.（访问时间：2015 年 11 月 28 日）

④ Ibid.

管取得了一定成绩，但仍有不尽如人意之处，网络安全威胁仍在不同领域以不同程度和不同形式存在，特别是恐怖主义逐渐呈现出与网络空间加速融合的态势。

## 二、网络安全目标界定

在对网络安全威胁准确认知的基础上，为确保网络空间安全，相关网络安全战略类文件确定了美国的网络安全目标。

2003 年《确保网络空间安全国家战略》提出了美国的五项国家网络空间安全优先目标：构建国家网络空间安全响应体系；实施国家网络空间安全威胁和漏洞削减计划；开展国家网络空间安全感知和培训计划；确保政府的网络空间安全；开展国家安全和国际网络空间安全合作①。报告又对每一优先目标进行了具体阐述。以构建国家网络空间安全响应体系为例，其具体目标为“有效检测网络空间的潜在危害活动，分析自身存在的薄弱环节并发出预警，在此过程中对事件响应活动进行协调，并且对那些遭受损坏的关键服务及时修复”②。

针对网络安全威胁及应对现状，为构建“可信且具有弹性的信息和通信基础设施”架构，2009 年《网络空间政策评估》提出五大安全目标：实施顶层领导；打造数字国家能力；网络安全责任共享；创建有效的信息共享和事件响应机制；以及鼓励创新③。每个安全目标又包含若干组成目标，如实施顶层领导又涵盖了“确定白宫领导权；评估法律和政策；强化网络安全方面的联邦领导权和主体责任；提升各州、地方的领导权等”④。

① *National Strategy to Secure Cyberspace*, February 2003, https://www.us-cert.gov/sites/default/files/publications/cyberspace_strategy.pdf.（访问时间：2015 年 11 月 28 日）

② Ibid.

③ *2009 Cyberspace Policy Review*, https://www.dhs.gov/publication/2009-cyberspace-policy-review.（访问时间：2015 年 11 月 28 日）

④ *2009 Cyberspace Policy Review*, https://www.dhs.gov/publication/2009-cyberspace-policy-review.（访问时间：2015 年 11 月 28 日）

为实现构建身份生态系统的总目标，2011 年《网络空间可信身份国家战略》为此确定了四项具体目标，包括：构建全面的身份生态系统架构；构建并实施与身份生态系统架构一致的身份基础设施并具备互操作性；增强参与身份生态系统的信心和意愿；以及确保身份生态系统的长期成功[①]。前两个目标侧重于“设计并构建必要的管理、政策、标准和基础设施”，以确保在线服务的安全；第三个目标注重必要的隐私保护以及对企业和个人的教育培训；第四个目标则通过构建相应机制，促进身份生态系统的持续发展和改善[②]。需要指出的是，该战略在表面上强化用户隐私的同时，也在暗中为网络个体的身份识别与认定提供了便利。

为实现“更加繁荣和可靠的网络、国际安全以及永久和平”，2011 年《网络空间国际战略》确定将通过国际协作，完善“具有开放性、互操作性、安全性和可靠性的信息和通信基础设施”[③]，届时形成的网络空间环境将可以“鼓励创新、构建更好的政府、保障基本自由、强化个人隐私、增进理解、明确行为标准、提升国家安全和国际安全”[④]。

2015 年《国防部网络战略》对其网络部队的发展以及网络防御、网络威慑态势的强化做出了明确指导。为在当前及未来的安全环境下有效降低风险并捍卫美国利益，该战略界定了五大战略目标：打造并维系用以实施网络空间行动的战备力量和能力；防护国防部信息网络、保障国防部数据安全并减少国防部任务风险；随时保护美国国土和美国核心利益免受具有重大影响的破坏性网络攻击；构建和维护可行的网络选项和计划，旨在控制冲突升级，并在所有阶段对冲突环境加以塑造；建立和维护强有力的国际联盟和伙伴关系，

---

① *National Strategy for Trusted Identities in Cyberspace*, April 2011, https://www.nist.gov/sites/default/files/documents/2016/12/08/nsticstrategy.pdf.（访问时间：2016 年 12 月 16 日）

② Ibid.

③ *International Strategy for Cyberspace*, May 2011, https://obamawhitehouse.archives.gov/sites/default/files/rss_viewer/international_strategy_for_cyberspace.pdf.（访问时间：2015 年 11 月 28 日）

④ Ibid.

用以应对共同面临的威胁并促进国际安全和稳定[①]。

通过对上述网络安全战略文件的分析可以发现，针对日益严峻且不断变化的网络安全威胁，美国既从宏观整体上确定了网络空间安全的总体目标，又从可信身份、国际合作和军事层面确定了各领域的指导原则。其中，既涉及到安全响应体系、安全威胁和漏洞削减计划、网络态势感知体系、身份生态系统架构的构建，又包括关键基础设施的安全防护、国防部信息网络安全防护和数据安全防护、网络冲突环境塑造能力的培育等。总的来说，美国通过提升网络防护水平，努力弥补漏洞与不足，在国际和国内两个层面、军事和非军事两个领域、联邦和各州及地方之间逐步健全网络安全架构、不断完善协调合作机制、持续提升攻防能力，以使网络恐怖主义等恶意行为体无机可乘，最终实现较为理想的安全态势。

## 三、网络安全手段运用

针对网络空间的安全威胁，围绕安全目标，不同的报告确定了相应的网络安全手段。

2003 年《确保网络空间安全国家战略》列出五项优先安全目标。以前两项优先目标为例：针对第一项目标，构建国家网络空间安全响应体系，该战略报告制定了建立针对国家级网络事件的公私响应框架（由分析、预警、事件管理和响应恢复部件组成），改进公私部门关于网络攻击、威胁和漏洞方面的信息共享等举措；针对第二项优先目标，实施国家网络空间安全威胁和漏洞削减计划，制定的网络安全举措包括：减少威胁并阻击恶意行为体（包括提升执法部门预防和诉讼能力、创建国家漏洞评估流程等详细措施）；确定并修复现有漏洞；构建漏洞更少的系统并对新兴技术加以漏洞评

① *The Department of Defense Cyber Strategy*, April 2015, http://www.dtic.mil/doctrine/doctrine/other/dod_cyber_2015.pdf.（访问时间：2015 年 11 月 28 日）

估等①。

2009 年《网络空间政策评估》确定的相应的安全手段有：为完善顶层设计，任命负责国家网络安全政策协调工作的网络安全政策官员；将网络安全定为美国总统的关键管理重点之一并建立绩效指标；在国家安全委员会的网络安全部门指定一名负责管理公民隐私权和自由权的官员；制定网络安全事件响应计划；制定基于网络安全的身份管理愿景和战略等②。

为贯彻落实身份生态系统的总体目标及具体目标，2011 年《网络空间可信身份国家战略》也提出多项行动举措如：指定一家联邦机构负责牵头实施与该战略目标相关的公私部门工作；制定共享型、综合性的公共/私营部门实施计划；针对风险模型和互通性标准的制定实施工作进行协调；解决服务提供商和用户个人的责任划分问题；在全国范围内推动采用身份生态系统等③。

2011 年《网络空间国际战略》提出具体落实的优先政策措施，从经济、网络防护、执法、军事、互联网治理、国际开发和互联网自由等方面进行了具体阐述。以网络防护为例，该报告就指出美国应推动网络空间国际合作，特别是在国家行为标准和网络安全标准方面；减少针对美国网络的入侵和破坏活动；确保美国拥有足够强大的信息基础设施的事件管理能力、适应能力和恢复能力等④。

2015 年《国防部网络战略》提出一系列贯彻落实其战略目标的具体举措。例如，针对第一项战略目标，即“打造并维系用以实施网络空间行动的战略力量”，该报告提出在防御网络攻击方面，可以

① *National Strategy to Secure Cyberspace*, February 2003, https://www.us-cert.gov/sites/default/files/publications/cyberspace_strategy.pdf.（访问时间：2015 年 11 月 28 日）

② *2009 Cyberspace Policy Review*, https://www.dhs.gov/publication/2009-cyberspace-policy-review.（访问时间：2015 年 11 月 28 日）

③ *National Strategy for Trusted Identities in Cyberspace*, April 2011, https://www.nist.gov/sites/default/files/documents/2016/12/08/nsticstrategy.pdf.（访问时间：2016 年 12 月 16 日）

④ *International Strategy for Cyberspace*, May 2011, https://obamawhitehouse.archives.gov/sites/default/files/rss_viewer/international_strategy_for_cyberspace.pdf.（访问时间：2015 年 11 月 28 日）

采取“持续发展情报和预警能力、研发并实施网络防御能力、采用创新手段以守护美国关键基础设施安全、评估国防部网络威慑态势和战略”[①] 等手段；在打造网络行动技术能力方面，可以采取构建统一的网络平台、加速研发等手段；在网络防御和弹性规划方面，可以采取“将网络因素纳入任务保障评估流程、对网络防护部队能力加以评估、改善武器系统的网络安全、构建并实施持续性计划”等措施[②]。此外还包括改善国防部数据防护责任状况、强化国防部对网络安全标准的采购应用等诸多举措。

根据不断变化的网络安全态势，围绕着具体的网络安全目标，美国在上述战略文件中确定了相应的网络安全手段，既涉及经济、网络防护、执法、军事层面，也涵盖互联网治理和国际开发层面。具体采取的网络安全手段包括：强化顶层设计、确定领导机构；构建响应架构、致力漏洞削减；完善安全标准、强化采购应用；明确安全责任、建立绩效指标；加强公私合作、改善应对效能；提升执法能力、形成有力阻击；扩大国际合作、贯彻行为标准；加强事件管理，确保适应恢复；加强情报预警、优化态势感知；以及增强攻防能力、实现有效威慑。以此为基础，网络安全实践工作得到了明确指导和有效规范，使美国得以较为全面地应对网络恐怖主义等恶意行为体带来的网络安全威胁。

## 四、网络安全主体分工协作

针对网络安全威胁的发展变化，为有效推进网络安全目标的贯彻落实，需要对职能任务加以合理分工，加强不同领域和部门间的协作，明确网络安全主体责任，以形成多措并举、多力并发的格局。

2003 年《确保网络空间安全国家战略》对网络空间安全工作进

---

① *The Department of Defense Cyber Strategy*, April 2015, http: //www. dtic. mil/doctrine/doctrine/other/dod_cyber_2015. pdf.（访问时间：2015 年 11 月 28 日）

② Ibid.

行了职责分工并确定了合作原则，以打造“更具弹性、更加可靠的信息基础设施”[①]。该报告规定，国土安全部为众多联邦网络空间安全行动倡议的统领机构，同时也为相关领域的基础设施确定了相应的网络安全领导机构，如财政部负责银行和金融领域，国防部负责国防工业基地等[②]。在合作方面，该报告指出联邦政府与私营部门应通力合作，共同应对网络安全威胁。

尽管2003年《确保网络空间安全国家战略》对联邦政府网络空间权责作了较为具体的划分，但由于现实利益、部门文化等体制机制问题的制约，网络安全威胁事件仍处于高发态势。因此，2009年《网络空间政策评估》提出设立网络安全政策官员，通过跨机构政策制定流程并负责国家网络安全政策的协调工作，一方面促进不同机构间的能力和信息共享，另一方面帮助“协调网络空间的情报工作，以及军事政策和战略的制定工作（包括反击恐怖分子对互联网的使用）”[③]，以确保相关任务得以有效整合。

在加强分工协作方面，2011年《网络空间可信身份国家战略》也针对当时存在的问题，提出了相关实施建议。首先，明确统一领导的责任主体：由白宫选定一个联邦机构，负责协调该战略的实施进程及参与部门；其次，强化部门合作、公私合作与国际合作[④]。

2011年《网络空间国际战略》主要关注网络空间的国际合作事宜，旨在达成共识并共同采取必要行动，构建起安全稳定的网络空间。开展此类合作所覆盖的领域包括：经济、网络防护、执法和军事领域，以及互联网治理、国际开发和互联网自由等领域。网络空间安全涉及到的各个主体，如终端用户、私营软硬件生产商、互联

---

① *National Strategy to Secure Cyberspace*, February 2003, https://www.us-cert.gov/sites/default/files/publications/cyberspace_strategy.pdf.（访问时间：2015年11月28日）

② Ibid.

③ *2009 Cyberspace Policy Review*, https://www.dhs.gov/publication/2009-cyberspace-policy-review.（访问时间：2015年11月28日）

④ *National Strategy for Trusted Identities in Cyberspace*, April 2011, https://www.nist.gov/sites/default/files/documents/2016/12/08/nsticstrategy.pdf.（访问时间：2016年12月16日）

网服务提供商，以及地区、多边组织和国家，均应携起手来，助力网络空间发挥其最大潜能[①]。

2015 年《国防部网络战略》提出，在网络防御方面，国防部将与联邦调查局、中央情报局、国土安全部及其他相关机构一起，构建伙伴关系并进行能力整合，旨在为总统提供尽可能全面的网络防御应对选项[②]；在数据泄露防护方面，美国应当在采购部门、情报和反情报部门、执法部门以及相关行动部门之间加强合作，以预防、减少并应对数据泄露现象。此外，为确保关键项目和技术的安全，国防部还将与相关公司合作，发展预警能力并打造分层网络防御体系[③]。

从上述战略文件可以看出，在加强网络安全主体分工方面，美国注重根据网络安全形势变化，通过确立领导机构、设立网络安全政策官员等方式，评估网络安全战略目标的实施情况、拟定国家政策和计划、制定跨机构协作流程等；每一基础设施领域的网络安全工作也均由专门政府机构牵头负责。在加强合作方面，既包括联邦政府各机构部门之间，也包括联邦与各州、地方之间，还包括美国与其他国家、各类地区及国际组织之间的合作，一方面共享能力和资源，另一方面建立共识以形成应对合力。通过合理分工与有效合作，美国以近年来积极推动的“整体政府”理念为指导，着力避免网络安全领域的信息、能力和服务“碎片化”现象，以消除网络安全领域的“短板”，确保网络安全资源得以优化利用。

需要指出的是，2011 年美国国防部的《网络空间行动战略》绝大部分内容属于机密，只公开了少许内容，但就现有资料可以清楚看出：美军已将网络空间列为与陆、海、空、天平齐的第五作战领

① *International Strategy for Cyberspace*, May 2011, https://obamawhitehouse.archives.gov/sites/default/files/rss_viewer/international_strategy_for_cyberspace.pdf.（访问时间：2015 年 11 月 28 日）

② *The Department of Defense Cyber Strategy*, April 2015, http://www.dtic.mil/doctrine/doctrine/other/dod_cyber_2015.pdf.（访问时间：2015 年 11 月 28 日）

③ Ibid.

域，并以此为基础进行网络力量编成、人员培训和装备研发，其中更是增加了诸多主动出击的手段，为其网络威慑战略进行政策、组织、技术和人才准备。

## 第三节　综合反恐战略

综合反恐战略主要针对美国面临的恐怖主义威胁，制定全面的反恐战略，为美国网络恐怖主义应对工作提供宏观反恐指导。此类战略文件主要包括2003年《打击恐怖主义国家战略》、2011年《国家反恐战略》和2016年《赢得针对伊斯兰恐怖活动之战争的国家战略》。

### 一、恐怖主义威胁评估

综合反恐战略文件首先对美国当时面临的恐怖主义威胁状况作出全面评估，并在此基础上确定反恐战略目标。

2003年《打击恐怖主义国家战略》出台之际，美国领导的全球反恐战争正在进行。该报告指出，即使美国在反恐战争中取得了胜利，新的敌人也会出现。因此，在可预见的未来，美国仍将面临恐怖主义威胁。更为重要的是，“过去十年内恐怖主义的本质已经发生巨大变化并将持续演进”[①]，美国面临的是一种全新的全球性恐怖主义威胁态势。在此过程中，以“基地”为代表的恐怖组织充分利用全球化的便利为其恐怖事业助力，如运用加密邮件、互联网聊天室、录像带和光盘等对其全球活动加以协调；利用国际媒体将本·拉登及“基地”组织的形象和话语传遍全世界[②]。该战略报告据此指出，正如“基地”组织所展示的那样，当前的恐怖主义威胁已经与以往

① *National Strategy for Combating Terrorism*, February 2003, https://www.cia.gov/fr/cia-the-war-on-terrorism/Counter_Terrorism_Strategy.pdf.（访问时间：2015年11月28日）

② Ibid.

大不相同：一方面，恐怖组织利用科技便利，“使其领导结构、训练与后勤实现全球分散配置”；另一方面，恐怖组织利用全球化带来的好处，已“逐渐具备自给自足的能力”①。

在反恐方面，尽管美国的防御得到了有效强化并构建起反恐国际联盟，还取得了击毙本·拉登这样重大的阶段性胜利，但正如2011年《国家反恐战略》所指出，美国仍将“继续面临来自‘基地’组织、其分支机构和追随者的重大恐怖主义威胁”②。“基地”组织不仅谋划和开展具体的恐怖袭击，还致力于通过宣传活动，煽动针对美国及其盟友的敌对情绪。除了“基地”组织以外，其他一些恐怖组织也会对美国的国家安全利益造成威胁，其中既包括“真主党”和“哈马斯”等全球运作的恐怖组织，也包括一些本地运作的恐怖组织。由于美国的恐怖主义敌人“既具有敏捷性，也具有适应性”③，因此美国应当制定出与之相比更胜一筹的反恐战略。

根据2016年《赢得针对伊斯兰恐怖活动之战争的国家战略》，美国及其盟友正面临着“‘9·11’事件以来最为严重的恐怖主义威胁态势”④。该报告对美国在改善安全环境方面所做的努力进行了肯定，但同时指出：在针对类似“9·11”事件的大型恐怖袭击方面，虽然美国的安全水平得到了提升，但美国的敌人策划恐怖主义活动的特性也正发生重大变化：组织分散化、行动碎片化、通信保密化、宣传网络化等等。与此同时，随着美国全球领导力的相对下降，部分地区出现权力真空，导致恐怖主义活动正以“前所未有的态势”获得迅猛发展。对于恐怖主义威胁的主体，该报告认为主要是以

---

① *National Strategy for Combating Terrorism*, February 2003, https://www.cia.gov/fr/cia-the-war-on-terrorism/Counter_Terrorism_Strategy.pdf.（访问时间：2015年11月28日）

② *National Strategy for Counterterrorism*, June 2011, http://www.whitehouse.gov/sites/default/files/counterterrorism_strategy.pdf.（访问时间：2015年11月28日）

③ Ibid.

④ House Homeland Security Committee, *A National Strategy to Win the War against Islamist Terror*, September 2016, https://homeland.house.gov/wp-content/uploads/2016/09/A-National-Strategy-to-Win-the-War.pdf.（访问时间：2016年10月16日）

“伊斯兰国”为代表的伊斯兰恐怖分子。“伊斯兰国”通过扭曲伊斯兰教义，为其“压迫性政治主张”服务。而来自“基地”组织的威胁仍不容忽视，因为它们仍在不断拓展势力范围，并且继续密谋袭击美国及其盟友。与“伊斯兰国”相比，“基地”组织通过融入当地潜心发展，已表现出更为可怕的战略耐心。美国面临的恐怖主义威胁“不容低估”，而美国的应对政策却“未能有效遏制此类威胁”①，导致极端分子出现在全球各个角落。因此，美国希望通过这一战略的出台，改善令人不安的恐怖主义态势。

综上所述，美国已充分认识到：恐怖主义威胁在不断变化，威胁程度在不断增加；威胁来源从最初的以“基地”组织为主，发展到如今的“基地”“伊斯兰国”及其分支机构和追随者；威胁领域从线下变成线下与线上并存；威胁目标从过去的特定化变为现在的泛化。在此过程中，恐怖势力充分利用全球化特别是科技进步的便利，优化组织结构，使其灵活性、隐蔽性和危害性大幅增加。为此，美国需要不断调整更新其反恐战略，界定出更加科学合理的反恐目标，以实现对恐怖主义的有效应对。

## 二、反恐战略目标界定

以恐怖主义威胁评估为基础，综合反恐战略对反恐战略目标进行了界定，旨在为反恐工作指引方向。

2003 年《打击恐怖主义国家战略》指出：“美国不再受到大洋的庇护。只有在国外采取有力行动并在国内提高警惕，我们才能免受攻击”②。为此，该战略确立了四个长远目标：击败恐怖分子及其组织；拒绝向恐怖分子提供赞助、支持和庇护；减少恐怖分子可寻

① House Homeland Security Committee, *A National Strategy to Win the War against Islamist Terror*, September 2016, https: //homeland. house. gov/wp – content/uploads/2016/09/A – National – Strategy – to – Win – the – War. pdf. （访问时间：2016 年 10 月 16 日）

② *National Strategy for Combating Terrorism*, February 2003, https: //www. cia. gov/fr/cia – the – war – on – terrorism/Counter_Terrorism_Strategy. pdf. （访问时间：2015 年 11 月 28 日）

求利用的基础条件；在国内外保护美国的公民和利益①。具体而言，美国的反恐安全目标既包括鉴别、发现和消灭恐怖分子及其组织，也包括打赢思想战争；既包括在打击恐怖主义方面建立并维系国际行为责任标准，也包括加强并保持打击恐怖主义的国际社会的努力；既包括获得各领域态势感知能力，也包括确保国内外关键基础设施的完整性、可靠性和可用性等等②。

根据恐怖主义威胁评估情况，2011 年《国家反恐战略》认为，美国的最终目标清晰而明确："我们将打击、瓦解并最终击败'基地'组织，包括其在阿富汗 - 巴基斯坦地区的领导核心及其分支机构和追随者，以确保美国公民和国家利益的安全"③。此外，美国的反恐战略目标还包括阻止恐怖分子研发、采购和使用大规模杀伤性武器。为此，美国需要与国际社会一道，实现如下具体目标：通过与相关国家合作，致力于压缩恐怖组织的生存和活动空间，清除其避风港；结合各个国家的特点和能力，打造持久的反恐伙伴关系和能力，共同应对恐怖主义威胁；反击"基地"组织的意识形态，遏制其意识形态的扩张；切断恐怖组织力量来源，使其无法再通过金融、绑架等方式获取资金，并阻止其人员招募和流动，以及物资采购、线上线下的通信联系④。

2016 年《赢得针对伊斯兰恐怖活动之战争的国家战略》制定的最终目标简单而明确："防卫美国本土、击败恐怖分子，使其没有再次作恶的机会"⑤。为此，该战略拟定了九项具体的行动目标，在得

---

① *National Strategy for Combating Terrorism*, February 2003, https: //www. cia. gov/fr/cia - the - war - on - terrorism/Counter_Terrorism_Strategy. pdf. （访问时间：2015 年 11 月 28 日）

② Ibid.

③ *National Strategy for Counterterrorism*, June 2011, http: //www. whitehouse. gov/sites/default/files/counterterrorism_strategy. pdf. （访问时间：2015 年 11 月 28 日）

④ *National Strategy for Counterterrorism*, June 2011, http: //www. whitehouse. gov/sites/default/files/counterterrorism_strategy. pdf. （访问时间：2015 年 11 月 28 日）

⑤ House Homeland Security Committee, *A National Strategy to Win the War against Islamist Terror*, September 2016, https: //homeland. house. gov/wp - content/uploads/2016/09/A - National - Strategy - to - Win - the - War. pdf. （访问时间：2016 年 10 月 16 日）

到国家安全高层的关注之下，“必须以‘整体政府’的方式加以贯彻实施”。这些目标包括：将恐怖分子拒之于美国国门之外；化解恐怖袭击并保护自身；阻止美国国内的恐怖主义招募和激进化进程；将战火引向恐怖分子；阻止恐怖分子获得大规模杀伤性武器；阻止新的恐怖网络和安全避风港的出现；切断恐怖分子的融资渠道；打击恐怖分子的跨境流动，阻止其重返战场；打赢思想战争[①]。

针对日益严峻的恐怖主义威胁，美国在各份战略文件中均制定了长远目标以及相应的具体目标。其中，击败恐怖主义始终是美国反恐的核心目标，打赢思想战争也得到持续关注，而挤压恐怖主义的生存、发展与活动空间则是具体目标中的重点。

## 三、反恐安全手段选择

针对不同时期的恐怖主义威胁变化情况，上述综合反恐战略文件在界定反恐战略目标的基础上，指出了美国应采取的相应反恐安全手段。

2003 年《打击恐怖主义国家战略》从宏观上指出，美国面临新的安全环境，同恐怖主义作战不应局限于军事手段，而应多措并举，强调外交、经济、金融、情报、执法等方面的力量均应得到有效利用[②]。第一，为侦测恐怖势力，情报和执法机构需要先行，以有效掌握恐怖组织的内部工作机制及活动情况[③]。以此为基础，对相关反恐力量和资源进行优化配置。第二，为阻止恐怖势力获得物质支援，该报告建议各国采取有效措施，阻止其在线上和线下的招募、融资、采购和信息搜集活动。第三，为打赢思想战争，美国将使用及时有

---

① House Homeland Security Committee, *A National Strategy to Win the War against Islamist Terror*, September 2016, https://homeland.house.gov/wp-content/uploads/2016/09/A-National-Strategy-to-Win-the-War.pdf.（访问时间：2016 年 10 月 16 日）

② *National Strategy for Combating Terrorism*, February 2003, https://www.cia.gov/fr/cia-the-war-on-terrorism/Counter_Terrorism_Strategy.pdf.（访问时间：2015 年 11 月 28 日）

③ Ibid.

效的公共外交等反宣传方式，并通过官方媒体来“促进信息和观念的自由流动”①，清除恐怖主义思想观念的生存土壤。第四，为获取各领域的态势感知能力，美国将通过各机构部门间的有效协调与合作，实现“情报、信息和数据”的实时、适时和及时共享，以确保针对恐怖主义的“综合、协调和持续”应对②。

为有效贯彻反恐战略目标，2011 年《国家反恐战略》提出，将利用“美国力量的每一个要素”来击败“基地”组织③，其中既涉及传统的情报、军事和执法部门，也包括多部门和多国行动。为有效开展一场广泛而持久的反恐斗争，美国将运用一切手段——军事、非军事以及美式价值观的力量，并与盟友、伙伴及多国机构合作应对恐怖主义威胁。此外，国际开发、战略通信、外交以及私营部门也是其应对工作中的重要环节。在此过程中，美国将致力于寻求“整体政府”理念的贯彻落实，将各相关部门机构的能力和职权加以整合，以实现反恐应对的“快速、协调和高效”④，同时，也要在短期目标和长期目标之间加以平衡，这种平衡不但体现在打赢思想战争与击败恐怖组织之间，反恐应对工作的投入与产出之间，而且体现在战术成功与战略成本之间⑤。

2016 年《赢得针对伊斯兰恐怖活动之战争的国家战略》制定了相应的反恐安全措施。以化解恐怖袭击并保护自身为例，该战略认为应当给予情报和执法部门足够的资源和权限，以实时情报共享为基础，使其得以及时发现并阻止恐怖阴谋；随着恐怖主义日益融入互联网，其行为的隐蔽性大大增强，给执法部门带来巨大挑战，该报告为此建议设立国家数字安全委员会，使关键利益方共同商讨一

① *National Strategy for Combating Terrorism*, February 2003, https://www.cia.gov/fr/cia-the-war-on-terrorism/Counter_Terrorism_Strategy.pdf.（访问时间：2015 年 11 月 28 日）

② Ibid.

③ *National Strategy for Counterterrorism*, June 2011, http://www.whitehouse.gov/sites/default/files/counterterrorism_strategy.pdf.（访问时间：2015 年 11 月 28 日）

④ Ibid.

⑤ Ibid.

个既能保护隐私又能确保公共安全的解决方案①；关键基础设施的物理和网络安全防护工作也应当得到进一步加强；该报告还指出应当对安全机构加以改革，使之在有效配置资源的基础上，实现对恐怖主义的快速应对。再以阻止恐怖主义在美国本土的招募和激进化进程为例，该报告就建议在美国国内采取反宣传措施、强化社区职能等手段。在打赢思想战争方面，该报告认为，“与伊斯兰恐怖主义之间的战争从本质上来说是一场意识形态领域的战争”②，因此，必须首先明确威胁来源并透彻了解其目标、主张及意识形态，随后主动发起有针对性的思想战争；同时，加大在海外对抗恐怖主义宣传的力度。

从美国对反恐安全手段的选择可以发现，动用一切力量、采取一切手段是其反恐的基本遵循。其中，既涉及到军事手段的重点运用，也包括外交、经济、金融、情报、执法等非军事手段的应用。不仅要关注线下反恐，更要关注线上反恐；不仅要强化情报的实时共享，也要对安全机构进行必要改革；既要加强国内外的反宣传措施，也要强化社区的反恐职能。在此过程中，要通过“整体政府”理念的有效贯彻，加强协调合作，在全时全域态势感知的基础上，实现对恐怖主义的综合应对；同时，也要在短期效果与长期效果之间实现平衡，达到“可持续”的反恐状态。

## 第四节　非战略类文件

美国国家安全战略、网络安全战略和综合反恐战略从宏观上对国家安全、网络安全和反恐工作确定总体原则并指明前进方向，具有相对稳定性。总统文件则起到承上启下的作用，对具体的政策制

① House Homeland Security Committee, *A National Strategy to Win the War against Islamist Terror*, September 2016, https: //homeland. house. gov/wp - content/uploads/2016/09/A - National - Strategy - to - Win - the - War. pdf.（访问时间：2016 年 10 月 16 日）

② Ibid.

定与实施加以明确，具有一定灵活性。以前两者为依据，美国各相关部门机构制定了相应的政策文件，负责具体的贯彻落实。

## 一、明确指导的总统文件

总统文件，以总统行政令（Executive Order）[①] 为主体，还包括总统备忘录（Memorandum）[②]、总统决策令（Decision Directive）[③] 以及国土安全总统指令（Homeland Security Presidential Directive）[④] 等。这些总统文件具有相当的权威性，但不得违背法律，“总统需要根据社会的需求和政府管理的需要制定新的政策，以推行或取消某项行动”[⑤]，它们在美国相关政策制定和政策实施方面发挥着重要作用。相对于法律而言，总统文件规定的更为具体，直接指导有关政府部门如何开展工作。而就网络恐怖主义应对工作而言，总统文件具有明确的指导性，负责在战略文件的牵引下，针对网络恐怖主义中的相关具体事宜给予下属机构部门意见建议。完善机构设置、明确任务重点、规范协调合作是总统文件关注的主要领域。

### （一）完善机构设置方面

通过调整旧机构、增设新机构等方式，总统文件从国家层面对反恐、网络安全、国土安全、关键基础设施防护、情报、反宣传等

---

① 总统行政令是由美国总统发布的指令，旨在管理联邦政府的运作。按照美国宪法等相关法律的规定，美国总统有权决定如何执行法律，或是管理行政部门的资源和人员。

② 总统备忘录是由美国总统发布的一种行政举措，用来管理和指导行政系统内不同政府部门机构的行动和政策，具有法律效力，通常用于发布任务，或是指导政府机构从事某项工作，或是启动某项管理流程。总统备忘录分为三种形式：总统决定（presidential determination or presidential finding）、否决备忘录（memorandum of disapproval）和劝告备忘录（hortatory memorandum）。虽然有时可与总统行政令互换，但与之相比，总统行政令更具权威性，且每次均必须列出明确的法律依据；而总统备忘录虽然也公开发布，但无需出现在《联邦公报》（*Federal Register*）中。

③ 总统决策令，又称总统决策指令，属于总统行政命令的一种，由美国总统基于国家安全委员会的建议和分析而发布。

④ 国土安全总统指令出现于“9·11”事件之后，属于国家安全总统指令的一种。

⑤ 胡建奇：《美国反恐跨部门协同研究》，北京：中国人民公安大学出版社，2011 年版，第 31 页。

领域实施战略规划并给予必要的资源投入，使网络恐怖主义应对工作所涉及的这些领域得以建立较为科学合理、并能够较为有效满足现实应对需求的组织机构。

完善机构设置旨在使各相关部门职责得以进一步明确，充分调动各机构部门的工作积极性，提高工作效率，同时逐步减少越位、缺位、错位等现象的发生，最终构建起系统完备、科学规范、运行高效的网络恐怖主义应对相关机构职能体系。

相关总统文件及其在完善机构设置方面的指导意见详见下表。

**表 3—1　网络恐怖主义应对工作中旨在完善机构设置的总统文件列表**

| 时间 | 类别 | 签署人 | 名称 | 主要指导意见 |
| --- | --- | --- | --- | --- |
| 1995 年 | 第 39 号总统决策令 | 克林顿 | 美国反恐政策 | 提出建立由多机构组成的紧急事件支持小组，分为由国务院领导的国外紧急事件支持小组和联邦调查局领导的国内紧急事件支持小组，以应对各类恐怖主义威胁①。 |
| 1998 年 | 第 62 号总统决策令 | | 打击恐怖主义：第 62 号总统决策令 | 创设“安全、基础设施保护和反恐工作国家协调官办公室”②。 |
| | 第 63 号总统决策令 | | 关键基础设施防护 | 有关部门设立部门联络官，组建跨部门的关键基础设施协调小组以及信息共享与分析中心等，致力于消除网络安全工作中的薄弱环节③。 |

① PDD 39, *U. S. Policy on Counterterrorism*, June 1995, https: //fas. org/irp/offdocs/pdd39. htm. （访问时间：2015 年 12 月 20 日）

② PDD 62, *Combating Terrorism: Presidential Decision Directive* 62, May 1998, https: //fas. org/irp/offdocs/pdd – 62. htm. （访问时间：2015 年 12 月 20 日）

③ PDD 63, *Critical Infrastructure Protection*, May 1998, https: //fas. org/irp/offdocs/pdd/pdd – 63. htm. （访问时间：2015 年 12 月 20 日）

续表

| 时间 | 类别 | 签署人 | 名称 | 主要指导意见 |
| --- | --- | --- | --- | --- |
| 2001 年 | 第 13228 号总统行政令 | 乔治·布什 | 设立国土安全办公室和国土安全委员会 | 设立国土安全办公室和国土安全委员会，强化国土安全工作，应对包括网络恐怖主义在内的恐怖主义威胁①。 |
| | 第 13231 号总统行政令 | | 信息时代的关键基础设施防护 | 设立总统关键基础设施防护委员会，强化关键基础设施防护工作②。 |
| 2002 年 | 第 13260 号总统行政令 | | 设立总统国土安全顾问委员会和高级顾问委员会 | 设立总统国土安全顾问委员会和高级顾问委员会，为国土安全工作提供智力支持③。 |
| 2003 年 | 第 13301 号总统行政令 | | 增加情报监督委员会的成员人数 | 完善情报监督委员会人员配置，将其人数从原先的 4 人增至 5 人④。 |
| | 第 13354 号总统行政令 | | 国家反恐中心 | 设立国家反恐中心，规定了其行政架构和所负职能，最重要的是包括负责统筹涉及恐怖主义及反恐工作的一切情报信息，同时整合各方资源，实施涉及反恐活动的战略行动规划等等⑤。 |

① EO 13228, *Establishing the Office of Homeland Security and the Homeland Security Council*, October 2001, https://www.federalregister.gov/documents/2001/10/10/01-25677/establishing-the-office-of-homeland-security-and-the-homeland-security-council.（访问时间：2015 年 12 月 20 日）

② EO 13231, *Critical Infrastructure Protection in the Information Age*, October 2001, http://www.gpo.gov/fdsys/pkg/FR-2001-10-18/pdf/01-26509.pdf.（访问时间：2015 年 12 月 20 日）

③ EO 13260, *Establishing the President's Homeland Security Advisory Council and Senior Advisory Committees for Homeland*, March 2002, https://www.federalregister.gov/documents/2002/03/21/02-07086/establishing-the-presidents-homeland-security-advisory-council-and-senior-advisory-committees-for.（访问时间：2015 年 12 月 20 日）

④ EO 13301, *Increasing the Number of Members on the Intelligence Oversight Board*, May 2003, https://www.federalregister.gov/documents/2003/05/19/03-12661/increasing-the-number-of-members-on-the-intelligence-oversight-board.（访问时间：2015 年 12 月 20 日）

⑤ EO 13354, *National Counterterrorism Center*, August 2004, https://www.federalregister.gov/documents/2004/09/01/04-20050/national-counterterrorism-center.（访问时间：2015 年 12 月 20 日）

续表

| 时间 | 类别 | 签署人 | 名称 | 主要指导意见 |
|---|---|---|---|---|
| 2004 年 | 第 13355 号总统行政令 | 乔治·布什 | 情报界的强化管理 | 针对情报界的强化管理问题做出了明确指示：强化中央情报局局长作为中央情报主任的职权、强化其对情报资金的管控、强化其在国家情报中的职能等等①。 |
| 2008 年 | 第 13462 号总统行政令 | 乔治·布什 | 总统情报顾问委员会及情报监督委员会 | 设立总统情报顾问委员会及情报监督委员会，负责对包括网络恐怖主义情报在内的情报收集、分析和分发过程中各相关政府部门的表现情况进行评估并向总统提供政策建议②。 |
| 2012 年 | 第 13629 号总统行政令 | 奥巴马 | 设立白宫国土安全伙伴关系委员会 | 设立白宫国土安全伙伴关系委员会，通过强化联邦政府与地方的伙伴关系，更好地应对国土安全挑战③。 |
| 2016 年 | 第 13718 号总统行政令 | 奥巴马 | 提升国家网络安全委员会 | 在美国商务部下设提升国家网络安全委员会，对其人员构成、任务界定、行政管理等事项作出了明确规定④。 |
| 2016 年 | 第 13721 号总统行政令 | 奥巴马 | 构建一体化的全球参与中心 | 对联邦政府的对外通信活动加以规范，以反击国际恐怖主义等发起的网络宣传攻势⑤。 |

① EO 13355, *Strengthened Management of the Intelligence Community*, August 2004, https: //www. federalregister. gov/documents/2004/09/01/04 – 20051/strengthened – management – of – the – intelligence – community. （访问时间：2015 年 12 月 25 日）

② EO 13462, *President's Intelligence Advisory Board and Intelligence Oversight Board*, February 2008, https: //www. federalregister. gov/documents/2008/03/04/08 – 970/presidents – intelligence – advisory – board – and – intelligence – oversight – board. （访问时间：2015 年 12 月 25 日）

③ EO 13629, *Establishing the White House Homeland Security Partnership Council*, October 2012, https: //www. federalregister. gov/documents/2012/11/02/2012 – 27002/establishing – the – white – house – homeland – security – partnership – council. （访问时间：2015 年 12 月 25 日）

④ EO 13718, *Commission on Enhancing National Cybersecurity*, February 2016, https: //www. federalregister. gov/documents/2016/02/12/2016 – 03038/commission – on – enhancing – national – cybersecurity. （访问时间：2016 年 2 月 20 日）

⑤ EO 13721, *Developing an Integrated Global Engagement Center to Support Government – wide Counterterrorism Communications Activities Directed Abroad and Revoking Executive Order 13584*, March 2016, https: //www. federalregister. gov/documents/2016/03/17/2016 – 06250/developing – an – integrated – global – engagement – center – to – support – government – wide – counterterrorism. （访问时间：2016 年 4 月 18 日）

### （二）明确任务重点方面

1998 年 5 月，第 62 号总统决策令《关键基础设施防护》对公私部门的合作关系给予高度重视，明确指出关键基础设施防护是其共同责任。2001 年 10 月，小布什总统发布第 13231 号行政令《信息时代的关键基础设施防护》，规定了关键基础设施防护的相关政策、实施范围、应用权限等等，并再次明确职责分工：行政部门信息系统安全由管理和预算局局长负责；国家安全信息系统安全由国防部长和中央情报总监负责①。2003 年 12 月，第 7 号国土安全总统指令为联邦各机构部门制定了一项旨在鉴别关键基础设施、排出优先次序并实施有效防护以免受恐怖主义袭击的国家政策②。2013 年 2 月，第 13636 号总统行政令《改善关键基础设施的网络安全》针对政策协调、网络安全信息共享、网络风险削减框架的构建等事宜进行了明确③。同月，第 21 号总统政策指令对关键基础设施安全及其弹性事宜作了进一步明确④。2017 年 5 月，第 13800 号总统行政令针对强化联邦网络和关键基础设施的网络安全事宜作出了具体部署⑤。

---

① EO 13231, *Critical Infrastructure Protection in the Information Age*, October 2001, https: //www. federalregister. gov/documents/2001/10/18/01 – 26509/critical – infrastructure – protection – in – the – information – age.（访问时间：2015 年 12 月 25 日）

② *Homeland Security Presidential Directive 7: Critical Infrastructure Identification, Prioritization, and Protection*, December 2003, https: //www. dhs. gov/homeland – security – presidential – directive – 7.（访问时间：2015 年 12 月 25 日）

③ EO 13636, *Improving Critical Infrastructure Cybersecurity*, February 2013, https: //www. federalregister. gov/documents/2013/02/19/2013 – 03915/improving – critical – infrastructure – cybersecurity.（访问时间：2015 年 12 月 25 日）

④ PPD 21, *Critical Infrastructure Security and Resilience*, February 2013, http: //www. whitehouse. gov/the – press – office/2013/02/12/presidential – policy – directive – critical – infrastructure – security – and – resil.（访问时间：2015 年 12 月 25 日）

⑤ EO 13800, *Strengthening the Cybersecurity of Federal Networks and Critical Infrastructure*, May 2017, https: //www. federalregister. gov/documents/2017/05/16/2017 – 10004/strengthening – the – cybersecurity – of – federal – networks – and – critical – infrastructure.（访问时间：2017 年 6 月 17 日）

信息共享同样也是任务重点之一。2003 年 7 月，第 13311 号总统行政令重点关注国土安全信息共享事宜，规范了总统、国土安全部部长、司法部长、中央情报总监、国防部长、国务卿等人的相应职责划分①。2004 年 8 月，名为《为保护美国人而强化恐怖主义信息共享》的第 13356 号总统行政令②规定了政策优先事项、各部门首脑的相关职责以及恐怖主义信息在情报界分发的注意要点等，也为网络恐怖主义信息的获取和分发提供了相应指导。2005 年 10 月，第 13388 号总统行政令《为保护美国公民而进一步强化恐怖主义信息共享》③ 再次强调了这一问题的重要性。2006 年 6 月，第 13407 号总统行政令决定构建公共警报和预警体系④，以实现在战争、恐怖威胁、自然灾害等情形下公众对相关信息的迅速准确共享。2015 年 2 月，第 13691 号总统行政令决定提升私营部门的网络安全信息共享工作⑤。此外，2009 年 12 月的第 13526 号行政令《机密级国家安全信息》⑥、2010 年 8 月的 13549 号行政令《针对各州、地方、部落和

---

① EO 13311, *Homeland Security Information Sharing*, July 2003, https: //www. federalregister. gov/documents/2003/07/31/03 – 19675/homeland – security – information – sharing. （访问时间：2015 年 12 月 29 日）

② EO 13356, *Strengthening the Sharing of Terrorism Information To Protect Americans*, August 2004, https: //www. federalregister. gov/documents/2004/09/01/04 – 20052/strengthening – the – sharing – of – terrorism – information – to – protect – americans. （访问时间：2015 年 12 月 29 日）

③ EO 13388, *Further Strengthening the Sharing of Terrorism Information to Protect Americans*, October 2005, https: //www. federalregister. gov/documents/2005/10/27/05 – 21571/further – strengthening – the – sharing – of – terrorism – information – to – protect – americans. （访问时间：2015 年 12 月 29 日）

④ EO 13407, *Public Alert and Warning System*, June 2006, https: //www. federalregister. gov/documents/2006/06/28/06 – 5829/public – alert – and – warning – system. （访问时间：2015 年 12 月 29 日）

⑤ EO 13691, *Promoting Private Sector Cybersecurity Information Sharing*, February 2015, https: //www. federalregister. gov/documents/2015/02/20/2015 – 03714/promoting – private – sector – cybersecurity – information – sharing. （访问时间：2015 年 12 月 29 日）

⑥ EO 13526, *Classified National Security Information*, December 2009, https: //www. federalregister. gov/documents/2010/01/05/E9 – 31418/classifie d – national – security – information. （访问时间：2015 年 12 月 29 日）

私营部门实体的机密级国家安全信息项目》① 以及 11 月的第 13556 号行政令《受控非密信息》②、2011 年 10 月的第 13587 号行政令《实施架构改革，改进机密网络的安全工作，并提升机密信息的负责任分享与防护工作》③ 均对国家安全信息的管理提出了具体要求，网络恐怖主义信息管理也因此有了明确遵循。

### （三）规范协调合作方面

规范协调合作指明确其政策遵循、实施形式及注意事项。这种协调合作既包括联邦政府各部门之间，也包括联邦政府与各州、地方政府、私营部门之间的协调合作，有些还包括与外国政府相关部门之间的协调合作；协调合作既涉及军事层面，也涉及外交、网络安全和技术研发层面。

例如，2016 年 7 月 26 日，奥巴马总统发布第 41 号总统政策指令《美国网络事件协调》，对联邦政府网络事件应对工作的协调合作确立了指导原则，即责任共担、基于风险的响应、保护隐私和公民自由、政府合力应对、注重事件后的恢复。以此为基础，该指令明确了联邦政府对网络事件进行响应时的三种协调方式，即国家政策协调、国家行动协调和现场协调。在此过程中，国土安全部和司法部负责公私部门间的信息发布与反馈事宜④。

---

① EO 13549, *Classified National Security Information Program for State, Local, Tribal, and Private Sector Entities*, August 2010, https://www.federalregister.gov/documents/2010/08/23/2010-21016/classified-national-security-information-program-for-state-local-tribal-and-private-sector-entities.（访问时间：2015 年 12 月 29 日）

② EO 13556, *Controlled Unclassified Information*, November 2010, https://www.federalregister.gov/documents/2010/11/09/2010-28360/controlled-unclassified-information.（访问时间：2016 年 1 月 2 日）

③ EO 13587, *Structural Reforms To Improve the Security of Classified Networks and the Responsible Sharing and Safeguarding of Classified Information*, October 2011, https://www.federalregister.gov/documents/2011/10/13/2011-26729/structural-reforms-to-improve-the-security-of-classified-networks-and-the-responsible-sharing-and.（访问时间：2016 年 1 月 2 日）

④ PPD 41, *United States Cyber Incident Coordination*, July 2016, https://fas.org/irp/offdocs/ppd/ppd-41.html.（访问时间：2016 年 10 月 2 日）

规范协调合作，最终目的就是在各方利益达到相对平衡的前提下，充分调动各方资源，使各方力量优势互补并形成合力，以有效应对包括网络恐怖主义在内的安全威胁。

## 二、具体落实的部门文件

此类由相关联邦或州、地方部门机构政策文件组成，属于政策体系的具体落实层面。它们一般针对一个或多个特定方面，有着很强的操作性，属于对相关国家战略和总统行政命令的具体贯彻。

就联邦一级而言，2001 年，美国国务院就制定计划，令其检察长办公室检查评估国务院对第 63 号总统决策令的贯彻落实情况①。2003 年，司法部制定了网络基础设施防护的实施计划②。2005 年的国防部《关键基础设施防护计划》③ 开宗明义，表明其就是对第 63 号总统决策令的贯彻落实。在信息共享方面，2003 年司法部发布《国家犯罪情报共享计划》，旨在将联邦、地方、各州执法机构安全可靠地连接起来，实施关键情报的共享④。2007 年由财政部长、司法部长和国土安全部长联合签署的《2007 年国家反洗钱战略》⑤ 就对恐怖主义通过洗钱等手段进行网络融资等事项作出了相关任务部署。2009 年 11 月，美国土安全部发布《网络安全研究路

---

① *Critical Infrastructure Protection: The Department Can Enhance Its International Leadership and Its Own Cyber Security*, June 2001, https://oig.state.gov/system/files/7763.pdf.（访问时间：2016 年 1 月 2 日）

② U. S. Department of Justice, *Department Critical Infrastructure Protection Implementing Plans to Protect Cyber-based Infrastructure*, November 2003, https://oig.justice.gov/reports/plus/a0405/final.pdf.（访问时间：2016 年 1 月 3 日）

③ *The Department of Defense Critical Infrastructure Protection Plan*, August 2005, https://fas.org/irp/offdocs/pdd/DOD-CIP-Plan.htm.（访问时间：2016 年 1 月 3 日）

④ Office of Justice Programs, Department of Justice, *National Criminal Intelligence Sharing Plan*, October 2003, https://it.ojp.gov/documents/National_Criminal_Intelligence_Sharing_Plan.pdf.（访问时间：2016 年 1 月 3 日）

⑤ *National Money Laundering Strategy*, 2007, https://www.treasury.gov/resource-center/terrorist-illicit-finance/Documents/nmls.pdf.（访问时间：2016 年 1 月 3 日）

线图》[①]，对当前存在的问题及解决方案提供了思路和具体措施。2013 年，针对同年发布的第 13636 号总统行政令《改善关键基础设施的网络安全》和第 21 号总统政策指令《关键基础设施安全及其弹性》，国土安全部专门发布《国家基础设施防护计划——为关键基础设施安全及其弹性构建伙伴关系》[②]，对关键基础设施面临的挑战、风险管控中的合作伙伴关系的创新等事项做出了具体安排。2013 年，国土安全部发布《国土安全部信息共享和安全防护战略》，对信息共享的具体实施、协调合作与风险管控做出了明确安排[③]。2014 年，美国商务部发布《网络安全架构 1.0 版》，旨在帮助关键基础设施拥有者或管理者更好地应对由网络恐怖主义势力等发起的网络攻击[④]。

在州或地方一级，如 2005 年华盛顿州国土安全第六区[⑤]、2007 年波特兰/温哥华[⑥]都会区[⑦]、2008 年圣地亚哥行动区[⑧]等发布的《关

① The Department of Homeland Security, *A Roadmap for Cybersecurity Research*, November 2009, https://www.nitrd.gov/cybersecurity/documents/DHSCybersecurityRoadmap2010.pdf.（访问时间：2016 年 1 月 4 日）

② NIPP 2013, *Partnering for Critical Infrastructure Security and Resilience*, 2013, http://www.dhs.gov/sites/default/files/publications/NIPP% 202013 _ Partnering% 20for% 20Critical% 20Infrastructure% 20Security% 20and% 20Resilience_508_0.pdf.（访问时间：2016 年 1 月 4 日）

③ *Department of Homeland Security Information Sharing and Safeguarding Strategy*, January 2013, https://www.dhs.gov/sites/default/files/publications/12 - 4466 - dhs - information - sharing - and - safeguarding - strategy - 01 - 30 - 13 - - fina% 20% 20% 20_0.pdf.（访问时间：2016 年 1 月 4 日）

④ National Institute of Standards and Technology, *Framework for Improving Critical Infrastructure Cybersecurity, Version 1.0*, February 2014, https://www.nist.gov/sites/default/files/documents/cyberframework/cybersecurity - framework - 021214.pdf.（访问时间：2016 年 1 月 4 日）

⑤ Washington State Homeland Security Region 6, *Critical Infrastructure Protection Plan*, September 2005, https://emilms.fema.gov/IS0921a/assets/Region6_CIP_Plan.pdf.（访问时间：2016 年 1 月 5 日）

⑥ 此处的温哥华市位于华盛顿州，与俄勒冈州波特兰相邻。与加拿大温哥华一样，这两个城市都是用船长乔治·温哥华的名字命名，但美国温哥华市历史更悠久一些。1825 年哈得逊湾公司成立时，命名温哥华堡，1857 年变更为温哥华，而加拿大不列颠哥伦比亚省温哥华市，是在 1886 年注册成立的。

⑦ *Critical Infrastructure Protection Plan Portland/ Vancouver Urban Area*, August 2007, https://emilms.fema.gov/IS0921a/assets/Portland - CIPP.pdf.（访问时间：2016 年 1 月 5 日）

⑧ *San Diego Operational Area Critical Infrastructure Protection Plan*, July 2008, http://www.sandiegocounty.gov/oes/WebEOC/Documents/San_Diego_OA_CIP_Plan.pdf.（访问时间：2016 年 1 月 6 日）

键基础设施防护计划》就是以相关国家战略和总统行政令为指导，对本区的基础设施防护工作作出针对性的任务部署。2014 年，德克萨斯州也根据 2013 年的《关键基础设施安全及其弹性》，发布了本州的执行计划《关键基础设施安全及其弹性——德州公私伙伴关系模板》①。

## 本章小结

美国网络恐怖主义应对工作的政策体系是立足战略全局，以自上而下的方式，从威胁评估、资源分配、分工合作等角度对网络恐怖主义应对工作进行宏观战略指导及微观政策落实，涉及到国家安全战略、网络安全战略、综合反恐战略、总统文件、部门文件等诸多方面的政策文件。以这些政策文件为依据，网络恐怖主义应对工作得到了整体战略规划，其总体要求、工作思路和应对方法也得以明确，既得到全面指导也得以严格规范，从而保证网络恐怖主义应对工作的顺利实施。

实际上，在使各相关方形成合力的过程中，不同利益的有效整合与不同业务的协调一致始终是政策体系中的重点，也是难点。按照相关政策文件的规定，以“整体政府”理念为牵引，致力推动不同政府部门机构的协调合作，努力克服政府部门机构服务和功能的碎片化现象，实现资源统合与责任共担，是其政策体系的显著优势，也是值得其他国家学习与借鉴之处。尽管美国政府部门机构在横向合作与纵向协调方面已取得不小进步，但是由于某些根深蒂固的因素，如差异巨大的组织利益和组织文化等，导致政策在施行的过程中会遇到或明或暗的阻碍。如何利用政策的刚

① *Texas Critical Infrastructure Security & Resiliency*: *Texas Public – Private Partnership Model*, March 2014, http://podcast.tisp.org/tisp/file/CLEMENT_Presentation%20 – %20Partnerships.pdf.（访问时间：2016 年 1 月 6 日）

性规范，同时加上协调的柔性艺术，使不同部门机构的利益和文化在反复碰撞的过程中实现磨合，达到最大程度的相对平衡，这既是美国面临的难题，同样也是面临网络恐怖主义威胁的国际社会所必须应对的挑战。

# 第四章 美国应对网络恐怖主义的法律体系

随着与网络空间的不断融合，恐怖主义开始加速向全球蔓延，呈现出与以往完全不同的组织形态与活动特点。《联合国全面反恐公约》就曾明确指出："任何人以任何手段非法和故意致使任何公有或私有的信息网络设施受到严重损害，造成经济损失，旨在恐吓某一群体，或是胁迫政府或国际组织，使后者变更原定行为的，即属于恐怖犯罪，应予打击"①。由此可见，在国际层面上，兼具工具型和目标型的网络恐怖主义符合公约界定，属于恐怖犯罪。因此，面对严峻的恐怖主义形势，针对恐怖主义的这种全新形态，各国通过专门的反恐立法建立起了更加科学合理的反恐法律体系，并加大预防和打击恐怖主义的力度。

法律体系位于美国网络恐怖主义应对机制的上层，对整个架构的正常运转提供法律规范与保障：一方面为整个架构提供充分的法律授权，使其得以在法律许可范围内运作，强化反恐法律体系的安全价值取向；另一方面，也对整个架构的运转加以规范和制约，防止其超出法律许可范围，起到限权作用，实现反恐法律体系在维护程序正义和保障公民自由方面的基本职能。

随着时代发展和形势变化，美国虽为英美法系国家，但也已发

---

① The United Nations General Assembly, "Report of the Ad Hoc Committee Established by General Assembly Resolution 51/210 of 17 December 1996, Sixth Session (January 28 - February 1, 2002), Annex II," http://www.un.org/documents/ga/docs/57/a5737.pdf.（访问时间：2016年2月5日）

展出判例法和成文法混合的法律体系①，且后者所占比重正日趋增大。特别是针对网络恐怖主义等全新非传统安全威胁，单凭判例法已远远不能满足实际需要，美国因而在明确基础法律概念的前提下，专门制定并通过一系列单行的法律法规，并创设相应的特殊法律程序，以便合法且有效地应对此类威胁。此类法律法规涉及到关键基础设施防护、信息共享与保密、公民自由保障等诸多领域，主要包括：2001 年《爱国者法案》《关键基础设施防护法案》和《防止恐怖主义利用生物武器法》、2002 年《国土安全法》《联邦信息安全法案》和《公共卫生安全和生物恐怖防范应对法》、2004 年《情报改革和恐怖主义预防法》、2005 年《爱国者法增补及再授权法》、2006 年《爱国者法附加授权修正案》、2014 年《国家网络安全防护法案》《联邦信息安全现代化法案》和《关键基础设施研发推进法案》、2015 年《联邦网络安全法案》等。

## 第一节 清晰明确的基础法律概念

美国有着相对独特的立法传统，面临的反恐局势也在不断变化，因此随着客观形势变化而对相关反恐法律做出针对性调整，是有效应对网络恐怖主义的必要之举。然而值得指出的是，在法律调整变化过程中，始终需要坚持稳定性与变动性的有机统一，因为法律的稳定性是法律权威性的内在要求，而法律的变动性也同样如此。正如著名法学家罗斯科·庞德（Roscoe Pound）② 所言："法律秩序必须既稳定又灵活，人们必须根据法律应予调整的实际生活的各种变

---

① 美国法的基础是英国普通法，两国同属普通法法系，判例法为其正式法律渊源，即上级法院的判例对下级法院在审理类似案件时有约束作用。随着时代的发展进步，判例法或不成文法虽然仍是美国法律制度的基石，但制定法或成文法在当代美国法律制度中已占重要位置，尤其是在公法领域。

② 美国 20 世纪最负盛名的法学家之一，"社会学法学"运动的奠基人，其法学思想对当代法学理论的发展产生了重要影响。与传统的主流法学不同，他从社会学角度分析了"法"这种现象，提供了一种全新的方法论，给法学研究带来了不同的思维模式。

化，不断对法律进行检查和修正。”①

对于网络恐怖主义犯罪而言，情况尤其如此。由于网络恐怖主义植根于恐怖主义，因此恐怖主义犯罪为其基本法律适用，而随着科技发展和恐怖主义活动方式的变化，网络恐怖主义也逐渐被网络犯罪、计算机和信息犯罪等相关立法实现管辖覆盖。在此变动过程中，不变的是美国宪法所规定的对公权力的拆分与相互制衡、犯罪追诉与公民自由保障之间的平衡关系等，由此既可实现对网络恐怖主义犯罪的有效打击，又能保障法律的权威性。

在对网络恐怖主义进行犯罪认定的过程中，厘清恐怖主义、网络安全犯罪等基础法律概念，明确网络恐怖主义犯罪的实施主体、实施客体、实施目的等犯罪要件，对于后续的依法预防与惩治具有相当重要的指导和规范作用。

## 一、明确恐怖主义犯罪的法律界定

恐怖主义犯罪属于刑法概念，指的是具有明确恐怖主义主张的主体所实施的恐怖活动②。为有效打击恐怖主义犯罪，各主要国家均投入大量的人力、物力和财力，通过相关立法、设立相关机构、增加相应经费，极大挤占了本应用于社会发展的宝贵资源，换言之，打击恐怖主义犯罪所产生的是高昂的社会成本。因此，通过相关立法，对恐怖主义犯罪加以明确界定，是对其实施有效惩治、进而维护国家安全、稳定与繁荣的重要前提。

《美国法典》（*U. S. Code*）按照主题汇编了美国国会颁布的所有联邦法律，共50篇，是美国现行联邦制定法的主要依据。第18篇《罪行和刑事诉讼》（*Crimes and Criminal Procedure*）的第一部分（Part I）第113B章（Chapter 113B）名为“恐怖主义”（Terrorism），

---

① 罗斯科·庞德著，邓正来译：《法律史解释》，北京：中国法制出版社，2002年版，第2页。

② 赵秉志主编：《国际恐怖主义及其防止对策专论》，北京：中国人民公安大学出版社，2005年版，第34页。

对恐怖主义的相关概念进行了界定，对该罪名的刑事处罚、大规模杀伤性武器、跨国恐怖主义、金融交易、军事力量介入、资助恐怖主义、管辖权与审判地、民事救济等事项作出了具体规定①。需要强调的是，出于自身利益等相关考量，《美国法典》中未见对“恐怖主义”一词的统一具体解释，而是将其修订为“恐怖主义活动指的是第2331条定义的国内或国际恐怖主义活动”②，从而分别进行犯罪认定。

《美国法典》第18篇第2331节（18 U. S. C. §2331）对“国际恐怖主义”和“国内恐怖主义”的概念分别作出了界定。前者的要素为“涉及违反美国联邦刑法或各州刑法、危害人身安全的暴力行为”，旨在“恐吓或胁迫平民”“通过恐吓或胁迫进而影响政府决策”，或者“通过大规模破坏、暗杀或绑架进而影响政府行为”③，此类行为主要发生在美国的属地管辖权范围之外；而后者的不同之处在于此类行为主要发生在美国的属地管辖权范围之内。第2332节（18 U. S. C. §2332）则对相应的刑事处罚作出了总的规定：涉及恐怖主义的（蓄意）杀人罪按照实行行为和犯罪图谋进行区别量刑，前者可判处死刑或监禁（最长可至终生监禁），后者可判处监禁（最长可至终生监禁），两者均可并处罚金④。

作为恐怖主义的全新发展形态，网络恐怖主义同样适用于恐怖主义犯罪的基本范畴，并可依照相应的刑罚规定予以必要的惩治。

---

① 18 U. S. Code §2331，http：//uscode. house. gov/view. xhtml? req = granuleid：USC - prelim - title18 - section2331&num = 0&edition = prelim.（访问时间：2016年1月12日）

② 18 U. S. Code §3077，http：//uscode. house. gov/view. xhtml? req = granuleid：USC - prelim - title18 - section3077&num = 0&edition = prelim.（访问时间：2016年1月12日）

③ 18 U. S. Code §2331，http：//uscode. house. gov/view. xhtml? req = granuleid：USC - prelim - title18 - section2331&num = 0&edition = prelim.（访问时间：2016年1月12日）

④ 18 U. S. Code §2332，http：//uscode. house. gov/view. xhtml? req = granuleid：USC - prelim - title18 - section2332&num = 0&edition = prelim.（访问时间：2016年1月12日）

## 二、明确网络安全犯罪的法律适用

如前所述，网络恐怖主义分为工具型和目标型两种①。作为目标型网络恐怖主义，其主要针对网络系统或网络信息，特别是关键性网络基础设施实施攻击，通过破坏、干扰或篡改系统或信息，达到影响网络空间和社会的安全与秩序之目的。因此，网络安全犯罪完全适用于网络恐怖主义，可以依法对其实施严厉打击。

按照《美国法典》第 18 篇第 1030 节“涉及计算机的欺诈与相关活动”的规定，计算机黑客犯罪将依法得到惩处。这里的犯罪主体是指那些“在未得到授权或越权的情况下故意访问计算机并获取相关信息的人”，而犯罪客体，即犯罪对象是指“（1）按照总统行政令或相关法规，出于国防或外交安全考量，应予保护免受泄露的信息；（2）按照《1954 年原子能源法》第 11 节所规定的保密数据；（3）金融机构、金融卡发行方或消费者咨询机构的金融记录信息；（4）来自美国政府部门的信息；以及（5）来自任何受保护计算机的信息②。

按照该法规，此类罪行涵盖下列实施类型：（1）计算机间谍；（2）计算机非法入侵，以及攫取政府、金融或商业信息；（3）非法入侵政府计算机；（4）计算机欺诈；（5）破坏受保护的计算机（包括使用病毒和蠕虫）；（6）贩卖政府或商业计算机的密码；（7）威胁破坏受保护的计算机；以及（8）阴谋破坏计算机③。第 1030 节（C）条对此类犯罪行为的处罚作出了具体规定。根据犯罪情节的轻重，相应的刑罚从课以罚金到判处最高 5 年的监禁不等④。此外，相

---

① 在西方，尤其是美国，将网络恐怖主义仅视为目标型的观点占据主流，这一点与中国存在较大差别。

② 18 U. S. Code §1030，http：//uscode. house. gov/view. xhtml? req = granuleid：USC – prelim – title18 – section1030&num = 0&edition = prelim.（访问时间：2016 年 1 月 15 日）

③ Ibid.

④ Ibid.

关调查处理的权限也在此处作出了相应的明确规定。

## 第二节　较为全面的法律适用领域

为有效应对日益猖獗的恐怖主义危害，不同国家选择的治理道路不尽相同。通过对世界主要国家反恐立法和实践加以考察可以发现，主要存在两种治理模式：战争治理模式和法律治理模式[①]。实际上，反恐治理模式所体现的是对价值与自由的不同取舍，对应着不同的制度设计及相异的实践效果。虽然战争治理模式有一定的合理性，但在实践过程中非但未能彻底消灭恐怖主义犯罪现象，反而造成“越反越恐”的局面。与之相对，法律治理模式将恐怖主义犯罪视作一种失范行为，是对刑法所保护之法益的侵犯。司法手段是文明化处理此种人类纠纷的有效渠道，所讲求的是必须在法治框架内加以解决，不能越界和越权。多数国家均将恐怖主义行为定性为刑事犯罪，需通过法律手段对其加以惩治。实际上，此举不仅符合恐怖主义犯罪的本质，也利于从战略层面对其实施长期的有效治理。

目前，网络恐怖主义主要表现为利用网络实施组织策划、宣传煽动、资金筹集、指挥控制、在线训练等，未来还可能表现为针对网络本身以及依赖网络的各类实体实施攻击。因此，从法律治理的角度来看，针对网络恐怖主义等犯罪可能产生的危害，在相关专门领域要进行相应的立法完善，通过对相关应对领域进行授权和规范，实现对网络恐怖主义的有效法律覆盖。

① 前者将恐怖主义视为作战对象（将恐怖分子视为战场上的敌人），主要通过战争手段对恐怖主义组织和/或恐怖主义的支持者（包括国家）实施打击，旨在消灭恐怖主义实体并对其依附体实施有效打击和震慑；而后者作为一种社会调控方式，将恐怖主义犯罪视作一种行为失范并将其置于法律框架内加以处理，同时对恐怖主义犯罪行为人的相应权利依法予以保障。美国是世界上为数不多采取过两种治理模式的国家之一。

## 一、反击网络恐怖主义资金筹集领域

在打击网络恐怖主义的资金筹集领域，其适用的法律包括《美国法典》第18篇第2339A节—C节（18 U. S. Code § 2339A－C），分别为“向恐怖分子提供物质支持”“向特定的外国恐怖组织提供物质支持或物质资源”“禁止向恐怖主义提供资金”，它们也是与联合国《禁止向恐怖主义提供资金国际公约》（*International Convention for the Suppression of the Financing of Terrorism*）的国内对接。第2339A规定：“向恐怖组织/分子提供物质支持或资源，或者隐藏、掩饰其物质支持/资源的性质、来源或所有权，将处以罚款和/或判处15年以下监禁；如果造成人员死亡，则可判处终生监禁”①。第2339B则规定：“故意、尝试或阴谋向某一外国恐怖组织提供物资支持”，将会被处以罚款和/或是判处20年以下监禁②。与第2339A不同的是，第2339B规定犯罪嫌疑人必须清楚地知道其资助的是恐怖组织，也就是说必须具备犯罪的主观故意，其行为也是真实意思表达。第2339C节规定：“无论以何种方式，直接或间接，非法且故意地提供或募集资金”，以供相应类型的恐怖主义行为所使用，则应受到后续相关条款所规定的惩处。同时，它也对美国国内和国外的相应司法管辖权进行了相应的界定。根据犯罪情节与类型的不同，予以的处罚可以是罚金、最高10年至20年的监禁。在民事赔偿方面，则规定了至少1万美元的处罚金额③。

此外，在打击网络恐怖主义的资金筹集领域，其适用的法律还包括《美国法典》第31篇第312节“恐怖主义和金融情报”以及第

---

① 18 U. S. Code § 2339A，https：//www. law. cornell. edu/uscode/text/18/2339A.（访问时间：2016年1月16日）

② 18 U. S. Code § 2339B，https：//www. law. cornell. edu/uscode/text/18/2339B.（访问时间：2016年1月16日）

③ 18 U. S. Code § 2339C，http：//uscode. house. gov/view. xhtml？req＝granuleid：USC－prelim－title18－section2339C&num＝0&edition＝prelim.（访问时间：2016年1月16日）

22 篇第 8517 节“增强打击非法融资或恐怖主义融资的能力”。按照前者的规定，美国在财政部设立恐怖主义和金融情报办公室，负责包括打击恐怖主义融资在内的政策制定、战略谋划和行动指导，同时设立由美国总统提名的负责恐怖主义和金融犯罪事务的财政部副部长，在其下设立负责恐怖主义融资事务的助理部长一职，负责“制定和协调财政部反恐怖融资和反洗钱工作”①；而后一条款则进一步明确了美国财政部恐怖主义和金融情报办公室在此方面所起的关键作用，即通过其外国资产管控办公室和金融犯罪执法网络，“确保国际金融体系不会被用于支持恐怖主义和发展大规模杀伤性武器”②。

## 二、维护信息（系统）安全领域

在维护信息及信息系统安全方面，2002 年《联邦信息安全管理法案》（*Federal Information Security Management Act of* 2002，FISMA 2002，44 U. S. C. § 3541）通过对计算机相关安全标准的拟定、颁布与执行监督加以立法规范，实现对网络恐怖主义等网络安全威胁的有效防护。作为 2002 年《电子政府法案》（*E－Government Act of* 2002）的组成部分，《联邦信息安全管理法案》取代了 1987 年的《计算机安全法》。该法案通过向各相关联邦机构、国家标准技术研究院（National Institute of Standards and Technology）和预算管理办公室（Office of Management and Budget）进行明确的法律授权，要求各联邦机构在本部门范围内研发、记录并贯彻实施信息安全项目，为

---

① 31 U. S. Code § 312，http：//uscode. house. gov/view. xhtml? req = terrorist + financing&f = treesort&fq = true&num = 43&hl = true&edition = prelim&granuleId = USC – prelim – title31 – section312.（访问时间：2016 年 1 月 16 日）

② 22 U. S. Code § 8517，http：//uscode. house. gov/view. xhtml? req = terrorist + financing&f = treesort&fq = true&num = 37&hl = true&edition = prelim&granuleId = USC – prelim – title22 – section8517.（访问时间：2016 年 1 月 16 日）

信息和信息系统提供安全防护①，使其达到风险可控且效费比高的水平。为此，该法案要求各机构的项目主管、首席信息官和监察长对本单位的信息安全项目实施年度审查并向预算管理办公室汇报，而后者则负责履行其监管职能并向国会报告。由此，该法案为保障联邦计算机、信息和信息系统安全提供了基本的法律依据。

2014 年《联邦信息安全现代化法案》(*Federal Information Security Modernization Act*, FISMA 2014, 44 U. S. C. § 3551) 则更进一步，"通过提供全面架构，针对那些为联邦业务和资产提供支持的信息资源，实施信息安全管控并确保行之有效"②。该法案进一步强化信息安全监管力度，授权国土安全部监督非国家安全领域的联邦行政系统信息安全政策的贯彻落实，同时对预算管理办公室的信息安全监督权限作了相应修订和明确；该法案对重大信息安全事件的报告也作出了具体规定，同时还简化了日常报告程序。

## 三、基础设施防护领域

为保护基础设施安全，对网络恐怖主义等实施有效防御和严厉惩治，美国先后出台 2001 年《关键基础设施防护法案》(*Critical Infrastructures Protection Act of* 2001, CIPA 2001, 42 U. S. Code § 5195c)、2002 年《关键基础设施信息法案》(*Critical Infrastructure Information Act of* 2002, 6 U. S. Code § 131 – 134)、2014 年《国家网络安全和关键基础设施防护法案》(*National Cybersecurity and Critical Infrastructure Protection Act of* 2014, H. R. 3696)、2014 年《关键基础设施研发推进法案》(*Critical Infrastructure Research and Development Advancement Act*, HR 2952)，对关键基础设施的安全防护，特别是网络安全防护作出了具体而明确的规定。2001 年《关键基础设施防

① 44 U. S. Code § 3541, http: //uscode. house. gov/view. xhtml? req = granuleid: USC – prelim – title44 – section3541&num = 0&edition = prelim.（访问时间：2016 年 1 月 16 日）

② 44 U. S. Code § 3551, http: //uscode. house. gov/view. xhtml? req = granuleid: USC – prelim – title44 – section3551&num = 0&edition = prelim.（访问时间：2016 年 1 月 16 日）

护法案》就明确指出，随着信息技术的发展进步，私营企业和政府部门日益依赖关键基础设施。为确保这些设施的安全可靠，该法案确定了美国应当遵循的政策和采取的措施。再以2014年《国家网络安全和关键基础设施防护法案》为例，该法案在对“网络事件”(cyber incident)、“关键基础设施部门”等核心概念进行进一步法律界定的基础上，对国土安全部部长的相关职责、公私部门的网络安全合作、国土安全中网络安全的力量建设等事宜进行了重点明确。

### 四、反击网络恐怖主义宣传领域

为实现对网络恐怖主义宣传在内的有效反击，美国于2016年通过《反外国宣传与虚假信息法案》(*Countering Disinformation and Propaganda Act*)，最主要的措施包括：一方面设立全球参与中心(Global Engagement Center)，对美国政府内各相关机构的反宣传工作加以协调并实施统合，以便对相关国家和非国家行为体的政治宣传和谣言等内容进行有效反制；另一方面，设立拨款项目，帮助培训各地记者，并向非政府组织、民间社团、智库、私营部门、媒体组织和政府外的专家提供资助合同，使后者具备更强的能力，以识别和分析相关国家和非国家行为体最新的宣传与信息造假技术①。

此外，在核生化、交通运输等反恐领域，美国也通过相关立法对网络恐怖主义实施有效的法律覆盖。

## 第三节 权限分明的特殊法律程序

作为恐怖主义在网络空间的活动延伸，网络恐怖主义同样适用恐怖主义的特殊立法程序和执法程序。通过在刑事调查和刑事诉讼

---

① Rob Portman, “President Signs Portman - Murphy Counter - Propaganda Bill into Law,” December 23, 2016, https://www.portman.senate.gov/public/index.cfm/press - releases? ID = F973E46B - AA8C - 4F3E - 91B4 - 8EC0FC7F2F3E.（访问时间：2017年12月25日）

环节的立法，实现对相关执法部门的法律授权与限权，一方面对网络恐怖主义犯罪实行有效追诉，另一方面则通过完善的法律救济等举措，实现反恐与公民自由保障的有机统一。

## 一、刑事调查环节的授权与限权

针对网络恐怖主义威胁，提升执法机构相应权限，特别是调查取证权限，是法律体系的主要着力点之一。事实上，美国对民众隐私权的保护非常重视。美国宪法第四修正案就明确规定："禁止侵犯公民的人身、住所、文件和财产不受无理搜查或扣押的权利。"① 1974 年《隐私权法》② 和 1986 年《电子通信隐私法》③ 是保护公民隐私的重要成文法，各州也制定了保护个人隐私权的法律；美国法律学会也对美国判例法中的公民隐私保护进行了总结汇编。在这种情况下，要想实现调查取证的权力扩张，进而实现对网络恐怖主义的有效监控，首先要做的就是以新法的规定突破旧法的限制。"9·11"恐怖袭击事件的发生及随后恐怖威胁（尤其是网络恐怖主义威胁）的持续存在不仅使此种突破显得必要，而且也使得这种突破成为可能。

"9·11"事件之前，美国执法机构的调查取证权力相对有限，而且在时间、地点和对象上受到严格制约。以"国家安全调查信函"（National Security Letter，NSL）为例，自其依照 1978 年《金融隐私权利法》④ 诞生以来，尽管该法对特殊情形下消费者的金融信息隐私

---

① *Fourth Amendment*，https：//www. law. cornell. edu/constitution/fourth_amendment.（访问时间：2016 年 1 月 25 日）

② *Privacy Act of 1974*，5 U. S. C. § 552a，http：//www. gpo. gov/fdsys/pkg/USCODE – 2012 – title5/pdf/USCODE – 2012 – title5 – partI – chap5 – subchapII – sec552a. pdf.（访问时间：2016 年 1 月 25 日）

③ *Electronic Communications Privacy Act of 1986*（*ECPA*），18 U. S. C. § 2510 – 22，http：//www. law. cornell. edu/uscode/18/usc_sup_01_18_10_I_20_119. html.（访问时间：2016 年 1 月 25 日）

④ 12 U. S. C. § 3401，*Right to Financial Privacy*，1978，http：//codes. findlaw. com/us/title – 12 – banks – and – banking/12 – usc – sect – 3401. html.（访问时间：2016 年 1 月 28 日）

权的保护事宜作出了例外规定，但在实际操作层面，在收到执法机构的调查信函之后，金融机构并无强制性的法律义务向前者提供消费者的金融隐私信息，也不存在由此可能产生的法律后果。因此，在实践中，此种国家安全调查信函往往遭到金融机构的拒绝。“9·11”事件之后，随着反恐形势的急剧变化，根据反恐实际需要，《爱国者法案》第505条对已有国家安全调查信函进行了大幅修改：扩大了该信函的适用范围；扩大了联邦调查局有权批准签发国家安全调查信函的官员范围，该局地方办事处负责人等也将有权签发；加快了该信函的审批速度；通过此种信函获取的信息必须涉及外国势力或其代理人这一规定也被取消；所要获取的内容不再限于金融隐私信息，而是可以包括互联网个人信息；向执法机构提供此类相关信息成为法定义务，未加履行将承担相应的法律责任①。按照美国公民自由联盟（American Civil Liberties Union）的说法，此举极大地扩充了联邦调查局等执法机构的权力，使之得以从互联网服务提供商、金融机构以及信用公司那里获取用户的个人记录信息而无需经过法庭的事前许可②。

这里必须指出的是，电话监听、通讯截留等方式在刑事调查中早已有之。新的安全环境下，面对网络恐怖主义等全新的恐怖犯罪，反恐数据信息等的采集显得必不可少，对于应对网络恐怖主义等安全威胁具有至关重要的作用。众所周知，网络空间是网络恐怖主义的主要生存空间和活动舞台，其宣传鼓动、交往联络、资金筹集、组织策划，基本都是通过网络空间实施。无论是使用即时聊天工具，或是通过加密论坛，亦或是恐怖势力直接开设的网站，均会留存或传输涉及网络恐怖主义的敏感信息。获取此类信息并利用“大数据”

---

① $107^{th}$ Congress (2001 - 2002), *H. R. 3162 - Uniting and Strengthening America by Providing Appropriate Tools Required to Intercept and Obstruct Terrorism* (*USA PATRIOT ACT*) *Act of 2001*, Section 505, https://www.congress.gov/bill/107th-congress/house-bill/3162.（访问时间：2016年1月28日）

② *National Security Letters*, American Civil Liberties Union, https://www.aclu.org/other/national-security-letters.（访问时间：2016年1月28日）

等技术手段加以分析提炼，就有可能掌握网络恐怖主义的基本情况、组织结构甚至行动方案，对于打击网络恐怖主义具有特别重要的意义。因此，要通过相关法律对执法机构进行赋权，使其能在法律框架下实施充分的调查取证，获取有用信息，进而实现对网络恐怖主义的有力反制。

除了执法机构常规的调查取证手段以及前述“国家安全调查信函”方面的权力扩充外，在信息共享、秘密搜查令状、任意窃听命令、获取商业记录等方面，相关法律也对执法机构进行了充分赋权。例如，《爱国者法案》就对关键基础设施防护的信息共享事宜进行了明确规定，在对 1968 年《综合控制犯罪与街道安全法》（*Omnibus Crime Control and Safe Streets Act of* 1968）加以修订的基础上，提升联邦、州和地方执法机构的调查和诉讼能力，以更好地应对涉及多重管辖的（网络）恐怖主义案件[①]。再以秘密搜查令状的延时通知为例，《爱国者法案》第 213 条突破了美国宪法第四修正案的规定[②]，明确规定在涉恐等案件的调查过程中，基于适当理由，执法部门可在事后的合理期限内通知被搜查人。一般情况下，秘密搜查执行完成后延期通知时间不超过 30 天，如果证实有相应的涉恐犯罪行为存在，则可延长至 90 天[③]。

美国为了反恐需要大力提升执法机构的相关权力，但是作为对公权力的一举一动极为敏感的国度，在美国国内不仅始终存在反对的声音，而且在各利益方反复博弈的过程中，该举措也不断受到较为严格的监督和审查，以防止权力滥用，确保公权力在法律框架内

---

① 107th Congress (2001 – 2002), *H. R. 3162 – Uniting and Strengthening America by Providing Appropriate Tools Required to Intercept and Obstruct Terrorism (USA PATRIOT ACT) Act of 2001*, Section 505, https: //www. congress. gov/bill/107th – congress/house – bill/3162.（访问时间：2016 年 1 月 28 日）

② 按照美国宪法第四修正案的规定，在执行秘密搜查之前必须满足两个条件：获得许可令状，以及向被搜查人发出通知。

③ 109th Congress (2005 – 2006), *H. R. 3199 – USA PATRIOT Improvement and Reauthorization Act of 2005*, https: //www. congress. gov/bill/109th – congress/house – bill/3199? q = % 7B% 22search% 22% 3A% 5B% 22Patriot + act% 22% 5D% 7D&r = 6.（访问时间：2016 年 1 月 30 日）

正常运行。《爱国者法案》规定，签发国家安全调查信函所获取的信息必须与打击国际恐怖主义或反间谍调查活动相关，同时也增加了针对美国公民时的相关警示要求；2005 年《爱国者法增补及再授权法》对《爱国者法案》中随意窃听命令（roving surveillance/wiretap authority）实施了限制，强化了审查职能：首先，要求美国政府在申请此种命令时须明确提交事实依据和窃听对象情况，如有变更，须在 10 日内将理由呈交签发该命令的法官并接受后者监督；其次，要求司法部长向国会提交有关该命令使用情况的年度报告①。2011 年，美国参议院通过法案，要求对随意窃听命令实施进一步的限制措施，即电子监控所针对的设施或地点在签发命令时尚未明确的情况下，只能对最接近监控对象的设施或地点实施监控②。与此同时，强化美国国会的审查监督职能也是对执法机构在应对网络恐怖主义等安全威胁过程中相关权力的限制措施。2005 年《爱国者法增补及再授权法》就明确要求美国司法部长应向国会提交相关政府部门实施的数据挖掘技术及其活动情况，同时全面报告电子监控、物理性搜查以及通讯跟踪装置的使用情况等③。

## 二、刑事诉讼环节的调整变化

作为英美法系国家，加之联邦和州分属独立的法律体系，美联邦只在国防、外交和州际商业等方面外享有统一立法权，而各州则

① 109th Congress (2005 - 2006), *H. R. 3199 - USA PATRIOT Improvement and Reauthorization Act of 2005*, https://www.congress.gov/bill/109th - congress/house - bill/3199? q = %7B%22search%22%3A%5B%22Patriot + act%22%5D%7D&r = 6.（访问时间：2016 年 1 月 30 日）

② 112th Congress (2011 - 2012), *S. 1076 - A Bill to Modify the Roving Wiretap Authority of the Foreign Intelligence Surveillance Act of 1978*, May 25, 2011, https://www.congress.gov/bill/112th - congress/senate - bill/1076? q = %7B%22search%22%3A%5B%22roving + surveillance + authority%22%5D%7D&r = 3.（访问时间：2016 年 1 月 30 日）

③ 109th Congress (2005 - 2006), *H. R. 3199 - USA PATRIOT Improvement and Reauthorization Act of 2005*, https://www.congress.gov/bill/109th - congress/house - bill/3199? q = %7B%22search%22%3A%5B%22Patriot + act%22%5D%7D&r = 6.（访问时间：2016 年 2 月 5 日）

拥有独立的刑事、民事和商事立法权。美国并无专门的刑法典，只是在1962年公布了一部《标准刑法典》（*Model Penal Code*）草案[①]，供各州立法参考。为有效应对日益增加的恐怖主义威胁，美国在联邦层面设立了一系列专门的反恐法律，以期加大对恐怖主义犯罪行为的惩治力度。

作为标准的犯罪行为，网络恐怖主义是对刑法所保护的法益之侵犯。需要指出的是，除了信息网络及其设施外，其他众多关键基础设施也属于网络恐怖主义的侵犯对象。因此，在法治框架内通过法律手段对网络恐怖犯罪活动加以有效惩治，是一种较为妥当的行为失范纠治方法。

美国既注重法律程序的正当性，同时也注重对个人权利的保护，而对政府侦控权力的有效制约则是美国刑事诉讼程序的设计初衷。传统刑事诉讼制度在应对网络恐怖主义等非传统安全威胁时已经表现出相应不足，因此美国对其传统的对抗式刑事诉讼模式进行了相应修改。通过特别诉讼程序，一方面对执法机关进行授权，为其提供相应且必要的法律武器，以便更好地依法反恐；另一方面，充分发挥刑事诉讼程序的限权职能，阻止对公民自由的侵犯。

反恐需求和反恐实践使美国的反恐法律，尤其是反恐刑事诉讼在安全目标和公平正义的天平上出现了一定程度的倾斜。从技术层面来说，美国的特别诉讼程序主要进行了如下修改：

首先，弱化令状保护。起源于英国的令状制度是对私权利的一种适当救济。侦查机关实施强制侦查权力，如逮捕、搜查或扣押，必须事先获得法官的令状许可，以此确保个人法益不受公共权力的恣意侵害，从而实现司法权对行政权的有效制约。从实质上来说，这其实是通过让渡一定的效率价值来实现对公民基本自由的保障。然而，在反恐工作中，特别是在应对网络恐怖主义的过程中，当恐怖分子直接开展恐怖活动的网络组织与策划时，迅速出击并对其进

① American Law Institute, *Model Penal Code: Official Draft and Explanatory Notes*, Ali - Aba Common Continuing, 1985.

行严厉打击尤为重要，因此，给予反恐侦查相应的灵活度和机动性就显得无可厚非。这就需要相应地弱化对侦查措施的令状限制，减少相应环节流程，以便提高打击犯罪和反恐工作的效率。例如，对于侦查机关在调查取证时通常会采用的搜查、拘留、逮捕等措施，取消相应的令状要求或扩大某些令状的适用时间和范围，将有助于适当拓展公共权力的边界，从而更为有效地达成反恐目标。

其次，异化司法权力。司法权具有独立性、中立性、被动性、权威性、公正性等特点。为了公正客观地协调处理控辩双方的纠纷与冲突，需要对控方权力的行使设置具有高度约束力的法定程序障碍，并向辩方提供相应的权利保障和法律救济，从而维护法律的尊严，实现法律的价值。在应对网络恐怖主义等非传统安全威胁的案件中，由于国家利益整体趋于一致，往往会出现司法权行政化的趋势，使得司法权的法定程序内容被“打了折扣”。从积极意义上讲，此举是在反恐这一特殊情势之下为应对网络恐怖主义等安全威胁作出的适应性调整，可有效提高犯罪追诉效率，快速实现犯罪追诉，但与此同时，司法权的独立性与程序公正性却受到了侵蚀，司法保障的权威性也因此受到了挑战。

最后，强化救济限制。在刑事诉讼过程中，国家相关权力部门依照法定程序行使侦查权和审判权，体现了程序正义的基本原则。同时，为有效保障被追诉者的基本诉讼权利，保证控辩平等对抗，被追诉者被赋予特定的权利救济途径，如知情权、异议权、上诉权等。如此一来，国家权力得到了规范和限制，基本人权和自由得到了保障，但诉讼效率往往会受到影响。“9·11”事件后，反恐成为国家优先事项，刑事诉讼程序的天平倒向了安全价值。由此导致被追诉者即使在普通刑事诉讼案件中也无法再充分享有原先的司法救济权利，而司法权的行政异化也使得刑事诉讼不再是控辩双方的双向互动，被追诉者的上诉权、异议权等权利救济手段受到了相当程度的限制。

美国刑事诉讼程序的这种变化主要是为了迎合反恐形势的变化

而作出的相应调整，在某种意义上，诉讼程序的安全价值取向得到了强化，诉讼效率得到了提高，应对网络恐怖主义等安全威胁的效果也得到了一定程度的提升。但是，担心甚至反对的声音始终存在并不断对侦查权力的扩张实施制约，这就使得法治及程序正当理念始终作为依法应对网络恐怖主义等安全威胁的托底要求，以充分发挥其维护程序正义和保障公民自由的基本职能。

## 本章小结

从总体来看，构建起行之有效的网络恐怖主义应对机制，需要多力并发，多措并举。其中，法律体系负责保驾护航，确保在授权与限权有机统一的情况下，实现网络恐怖主义应对机制的良性构建。美国依托独特的立法传统，运用其混合治理模式，构建起有效覆盖网络恐怖主义的法律体系。通过界定基础法律概念，明确网络恐怖主义犯罪的基本要件，确立此类犯罪预防惩治的前提；对相关专门领域加以立法完善，对网络恐怖主义犯罪实现较为全面的法律覆盖，划定此类犯罪预防惩治的范围；以及确立特殊法律程序，在保障基本公民自由的同时，实现对网络恐怖主义犯罪的严厉惩治和有效震慑，强化此类犯罪预防惩治的效果。

然而，美国出于自身利益考量，特别是对反恐持双重标准的情况下，并未从法律上对恐怖主义的实施主体作出统一的明晰界定，这也造成实践中的标准混乱情况时有发生。例如，美国国务院和财政部握有两张恐怖组织名单，国务院名单上没有阿富汗塔利班，却有巴基斯坦塔利班，而财政部名单却有阿富汗塔利班，这样美国可以冻结他们的资产、对相关人员实施制裁，而在必要时又可以与阿富汗塔利班在外交方面做交易①。因此，对网络恐怖主义实施主体的

① 《塔利班到底是不是恐怖组织》，新浪新闻，2015 年 1 月 31 日，http：//news. sina. com. cn/w/zg/gjzt/2015 - 01 - 31/2124641. html（访问时间：2016 年 2 月 8 日）。

法律界定也难以得到明晰。此外，在公民自由保障方面，“9・11”事件后公权力的扩张确实已对公民的隐私权、救济权等私权利造成了实质侵害。因此，确保法律的公平与正义，实现公权与私权之间的有效平衡，同时保障国家的和平与稳定，始终是美国需要直面并亟待解决的法律难题。

# 第五章　美国应对网络恐怖主义的组织体系

在美国网络恐怖主义应对机制中，组织体系处于执行层面，主要依据政策体系和法律体系，负责推进贯彻落实。

从宏观层面来看，美国网络恐怖主义应对机制的组织体系可大致分为立法、行政、司法三大块，各司其职。立法部门负责制定涉及网络恐怖主义的相关法律，并对相关法律案例作出合理的司法解释，既对整个应对工作起到规范作用，同时也为之提供法律支撑；行政部门负责网络恐怖主义应对工作的协调、组织、谋划、执行等相关工作，特别是通过决策层制定的政策文件，为网络恐怖主义应对工作提供贯彻落实的方向指引；司法部门则负责对网络恐怖主义犯罪行为的追诉、行政部门相关行为的合法合宪审查以及对被追诉方的权利救济等，为网络恐怖主义应对工作的顺利实施保驾护航。

从微观层面来看，可从具体的部门层面进行细分，如负责网络恐怖主义情报搜集的情报部门、负责网络攻防的网络安全部门、负责打击恐怖资金筹集的反融资部门、负责对抗网络恐怖主义宣传鼓动的反宣传部门、负责网络恐怖主义犯罪追诉的执法部门等。为更好地了解组织体系的贯彻落实情况，本书主要从微观层面对美国网络恐怖主义应对机制的组织体系进行分析阐述。

在组织体系的构建和调整过程中，美国始终遵循“整体政府”理念，致力于形成应对工作的合力。各职能部门在发挥自身作用的同时，通过对人员、信息、能力实施共享，旨在跨越部门障碍，实现优势互补，努力克服应对工作中的“能力和服务碎片化”的现象。实际上，网络恐怖主义应对机制的组织体系并非一成不变的固定框架，而是一种弹性结构，可随形势和任务变化加以调整和适应。

## 第一节 致力情报融合、强化应对保障的情报部门

对于网络恐怖主义应对机制的组织体系而言，情报部门地位十分独特，处于网络恐怖主义应对工作的最前沿，是防御网络恐怖主义的无形盾牌，更是打击网络恐怖主义的隐形利剑，堪称迎击网络恐怖主义的第一道防线。情报部门最重要的职能就是为各级决策者，特别是最高决策层提供决策所需的及时准确的情报，以便优化资源配置，力求以最适宜的成本取得迎击网络恐怖主义的最大效能。"9·11"事件后，在新的安全形势下，美国对情报部门的失误进行了深刻反思，对情报界[①]内部存在的政出多门、各自为政、信息交流和协调沟通不畅等问题进行了一系列改革。在网络恐怖主义应对问题上，美国认为随着恐怖主义与网络技术的日益紧密结合，恐怖主义的触角已经随着互联网伸向了全球各地，网络在给予恐怖势力便利的同时，也给了情报部门进一步深入了解和掌握恐怖主义具体情况的宝贵机会。因此，适应新形势，顺应新变化，使情报部门能够灵活有效地应对网络恐怖主义威胁，是网络恐怖主义应对机制进行组织体系建设的出发点和落脚点。

情报融合历来是情报工作的重点，也是难点，在应对网络恐怖主义的工作中更是如此。情报融合的最佳成果就是以大数据等技术

---

① 美国所有的情报机构合称为情报界（Intelligence Community），根据1981年第12333号总统行政令而创建，由16个相互独立又彼此合作的情报机构组成，由国家情报总监领导并向美国总统进行工作汇报。

为支撑的全源情报（all - source intelligence）[①]，而它需要各相关情报部门的通力协作与有效配合，但在实践过程中，由于各部门的利益不同且相互竞争，情报融合的实现并非一帆风顺。为解决这一问题，美国对情报界的组织结构进行了相应调整，力争使各相关情报部门形成合力，在情报融合方面取得实效。

首先是设立国家情报总监（Director of National Intelligence）一职，通过相关的财政和人事控制权，力图以自上而下的方式将情报界的关系理顺，从组织上、机制上甚至是文化上将情报界打造成一个整体，实现情报融合的制度保障。例如，国家情报总监于2011年提出情报界信息技术计划（IC Information Technology Enterprise）构想，由情报界首席信息官负责，通过大数据和云架构实现情报融合、情报共享和信息安全工作的深入推进，而国防部则推出军方版本——联合信息环境（Joint Information Environment）。正如前任国家情报总监詹姆斯·克莱柏所言："成功的融合离不开全球信息技术基础设施，籍此情报界才能快速且可靠地与那些需求方实现情报共享"[②]；其次是在国家情报总监办公室下设国家反恐中心（National Counterterrorism Center），旨在"通过融合国内外反恐信息、提供反恐分析产品、与反恐界同仁进行信息共享以及推动'整体政府'（Whole - of - Government）行动，牵头并整合全国的反恐工作，确保实现美国的反恐目标。"[③] 为此，该中心下设跨机构威胁评估协调组（Interagency Threat Assessment and Coordination Group），常驻有国土安全部、联邦调查局等情报界成员代表，以及来自各州和地方的代表，旨在生产经过联邦层面协调的涉恐信息产品并向各相关机构分

① 按照美国野战手册2.0（情报）的界定，全源情报是指在情报生产过程中，将一切来源的信息和情报融合而成的情报产品。参见"All - Source Intelligence," *FM 2.0: Intelligence*, Chapter V, Part III, https://fas.org/irp/doddir/army/fm2 - 0.pdf.（访问时间：2016年2月16日）

② "What is IC IT Enterprise（IC ITE）?" https://www.dni.gov/files/documents/IC%20ITE%20Fact%20Sheet.pdf.（访问时间：2016年2月16日）

③ Official website of the National Counterterrorism Center, https://www.dni.gov/index.php/nctc - home.（访问时间：2016年2月16日）

发；而各州和地方也设立了相应的信息融合中心（Information Fusion Centers），以协调其职责范围内各单位的恐怖主义信息的收集、分析和分发工作[①]；再次是于2007年10月设立国家情报协调中心（National Intelligence Coordination Center），与国防部合作，建立起情报活动的协调机制，旨在"有效协调、合作、评估并部署（美国的）情报能力"[②]。

随着网络恐怖主义威胁日趋严重，相关的情报需求也随之增长，因此，进一步整合各类相关力量，提供更加优质的网络恐怖主义情报就显得尤为必要。为此，美国于2015年2月在国家情报总监办公室下设网络威胁情报融合中心（Cyber Threat Intelligence Integration Center），作为政府部门与私营部门之间融合的桥梁，通过整合各方努力，构建一体化的态势感知能力，将有关威胁趋势和威胁事件的分析产品加以融合，进而提供决策选项，力图减少或消除网络恐怖主义等网络安全威胁[③]。

为有效配合情报融合努力，除国家情报总监及其下设机构外，其他核心情报机构，如中央情报局、联邦调查局等，也进行了相应的资源优化调整，以有效应对网络恐怖主义等网络安全威胁。2015年3月，中央情报局局长宣布对该局进行大规模改革，将该局原先按地域划分（如中东、非洲、亚洲等）的组织结构调整为按任务划分的十个中心，旨在"进一步深化合作并且强化对一系列安全事项和安全威胁的关注。"[④] 同时新设数字创新司（Directorate of Digital

---

① *National Strategy for Information Sharing*, October 2007, https://georgewbush-whitehouse.archives.gov/nsc/infosharing/index.html.（访问时间：2015年11月28日）

② *An Overview of the United States Intelligence Community for the 111th Congress*, 2009, https://fas.org/irp/eprint/overview.pdf.（访问时间：2016年2月16日）

③ Official website of the Cyber Threat Intelligence Integration Center, https://www.dni.gov/index.php/ctiic-home.（访问时间：2016年2月16日）

④ "CIA Plans Major Reorganization and a Focus on Digital Espionage," *The Washington Post*, March 6, 2015, https://www.washingtonpost.com/world/national-security/cia-plans-major-reorganization-and-a-focus-on-digital-espionage/2015/03/06/87e94a1e-c2aa-11e4-9ec2-b418f57a4a99_story.html?utm_term=.a8f5807fb51e.（访问时间：2016年2月20日）

Innovation)，负责处理大至网络恐怖主义、网络间谍、小至中情局员工内部邮件安全等事宜。

“9·11”事件后，反恐成为联邦调查局的首要任务。2002 年，该局成立网络处（Cyber Division)，负责牵头全国的网络犯罪调查工作，调查范围包括基于网络的恐怖主义、间谍、计算机入侵以及重大的网络欺诈。同年宣布成立国家反恐联合特遣部队（National Joint Terrorism Task Force)，下辖 104 支反恐联合特遣部队，负责协调全国范围的反恐工作，并负责与该局新成立的反恐值班室（Counterterrorism Watch）进行协调[①]。2008 年，由各情报机构和司法部门派员组建的国家网络调查联合特遣部队（National Cyber Investigative Joint Task Force）也由联邦调查局负责牵头领导，旨在对涉及国内网络威胁调查工作进行协调、整合并实施信息共享[②]。

2011 年，作为美国情报界重要成员之一的国土安全部在其科技司（Science and Technology Directorate）下设网络安全处（Cyber Security Division)[③]，通过对新技术的研发工作加强领导并实施协调，以应对日益增长的网络恐怖主义等网络安全威胁。2015 年 1 月，国土安全部下设国家网络安全与通信融合中心（National Cybersecurity and Communications Integration Center)，负责联邦政府、情报界和执法机构之间的网络和通信融合事务，提供全天时的网络态势感知、事件响应及管理服务[④]，被奥巴马誉为“美国网络防

① The FBI, “Protecting America: National Task Force Wages War on Terror,” August 19, 2008, https: //www. fbi. gov/news/stories/2008/august/njttf_081908.（访问时间：2016 年 2 月 20 日）

② “National Cyber Investigative Joint Task Force,” http: //wpcug. org/Downloads/National%20Cyber%20Investigative%20Joint%20Task%20Force. pdf.（访问时间：2016 年 2 月 20 日）

③ Official website of the Cyber Security Division, https: //www. dhs. gov/science - and - technology/cyber - security - division.（访问时间：2016 年 2 月 20 日）

④ The Department of Homeland Security, “National Cybersecurity and Communications Integration Center,” https: //www. dhs. gov/national - cybersecurity - and - communications - integration - center.（访问时间：2016 年 2 月 20 日）

线的关键一段”[①]。

美国财政部于2004年设立恐怖主义和金融情报办公室（Office of Terrorism and Financial Intelligence），作为美国情报界的重要成员之一，在情报领域主要负责与恐怖主义融资相关的情报，通过对全国各层面相关信息的汇总分析并及时分发给有需求的用户[②]，旨在切实斩断恐怖主义的金融命脉。

对于军方情报机构而言，国家安全局无疑是应对网络恐怖主义工作的重要节点。2001年，为配合小布什总统推出的总统监视计划（President's Surveillance Program），国家安全局组建全天时运作的元数据[③]分析中心（Metadata Analysis Center）。2004年又成立高级分析处（Advanced Analysis Division），旨在对互联网元数据、电话元数据等进行深入分析。为了数据融合和信息共享的需要，国家安全局于2004年设立威胁行动中心（Threat Operations Center），与国土安全部一道，共同应对网络恐怖主义等网络安全事件。通过实时的网络态势感知以及威胁特征归类能力，对网络安全威胁进行预测和预警，同时对网络安全行动加以协调。

国防情报局则于2007年12月成立国防情报作战协调中心（Defense Intelligence Operations Coordination Center），为针对美国面临的跨国威胁，提升国防情报合作力度，旨在“无缝融合所有的国防情报资源”。同样，为向国防部的全球反恐战争提供支持，国防情报局还专门设立有反恐联合情报特遣队（Joint Intelligence Task Force for

---

① Office of the Press Secretary, the White House, “Remarks by the President at the National Cybersecurity Communications Integration Center,” January 13, 2015, https://obamawhitehouse.archives.gov/the-press-office/2015/01/13/remarks-president-national-cybersecurity-communications-integration-cent.（访问时间：2016年2月22日）

② The Treasury Department, “Terrorism and Financial Intelligence,” https://www.treasury.gov/about/organizational-structure/offices/Pages/Office-of-Terrorism-and-Financial-Intelligence.aspx.（访问时间：2016年3月4日）

③ 元数据即“关于数据的数据”，它所提供的是事关数据的某个或多个方面的基本信息，如数据的创建时间、数据的用途、创建方式、数据的创建者、数据所使用的技术标准、数据所处的网络节点位置等，由此可以使对数据的追踪和使用更加便捷。

Combating Terrorism)，主要目的是为了加强涉及恐怖主义的全源情报的生产工作①。

此外，美国情报界的其他成员，也都采取相应举措，通过调整组织结构，优化资源配置，重点是强化情报的融合，旨在更好地应对网络恐怖主义等带来的挑战。

通过组织结构调整和任务重新设定，美国情报部门强化了情报融合力度，加大了对网络恐怖主义情报工作的资源投入，组织、协调和管理工作得到了有效改进，在应对网络恐怖主义方面发挥了早期预警、行动配合与事后追查的重要作用。在美国网络恐怖主义应对机制的组织体系里，情报部门对网络安全部门、反融资部门、反宣传部门、执法部门等其他相关部门起着全程保障作用，通过及时准确的情报，使后者得以做出相对明智的决策并采取较为行之有效的举措。以保障执法为例，“9·11”事件后，情报界先后通过国家犯罪情报共享计划（National Criminal Intelligence Sharing Plan）、犯罪情报协调委员会（Criminal Intelligence Coordinating Council）、跨机构威胁评估与协调组（Interagency Threat Assessment and Coordination Group）、国家信息交换模型（National Information Exchange Model）等形式②，强化情报融合力度，确保为执法部门提供较为有力的情报保障。当然，由于部门利益纠葛、组织文化差异等因素，情报部门仍然存在诸多问题，如国家情报总监的领导权限仍然有待加强、军方情报机构和地方情报机构对情报资源的争夺等，如果不能有效解决，势必会对网络恐怖主义应对工作造成不利影响。因此，继续深化改革，进一步优化资源配置，包括组织结构调整，是美国情报部门在应对网络恐怖主义威胁过程中的着力点所在。

---

① *An Overview of the United States Intelligence Community for the 111th Congress*, 2009, https://fas.org/irp/eprint/overview.pdf.（访问时间：2016年2月16日）

② David L. Carter, *Law Enforcement Intelligence: A Guide for State, Local, and Tribal Law Enforcement Agencies*, 2nd edition, School of Criminal Justice, Michigan State University, May 2009, https://it.ojp.gov/documents/d/e050919201 – IntelGuide_web.pdf.（访问时间：2016年2月16日）

## 第二节 提供技术支撑、强化网络攻防的网络安全部门

网络安全是一项系统工程，需要有精心的顶层设计与良好的架构支撑，才能在应对网络恐怖主义等网络安全威胁时获得充分的组织制度保障。为此，美国先后设立了国家级网络安全机构、网络安全职位和网络安全决策咨询机构，旨在以自上而下的方式对美国的网络安全工作实施有效统领，强化组织协调和信息共享力度，完善机构设置，进一步优化资源调配，实现对网络恐怖主义等网络安全威胁的有效防护和有力反击。

### 一、联邦政府网络安全机构

2002 年，美国国会下令成立联邦计算机事件响应中心（Federal Computer Incident Response Center），随后转隶国土安全部，通过“对重大网络事件做出及时响应、对网络威胁进行分析、与全球可信伙伴交换关键的网络安全信息，为全体美国人提供更安全、更富活力的网络空间”①。

2008 年 3 月，根据第 54 号国家安全总统指令/第 23 号国土安全总统指令（NSPD－54/HSPD－23），美国国土安全部组建国家网络安全中心（National Cybersecurity Center/NCC），下设快速反应中心（Rapid Response Center），网络研究、教育和训练中心（Cyber Research/Education and Training Center），以及网络研究所（Cyber Institute）②，主要担负美国政府通信网络的防护职责。

① US－CERT，“About Us：Our Mission，” https：//www. us－cert. gov/about－us.（访问时间：2016 年 2 月 22 日）

② Official Website of the National Cybersecurity Center，http：//nationalcybersecuritycenterevents. org/.（访问时间：2016 年 2 月 22 日）

2009 年，奥巴马宣布设立网络安全协调官办公室，霍华德·施密特（Howard Schmidt）成为首任网络安全协调官（Cyber Security Coordinator），旨在就“从军事网络防御到协调联邦网络安全政策，以及改善美国公民的网络隐私和公民自由等范围广泛的网络安全事项”① 向美国总统提供决策建议。2016 年 2 月，根据奥巴马总统发布的行政令，美国设立国家网络安全提升委员会（Commission on Enhancing National Cybersecurity），针对加强公私领域网络安全事宜提供详细的政策建议，以提升政府、业界和社会各层级的网络安全意识和防护水平②。2016 年 9 月，奥巴马宣布设立美国首任首席信息安全官（Chief Information Security Officer），负责推动美国政府范围内的网络安全政策、计划和落实工作③。通过这一系列举措，美国网络安全的顶层架构得到进一步完善，网络安全方面的领导力得到进一步增强，这也为网络安全政策的顺利推进和有效贯彻打下了较为坚实的组织基础。

在上述具有宏观战略职能的网络安全机构的统领下，在具体的网络安全领域，美国也在努力完善机构设置，设立了专门机构负责处理相关的网络安全事宜。以基础设施防护为例，它是美国网络安全部门的优先工作重点。为有效防御网络恐怖主义等网络安全威胁对关键基础设施带来的危害，国土安全部专门设立基础设施防护办公室（Office of Infrastructure Protection），负责牵头制定有关全国关键基础设施安全的计划和政策并就此进行协调，其中一项重要职能

① Ellen Messmer, “Obama: Cybersecurity ‘Coordinator’ Won't Be ‘Czar’,” May 29, 2009, https: //www. pcworld. com/article/165756/obama_appoints_cybersecurity_coordinator_not_czar. html. （访问时间：2016 年 2 月 22 日）

② Office of the Press Secretary, the White House, *Executive Order - - Commission on Enhancing National CyberSecurity*, February 9, 2016, https: //obamawhitehouse. archives. gov/the - press - office/2016/02/09/executive - order - commission - enhancing - national - cybersecurity. （访问时间：2016 年 2 月 22 日）

③ The White House, “Announcing the First Federal Chief Information Security Officer,” September 8, 2016, https: //obamawhitehouse. archives. gov/blog/2016/09/08/announcing - first - federal - chief - information - security - officer. （访问时间：2016 年 9 月 9 日）

就是提供潜在和现实的威胁和风险信息①，以供各相关方面及时采取有效的应对措施。同时，国土安全部还在其国家行动中心（National Operations Center）下设国家基础设施协调中心（National Infrastructure Coordinating Center），对全国的关键基础设施保持全天时的态势感知②。在全面态势感知的基础上，国土安全部于 2014 年在其国家防护和项目司（National Protection and Programs Directorate）下设网络和基础设施分析办公室（Office of Cyber and Infrastructure Analysis），旨在对涉及全国关键基础设施的分析产品加以融合，从而进行有效的风险评估③。2016 年 2 月，国家安全局宣布代号为“NSA21（NSA in the 21st Century）”的重组计划，计划利用两年时间，对其网络防御和网络攻击行动力量加以整合④。

在对基础设施网络防护工作进行统一领导的基础上，为有效应对涉及具体行业基础设施的网络安全事宜，以国土安全部为首，联邦政府各职能部门相继设立相关机构，积极应对网络恐怖主义等网络安全威胁对关键基础设施带来的严峻挑战。

表 5—1 所示各分支机构均是美国联邦政府职能部门针对特定行业关键基础设施的网络安全防护需求而设立的，具有极强的指向性，在应对网络恐怖主义等网络安全威胁的过程中承担着重要职责。

---

① The Department of Homeland Security, “Office of Infrastructure Protection,” https://www.dhs.gov/office-infrastructure-protection.（访问时间：2016 年 2 月 25 日）

② The Department of Homeland Security, “National Infrastructure Coordinating Center,” https://www.dhs.gov/topic/protecting-critical-infrastructure#.（访问时间：2016 年 2 月 25 日）

③ The Department of Homeland Security, “Office of Cyber and Infrastructure Analysis,” https://www.dhs.gov/office-cyber-infrastructure-analysis.（访问时间：2016 年 2 月 25 日）

④ “NSA to Merge Offensive, Defensive Hacking Operations,” February 9, 2016, https://gadgets.ndtv.com/internet/news/nsa-to-merge-offensive-defensive-hacking-operations-800032.（访问时间：2016 年 2 月 25 日）

**表 5—1　美国联邦政府职能部门下设基础设施防护机构列表①**

<table>
<tr><td rowspan="3">国土安全部</td><td>基础设施防护办公室</td><td>化学分部<br>商业设施分部<br>关键制造业分部<br>水坝分部<br>应急服务分部<br>核反应堆、核材料与核废料分部</td></tr>
<tr><td>网络安全和通信办公室</td><td>通信分部（内设国家网络安全和通信融合中心、应急通信地区协调项目办公室）<br>信息技术分部（内设美国计算机应急响应小组）</td></tr>
<tr><td>运输安全署</td><td rowspan="3">联合设立运输系统分部</td></tr>
<tr><td>海岸警卫队</td><td></td></tr>
<tr><td>运输部</td><td></td></tr>
<tr><td>国防部</td><td colspan="2">国防工业基地分部</td></tr>
<tr><td>能源部</td><td colspan="2">能源分部</td></tr>
<tr><td>财政部</td><td colspan="2">金融业务分部</td></tr>
<tr><td>农业部</td><td colspan="2" rowspan="2">食品和农业分部</td></tr>
<tr><td>食品和药品管理局</td></tr>
<tr><td>卫生与公众服务部</td><td colspan="2">保健与公众健康分部</td></tr>
<tr><td>环境保护署</td><td colspan="2">水及废水系统分部</td></tr>
</table>

## 二、美国军方网络安全机构

在网络安全方面，与其他联邦政府机构侧重网络安全防护不同，美军着力打造攻防兼备的网络安全力量。在网络攻防领域，美军在组织建设上虽然起步并不算早，但却进展迅速，不仅设立了网络攻防的统领机构——网络司令部（Cyber Command），而且各军种也相继建立起各自的网络领导机构和下属网络力量，为有效应对网络恐

① The Department of Homeland Security, "Critical Infrastructure Resources," https://www.dhs.gov/critical-infrastructure-resources.（访问时间：2016 年 2 月 25 日）

怖主义等网络安全威胁奠定了较为坚实的组织基础。

2009 年 6 月，美军在战略司令部内设立网络司令部，主要职能包括三项："保护国防部的国防信息网络，向全球的美军作战指挥官提供支援，以及强化美国抵御并应对网络攻击的能力。"① 2016 年 12 月 24 日，奥巴马总统签署《2017 财年国防授权法案》，将网络司令部提升为完备的作战司令部，并指定国家安全局局长兼任网络司令部司令②。2017 年 8 月 18 日，特朗普总统正式宣布将网络司令部级别提升为联合作战司令部，并在向美国国会提交的 2018 财年预算中，要求为网络司令部拨款 6.47 亿美元，较前一年增长 16%，此举彰显其"应对网络空间威胁日益坚定的决心"③。2017 年 10 月，网络司令部正式施行其"有限采购权"（limited acquisition authority）④，加速其特定网络工具的采购流程⑤。在应对"伊斯兰国"等恐怖势力的过程中，网络司令部就发挥了重要作用。仅以网络攻击为例，就包括干扰恐怖组织的数字支付系统、入侵其通信渠道、破坏其发布指令和招募新兵的网络平台等。为此，网络司令部研制出数千种网络攻击武器，其中的"震网"（Stuxnet）"火焰"（Flame）业已投

---

① Official Website of the U. S. Strategic Command, http://www.stratcom.mil/Media/Factsheets/Factsheet – View/Article/960492/us – cyber – command – uscybercom/.（访问时间：2016 年 2 月 28 日）

② Office of the Press Secretary, the White House, "Statement by the President on Signing the National Defense Authorization Act for Fiscal Year 2017," December 23, 2016, https://obamawhitehouse.archives.gov/the – press – office/2016/12/23/statement – president – signing – national – defense – authorization – act – fiscal.（访问时间：2016 年 12 月 25 日）

③ "Trump Elevates U. S. Cyber Command, Vows 'Increased Resolve' against Threats," August 18, 2017, http://www.politico.com/story/2017/08/18/trump – us – cyber – command – elevated – unified – combatant – command – 241783.（访问时间：2017 年 9 月 19 日）

④ 根据《2016 财年国防授权法案》，赋予美国网络司令部相关权限，用以采购、研发及维护与网络作战相关的设备和能力，相关合同金额可达每年 7500 万美元，直到 2021 年 9 月 30 日。

⑤ The Department of Defense, "Cyber Command Flexes New Acquisition Muscle," October 12, 2017, https://www.defense.gov/News/Article/Article/1341201/cyber – command – flexes – new – acquisition – muscle/.（访问时间：2017 年 11 月 13 日）

入实战，而已经发展到第五代的“舒特”（Suter）[①] 系统更是可以在打击“伊斯兰国”之类的准军事化恐怖组织的作战中发挥重要作用。2016 年 4 月，美军罕见地公开宣布对“伊斯兰国”实施网络攻击，旨在破坏其网络运作[②]。据《纽约时报》报道称，美国网络司令部 2016 年 5 月成立由 100 名军情人员组成的联合小组，专门研发打击“伊斯兰国”的网络武器，重点破坏其指挥控制系统、资金流通以及网络宣传[③]。正如美军参联会主席邓福德同月所表示：美将使“伊斯兰国”成为“网络空间的孤岛”[④]。

为有效配合美军网络司令部，美国国民警卫局[⑤]也于 2015 年 12 月宣布部署 13 支网络防护部队（Cyber Protection Team），通过与其他政府部门、学术机构和业界合作，着力减少军方网络基础设施存在的网络风险，以全面有效应对日益严峻的网络安全威胁[⑥]。

此外，在美军网络司令部的力量编成中，网络任务部队（Cyber Mission Force）是一支全新而重要的网络攻防力量。该司令部目前编有 133 支网络任务部队，2018 年 5 月，美国宣布其已具备完全作战能力（full operating capacity）。其中，13 支国家任务部队（National

---

① “舒特”系统是美军高度机密的机载网络攻击核心技术，其名字来源于美军“红旗”演习的创立者理查德·穆迪·舒特上校，目的是使美空军具备让敌防空预警系统丧失作用的能力。在实际运用中，“舒特”系统通过敌方雷达、微波中继站和网络处理节点侵入敌防空网络系统，注入欺骗信息和处理算法，实时监视敌方防空预警雷达的探测结果，或在此基础上以系统管理员身份接管敌方网络，实现对传感器的控制。

② “U. S. Cyberattacks Target ISIS in a New Line of Combat,” *New York Times*, April 25, 2016, https://www.nytimes.com/2016/04/25/us/politics/us-directs-cyberweapons-at-isis-for-first-time.html.（访问时间：2016 年 4 月 30 日）

③ 中国现代国际关系研究院：《国际战略与安全形势评估（2016－2017）》，北京：时事出版社，2017 年版，第 103 页。

④ 同上。

⑤ 美国国民警卫局根据《1903 年民兵法》（*Militia Act of 1903*）而创建，是美国国民警卫队的管理机构。根据《2008 财年国防授权法案》，该局级别提升，其局长由中将（三星）升格为上将（四星）。

⑥ “U. S. Cyber Commands Launches 13 New Cyber Protection Teams,” http://www.govtech.com/security/US-Cyber-Commands-Launches-13-New-Cyber-Protection-Teams.html.（访问时间：2016 年 3 月 2 日）

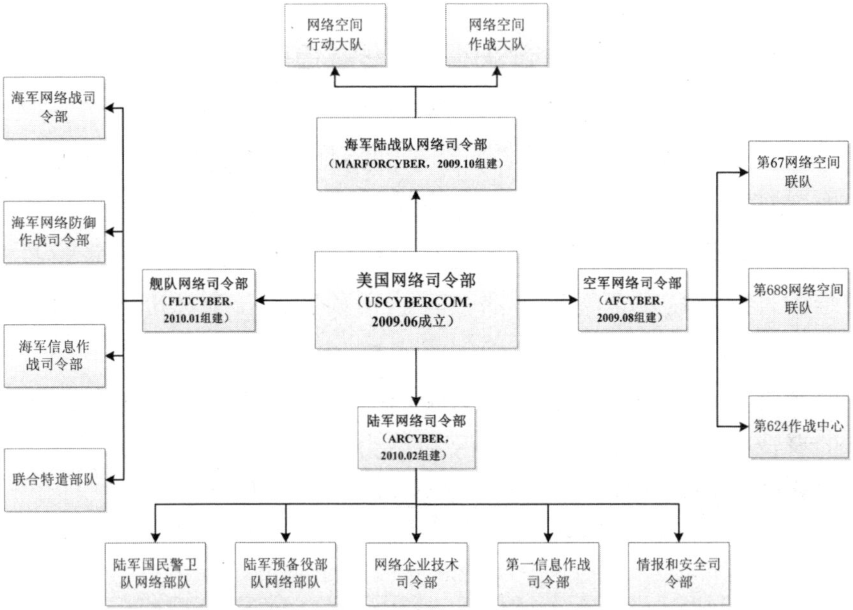


**图 5—1　美军网络司令部作战力量编成**

Mission Teams）担负抵御大面积网络攻击的任务；68 支网络防护部队（Cyber Protection Teams）针对重点威胁对国防部的高级网络和系统进行防护；27 支作战部队（Combat Mission Teams）负责发起协调一致的网络攻击，为作战计划和应急行动提供支援；25 支支援部队（Support Teams）则提供分析产品和计划支援。

网络安全已经成为美国决策层的优先关注事项，也日益成为国家安全的重点环节。美国在网络安全的组织体系上通过强化顶层设计和优化机构设置等举措，力图确保在网络恐怖主义等网络安全威胁面前，美国的网络资产和实体资产不会受到严重损害，并力图对网络恐怖主义等网络安全威胁实施有效反击，遏制其侵害美国网络安全的能力。当然，美国民众的隐私保护始终是网络安全组织建设绕不开的话题。上至网络安全协调官，下至各级网络安全组织，都需要在组织建设发展过程中将民众隐私等公民自由保护事宜纳入考虑范围，虽然会降低其行政效率，但却能够实现公权与私权的相对平衡，防止公权对私权的非法侵害。

此外，由于美国政府和社会高度依赖国际互联网络，而且关键节点和基础设施数量众多，要想实现全域和全时的安全覆盖，基本是一项“不可能完成的任务”。由于网络技术（包括网络安全技术）的发展日新月异，更新换代的速度极快，网络防御技术的发展本身就存在一定的滞后性，因此无论是网络防护的硬件建设还是软件开发维护，抑或是安全管理，都很难达到预期的安全标准。这就需要以及时准确的情报为基础，确定重点防护目标和重点发展领域，优化资源配置，实现对关键节点的全时、全程防护，以及其他重要节点的有选择重点防护，避免资源和精力的无节制投入，实现网络安全工作的可持续发展。

## 第三节　强化金融监管、斩断对手财源的反融资部门

恐怖融资是恐怖组织赖以生存发展的经济基础，是其从事恐怖活动的关键资金来源。打击恐怖融资与打击恐怖组织同等重要，可以消灭其经济基础，截断其资金筹集和转移渠道，使其失去生存发展的必要条件，从而对恐怖组织造成沉重打击。正如“9·11”委员会《恐怖融资专题》所指出：“切断恐怖组织的资金来源是取得反恐战争胜利的关键之一，可以限制其实施大规模杀伤性恐怖袭击的能力。……追踪‘基地’组织的资金来源已被证实是打击恐怖行动、恐怖组织支持者以及摧毁恐怖阴谋的非常有效的途径。”①

恐怖主义的传统融资来源包括非法和合法渠道，前者包括贩毒、

① The National Commission on Terrorist Attacks upon the United States, *Monograph on Terrorist Financing*, *Staff Report to the Commission*, August 21, 2004, http://www.9-11commission.gov/staff_statements/911_TerrFin_Monograph.pdf.（访问时间：2016年3月3日）

绑架、抢劫和诈骗等犯罪行为，而后者则包括滥用慈善组织和合法企业以及个人捐款；融资方式既可通过正规的金融体系，也可通过国际贸易、跨境现金运送、替代性汇兑系统等[①]。随着"9·11"事件后全球反恐力度的加大，恐怖主义的生存空间不断受到挤压，其传统融资渠道也多处于日益严格的监管之下，而互联网融资则因其覆盖广泛、及时高效以及一定程度的匿名性和较好的隐私性愈加受到恐怖主义组织和个人的青睐，成为其融资的重要渠道，主要通过网站或社交媒体公开筹集、网络犯罪获益、网络慈善等方式实现网络融资。正如2015年美国财政部发布的首份《恐怖融资国家风险报告》(National Terrorist Financing Risk Assessment)所指出："为恐怖组织提供持续现金流的个人捐款和慈善组织筹款越来越依靠社交媒体方式进行资金筹集和联系交往。"[②] 近年来比特币等虚拟货币的兴起也给了恐怖主义融资可乘之机，"暗网"[③] 更是使恐怖融资活动披上了近乎隐形的外衣。例如，"暗网"上有一名为"不留痕迹地资助伊斯兰斗争"(Fund the Islamic Struggle without Leaving a Trace)的主页，邀请访问者通过特定的比特币地址向"圣战"捐款[④]。

事实上，恐怖主义利用互联网实施融资不仅包括筹集资金，也包括转移资金。因此，对恐怖主义网络融资进行有效监管，需要从其资金筹集和资金转移两个方面入手，力争切断其网络资金链，对恐怖主义实施有力打击。为此，需要紧跟恐怖主义新的发展变化，

---

① 童文俊：《恐怖融资与反恐怖融资研究》，上海：复旦大学出版社，2012年版，第2页。

② The Treasury Department, "2015 National Terrorist Financing Risk Assessment," December 6, 2015, https://www.treasury.gov/resource-center/terrorist-illicit-finance/Documents/National%20Terrorist%20Financing%20Risk%20Assessment%20%E2%80%93%2006-12-2015.pdf.（访问时间：2016年3月3日）

③ "暗网"(Darknet或Dark Web)通称只能用特殊软件、特殊授权、或对电脑做特殊设置才能连上的网络，使用一般的浏览器和搜索引擎找不到暗网的内容。暗网的服务器地址和数据传输通常是匿名、匿踪的。与此相对，一般常用的互联网由于可追踪其真实地理位置和通信进行人的身份被称为"明网"。

④ Gabriel Weimann, *Terrorist Migration to the Dark Web*, September 2016, http://www.terrorismanalysts.com/pt/index.php/pot/article/view/513/html.（访问时间：2016年10月5日）

对既有的反恐融资组织架构进行变革，以适应恐怖融资向网络拓展的全新斗争需求。

为有效应对包括恐怖主义网络融资在内的各类恐怖主义融资行为，美国以国家安全委员会反恐融资安全组（Counterterrorism Security Group on Terrorist Financing）为金融反恐的总协调单位，以财政部牵头，国务院以及情报界、网络安全部门、司法部等相关机构配合，通过调整优化机构设置，强化网络反恐融资力量配备，加大相关犯罪行为惩处力度，构筑起拦截恐怖主义网络融资暗流的堤坝，最大限度压缩恐怖主义网络融资的活动空间。

## 一、国家安全委员会反恐融资安全组

国家安全委员会反恐融资安全组成立于2002 年，其前身是成立于2001 年的恐怖融资政策协调委员会（Policy Coordinating Committee for Terrorist Financing）。按照“9·11”委员会报告的说法，为应对“9·11”事件后的恐怖融资，恐怖融资政策协调委员会在“整合跨机构资源方面”[①] 取得了成功经验。作为一家协调机构，该安全组负责确定应对恐怖融资的优先目标并制定应对策略，同时对相关联邦机构的反恐融资行动实施协调。为此，该安全组定期召开会议，与财政部、国务院、中情局、联邦调查局等共商犯罪调查或行动、情报调查或行动事宜，并对跨机构的金融反恐目标进行优化[②]。

## 二、财政部恐怖主义和金融情报办公室

对美国财政部来说，2004 年设立的恐怖主义和金融情报办公室是其实施金融反恐的主要抓手，以其出色的情报、执法、外交和管

---

① Combating Terrorism Center at West Point, “Combating Terrorist Financing at the Agency and Interagency Levels,” https: //ctc. usma. edu/posts/combating - terrorist - financing - at - the - agency - and - interagency - levels. （访问时间：2016 年3 月4 日）

② Ibid.

理能力在相关政府机构中起引领作用。为有效应对恐怖主义融资的多样性，经过十余年的组织调整和人员优化，恐怖主义和金融情报办公室目前下设情报和分析办公室（Office of Intelligence and Analysis）、外国资产管控办公室（Office of Foreign Assets Control）、恐怖分子融资和金融犯罪办公室（Office of Terrorist Financing and Financial Crimes）、金融犯罪执行网络局（Financial Crimes Enforcement Network）以及资产罚没执行办公室（Executive Office of Asset Forfeiture）[①]。

随着恐怖主义与互联网的日益紧密结合，恐怖主义和金融情报办公室也逐步将恐怖主义的网络融资作为其工作重点之一。其中，具有情报职能的情报和分析办公室负责搜集恐怖主义网络融资的基本情况，如恐怖主义网络筹资的实施主体、平台和渠道，恐怖主义利用网络犯罪行为获取资金、恐怖主义利用传统金融机构网上平台漏洞进行资金转移、恐怖主义利用虚拟货币和“暗网”技术逃避监管等相关信息，为其他四个分支办公室及其他相关联邦政府机构提供行动所需的情报信息；恐怖分子融资和金融犯罪办公室、金融犯罪执行网络局则依据情报和分析办公室提供的情报，按照《银行保密法》的规定，一方面设计优化管理架构，使金融系统运作实现“透明”，要求金融机构提供相关交易记录并对可疑交易迅速报告，及时发现并堵塞金融系统漏洞，包括网络金融系统漏洞，防止恐怖分子或其他犯罪分子有机可乘；另一方面则将从金融机构搜集的信息加以分析汇总，并向相关执法机构提供恐怖分子等的洗钱线索和分析产品，以便后者调查处理[②]；对于对恐怖主义网络融资予以支持、协助甚至是直接经手的企业、组织和相关国家实施经济和贸易

① The Treasury Department, “Testimony of Under Secretary Cohen before the Senate Subcommittee on Financial Services and General Government,” April 2, 2014, https://www. treasury. gov/press-center/press-releases/Pages/jl2341. aspx.（访问时间：2016 年 3 月 4 日）

② The Treasury Department, “Financial Crimes Enforcement Network,” https://www. treasury. gov/about/history/Pages/fincen. aspx.（访问时间：2016 年 3 月 4 日）

制裁的职责归属于外国资产管控办公室；资产罚没执行办公室负责管理财政部罚没资金（Treasury Forfeiture Fund/ TFF），被查获的恐怖主义网络融资等均被纳入此项基金①。

## 三、国务院反恐和打击暴力极端主义局

美国国务院主要负责在国际层面制定相关的金融反恐政策并对各联邦政府机构和相关国家的金融反恐行动加以协调。国务院最初下设打击恐怖主义办公室（Office for Combating Terrorism），后来调整成为反恐局（Bureau of Counterterrorism），随着反恐形势的变化，国务院也根据任务需求对该局再次进行改革。2016 年该局被调整成为反恐和打击暴力极端主义局（Bureau of Counterterrorism and Countering Violent Extremism），负责发布每年一度的《恐怖主义国别报告》（Country Reports on Terrorism），并牵头发起“全球反恐论坛”，同时还负责对外国恐怖组织的认定，以及不断更新恐怖组织名单。此外，在该局众多的反恐项目中，打击恐怖主义金融体系的融资行为项目（Countering the Financing of Terrorism Finance）通过冻结恐怖组织及个人的金融资产、拦截其金融交易以及阻止其他行为体向恐怖组织及个人提供金融资助，使恐怖主义通过互联网募集到的资金无法使用，也使网络资金募集和转移变得更加困难，因此其在打击恐怖主义网络融资方面同样发挥着重要作用。

自“9·11”事件以来，美国加大了对恐怖融资的打击力度并取得了相当成效，而随着恐怖融资与互联网的日益结合，美国的金融管理和执法等部门也顺应形势进行了相应的组织结构调整和任务重新划定，以便在确定恐怖主义网络融资具体威胁的基础上，适用相关法律法规，对网络恐怖融资嫌疑人进行起诉并实施法律制裁，进

① The Treasury Department, “Treasury Executive Office for Asset Forfeiture,” https: //www. treasury. gov/about/organizational - structure/offices/Pages/The - Executive - Office - for - Asset - Forfeiture. aspx. （访问时间：2016 年 3 月 4 日）

而实现对恐怖融资者的严肃处理和有效震慑。然而，由于互联网技术，特别是虚拟货币、暗网、加密等高科技的日新月异，恐怖组织和个人实施网络融资的手法和渠道也在不断变化，并且朝着更加隐秘的方向发展，这就需要金融监管和执法部门构建更具弹性的组织架构，以便更为有效地应对网络恐怖融资行为。

## 第四节 争夺舆论阵地、力争话语主导的反宣传部门

传统上，恐怖主义为达其政治目的，需要以暴力方式引起目标受众的关注，而互联网使其不再限于“以行动作宣传”，极大地增加了恐怖分子进行肆意宣传的机会。为对抗恐怖主义的网络宣传，美国对反宣传机构进行相应调整，旨在实施有针对性的防御反击，实现话语争夺领域的有效对抗。

国际互联网问世之前，恐怖主义的宣传传播媒介相当狭窄，广播、电视和报纸等传统媒体传播范围和速度相对有限，而且受到政府机构的严格监管，正如恐怖主义研究专家加布里埃尔·魏曼所说：“这些传统媒体有着让恐怖分子难以跨越的‘选择门槛’”[①]，恐怖主义获取公众关注的难度很大；而互联网时代，特别是自媒体时代，恐怖宣传增加了全新维度，较之传统媒体，国际互联网以其通信容量大、受众范围广、传播速度快、宣传费用低、审查监管难等特点迅速受到恐怖组织和恐怖分子的青睐，恐怖主义获取公众关注的难度大幅降低。

随着网络 2.0 时代的到来，恐怖主义也已进入 2.0 时代，除了网络 1.0 时代开设为数众多的恐怖主义网站外，Twitter、Facebook、Youtube、Instagram、Whatsapp 等新型社交网络平台迅速成为恐怖主

---

① Paul Grishman, *Cyber Terrorism: The Use of Internet for Terrorist Purposes*, New Delhi: Axis Publications, 2010, p. 51.

义的重要活动阵地。据 2014 年 11 月的统计，“伊斯兰国”在攻打摩苏尔城的过程中，每天在推特上发布推文的数量最多可达近 4 万条，“塔利班”也主要通过社交媒体在欧洲穆斯林社区进行意识形态传播[①]。2015 年 1 月，海牙国际反恐研究中心（International Centre for Counter – Terrorism, the Hague）研究人员伯格（J. M. Berger）在美国众议院外交委员会作证时表示，截至 2014 年秋，“伊斯兰国”支持者在 Twitter 上至少拥有 45000 个账号[②]。而随着大型社交媒体平台对极端分子账号打击力度的加大，Telegram 等端对端加密通讯平台则成为恐怖主义的新宠。据研究人员 2015 年 10 月统计，仅仅不到一周时间，“伊斯兰国”在 Telegram[③] 上的追随者人数就增加了一倍，其官方频道注册用户迅速达到近 9000 人[④]。借此，恐怖组织和个人能够自主发布各类信息，通过宣传自身战绩、美化自身形象、贬低诋毁敌手、鼓吹极端思想等，实现对网络内容的自主掌控，按照自身意愿影响目标受众，力图实现其“媒体圣战”和“网络圣战”的政治目的。

恐怖主义极端思想的虚拟化传播，最大的危害就在于跨越时空界限，从自身政治目的出发，扭曲放大非理性因素。特别是当前占

---

① “How Terrorists Are Using Social Media,” *The Telegraph*, November 4, 2014, http://www.telegraph.co.uk/news/worldnews/islamic – state/11207681/How – terrorists – are – using – social – media.html.（访问时间：2016 年 3 月 8 日）

② J. M. Berger, “TESTIMONY – – The Evolution of Terrorist Propaganda: The Paris Attack and Social Media,” January 27, 2015, https://www.brookings.edu/testimonies/the – evolution – of – terrorist – propaganda – the – paris – attack – and – social – media/.（访问时间：2016 年 3 月 5 日）

③ 该应用软件于 2013 年由俄罗斯杜洛夫兄弟开发创建。作为跨平台的即时通讯软件，基于云的 Telegram 采用 MTProto 网络传输协议，以对称式 Rijndael 加密算法、高级加密标准、RSA 加密算法和迪菲—赫尔曼密钥交换为基础，进行复杂加密。该软件最大亮点在于其宣称的安全性。在“秘密聊天”模式中，端对端的加密通信只能经由两台特定设备登录，双方通信时，包括管理人员在内的第三方均无法访问用户的通信内容。各类消息均可被指定为自析构，即当消息被用户阅读之后，会在指定时间内自动销毁，从用户设备上彻底消失。

④ “ISIS Telegram Channel Doubles Followers to 9, 000 in Less than One Week,” *International Business Times*, October 12, 2015, http://www.ibtimes.co.uk/isis – telegram – channel – doubles – followers – 9000 – less – 1 – week – 1523665.（访问时间：2016 年 3 月 8 日）

主流地位的宗教型恐怖主义，对《古兰经》和《圣训》断章取义、做歪曲解释，通过赞美伊斯兰世界昔日的荣光、痛诉伊斯兰世界今日蒙受的耻辱以及西方异教徒对伊斯兰世界犯下的罪恶等，更是极力挑动（潜在）教徒宗教情感中的不良情绪，加之开放网络为宗教成员提供了足够便利的互动空间，极易造成目标受众的激进化和极端化。成千上万的年轻人受到“伊斯兰国”的网络宣传洗脑，从全球各地奔赴伊拉克和叙利亚战场为其卖命；而近年来在西方国家不断涌现的“独狼”式恐怖分子也多是深受恐怖主义网络宣传影响，进而实现自我极端化转变，制造出规模虽小但影响较大的恐怖事件。

为对抗恐怖主义在网络空间的宣传攻势，与恐怖主义争夺网络空间的话语权，美国调整优化联邦政府相关机构设置，着力打造网络意识形态领域的坚兵利器，力图对恐怖主义网络宣传实施有效应对。

## 一、数字外联小组

2006 年 11 月，美国在国务院下设数字外联小组（Digital Outreach Team），最初目的就是在网络空间对抗错误信息并阐释美国政府的外交政策立场，2010 年该小组被并入国务院新设立的战略反恐通信中心（Center for Strategic Counterterrorism Communications），其宗旨也改为结合传统公共外交，对抗“基地”组织及其分支的宣传[①]。该小组由 50 人组成，包括阿拉伯语、旁遮普语、索马里语和乌尔都语四种语言人才，每天都会在推特、脸谱等社交媒体上发帖更新并向 Youtube 上传视频，只要恐怖分子（可能）在哪里进行宣传，该小组就会（随后）在那里发布相应的消息与之对抗。按照战略反恐通信中心负责人阿尔伯托·费尔南德兹（Alberto Fernandez）

① *Digital Outreach Team*（*DOT*），https：//www. counterextremism. org/resources/details/id/410/digital – outreach – team – dot.（Counterextremism. org is one part of a larger European Commission funded project to support exchange of best practice in the field of counter – extremism and counter – radicalization.）（访问时间：2016 年 3 月 8 日）

的说法，该小组旨在与恐怖主义在互联网上进行话语权争夺，将原先由其占据的思想阵地夺过来[①]。与其他国家政府不同，该小组成员在网上活动时均以真实身份出现，而且每个帖子都会加上美国国务院的电子印章，以此体现美国政府的“公共外交2.0”政策[②]。以奥巴马2009年6月的开罗演讲为例，数字外联小组迅速就此在互联网上组织开展了较为广泛的讨论活动[③]，旨在正面宣传美国对中东及伊斯兰世界的政策，争取伊斯兰民众的理解和支持，抢占恐怖主义的宣传阵地。该小组在活动所发的帖子里明确表明自身政治立场，精心措辞并有选择地参与由其他用户发起的主题讨论。由此可以看出，该小组着重积极引导舆论，树立美国的正面形象，尽可能地压缩恐怖主义宣传在主流网络媒介上的活动空间，有效配合美国的反恐战略。

## 二、美国国际开发署

在对抗恐怖主义网络宣传领域里，美国国际开发署（United States Agency for International Development）也发挥着日益重要的作用，从线上和线下两个战场发起宣传对抗。2011年，美国国际开发署发布《针对暴力极端主义和叛乱活动的开发应对》政策文件，并据此制定了重点应对非洲、中东和亚洲暴力极端主义驱动因素的计划项目，由该署的转变倡议办公室（Office of Transition Initiatives）

---

① “US Team Using Twitter, Facebook to Fight Militants,” *The Associated Press*, April 13, 2013, https://www.yahoo.com/news/us-team-using-twitter-facebook-fight-militants-165419044.html.（访问时间：2016年3月8日）

② Lina Khatib, William Dutton and Michael Thelwall. *Public Diplomacy 2.0: A Case Study of the US Digital Outreach Team*, The Middle East Institute, January 3, 2012, https://cddrl.fsi.stanford.edu/sites/default/files/MEJ_article.pdf.（访问时间：2016年3月10日）

③ 研究人员选取了2009年5月至12月期间19家网站上30个讨论主题里的所有帖子，选取标准是该小组参与讨论的流行网站，包括相关阿拉伯国家的主流网站和论坛、国际视频和图片网站等。数字外联小组总计发了181个帖子，包括文字、视频和图片，其他用户发了459个帖子。30个讨论主题中，18个由该小组发起，其中7个主题或是发布奥巴马演讲的文本，或是演讲的视频。

具体负责，而在其实现路径中，媒体和通讯（media and messaging）则是重要一环[①]。针对具体的威胁环境和威胁水平，对不同受众（例如穆斯林中的温和派和激进派、年轻人和年长者等）采用相异的宣传策略。以该署转变倡议办公室在巴基斯坦卡拉奇和南旁遮普省的行动计划为例，在那些容易爆发冲突的区域致力于加强政治进步和社会发展的过程中，通过与该国政府部门、私营部门以及各界人士的协调合作，向当地民众提供就业技能培训、强化宽容和相互尊重的价值观输出，同时制定并采取了相应的线上线下反宣传（counter narratives）措施[②]，以对抗恐怖主义和暴力极端主义对当地的思想侵蚀。

## 三、美国军方机构

美国军方也在这场对抗中发挥着积极作用。美国军方一直对自己的网络攻防行动讳莫如深，但从其有意无意泄露出的信息来看，暗中出击或是直接“黑”掉恐怖组织网站是其一贯做法。例如，2011年3月，据《英国卫报》披露，美军中央司令部与美国加利福尼亚一家公司签订软件研发合同[③]，该软件可提供“在线身份管理服务（online persona management service）”，即每名美军工作人员可操纵多至十个不同的独立身份，且这些身份均具有令人信服的从业经历、生活背景以及相关支撑材料，因此不用担心被技术高超的敌手发觉[④]，由此便于对社交媒体的谈论内容加以暗中深度操控，一方面

---

① The USAID, “Countering Violent Extremism,” https://www.usaid.gov/countering-violent-extremism.（访问时间：2016年3月10日）

② Ibid.

③ 该合同据信是“真挚之声行动”（Operation Earnest Voice/OEV）的组成部分，而该行动最初是美军在伊拉克针对“基地”组织及其支持者的网络活动而制定的心理战行动，之后该行动进行了扩展，针对范围扩大至巴基斯坦、阿富汗和中东地区。

④ “Revealed: US Spy Operation That Manipulates Social Media,” *The Guardian*, March 17, 2011, https://www.theguardian.com/technology/2011/03/17/us-spy-operation-social-networks.（访问时间：2016年3月15日）

对恐怖组织发布的内容进行还击，另一方面则积极传播符合美国价值观的宣传内容。而据美国福克斯新闻网站报道，美军非洲司令部更是直接暗中资助开设了域名为“sabahionline. com”的貌似非洲本土的网站，用斯瓦希里语、阿拉伯语和索马里语进行内容发布，力图通过“提供有关该地区事态发展情况的准确、不偏不倚而又具前瞻性的报道”，在索马里和马格里布这两处非洲最危险的地区对恐怖主义宣传进行反击①。

## 四、知名互联网公司

随着恐怖主义在互联网上特别是社交媒体上日益活跃，进而诱发一轮又一轮针对西方国家的“独狼”式恐怖袭击，互联网公司巨头，包括社交媒体巨头，如 Google、Facebook、Twitter 等就一直处于各国反恐舆论的风口浪尖之上。例如，2017 年 3 月的伦敦议会大厦“独狼”式恐怖袭击案之后，英国内政大臣就指出这几家公司在反恐方面做得还不够，不仅应该迅速移除恐怖主义宣传内容，而且应该在第一时间阻止这些内容出现在他们的平台上②。美国参议院也于 2016 年 7 月审议《打击恐怖分子使用社交网络议案 2016》，要求强化社交媒体反恐③。事实上，这些互联网公司已经采取了一系列全新举措，尽管离各国预期还存在一定差距，但是在反击恐怖主义宣传方面已经做出了积极努力。

Twitter 公司于 2017 年 3 月表示，在 2016 年下半年，该公司共取

---

① “Countering ‘Propaganda’, US Military Is behind the Scenes of Somalia, Maghreb News Sites,” *Fox News*, November 13, 2012, http://www.foxnews.com/us/2012/11/13/countering-propaganda-us-military-opens-somalia-maghreb-news-sites-though-few.html.（访问时间：2016 年 3 月 20 日）

② “UK Official: Get Terrorist Content off Facebook, Youtube and Twitter,” USA TODAY, March 30, 2017, https://www.usatoday.com/story/tech/news/2017/03/30/amber-rudd-terrorism-meeting-facebook-google-twitter/99831462/.（访问时间：2017 年 3 月 30 日）

③ 中国现代国际关系研究院：《国际战略与安全形势评估（2016-2017）》，北京：时事出版社，2017 年 1 月版，第 102 页。

缔了376890个发布涉恐内容的账号，而其中只有2%是政府所要求的，这就使2015年8月—2016年12月间该公司取缔的涉恐账号总计达到636248个[①]；Facebook公司也于2017年6月宣布，其将组建超过150人的专业团队，应用图像匹配、基于文本的信号算法（Text－based signals）等人工智能技术，同时加强与专业反恐力量的合作，以阻止恐怖主义网络宣传在该平台上的存在和蔓延[②]；Google也于2017年6月宣布，将实施多项举措，包括开发更先进的人工智能软件、加大对疑似涉恐视频的警告力度、增加专业团队力量等，以更有效应对旗下的Youtube视频网站上出现的涉恐内容[③]。除了各自使出看家本领外，这些互联网巨头也开始加强合作，互相取长补短，以更好地反击恐怖主义网络宣传。2016年12月的欧洲互联网论坛上，Facebook、Microsoft、Twitter和YouTube四家公司宣布将创建有关恐怖主义宣传视频和图片的哈希值共享数据库，而在2017年6月的全球反恐互联网论坛（Global Internet Forum to Counter Terrorism）上，这四家公司进一步承诺将实现在基于机器学习方式的内容检测分类等方面的技术和经验共享，旨在使社交媒体平台变得对恐怖分子和暴力极端分子“充满敌意”[④]。

① “Twitter Suspends 377, 000 Accounts for Pro－Terrorism Content,” CNN TECH, March 21, 2017, http://money.cnn.com/2017/03/21/technology/twitter－bans－terrorism－accounts/index.html.（访问时间：2017年3月30日）

② “Five Ways Facebook Uses Artificial Intelligence To Counter Terrorism,” Forbes, June 15, 2017, https://www.forbes.com/sites/rebeccaheilweil1/2017/06/15/5－ways－facebook－uses－artifical－intelligence－to－counter－terrorism/#abee48249e69.（访问时间：2017年6月18日）

③ “Google Outlines 4 Steps to Tackle Terrorist－Related Content on Youtube,” CNBC, June 19, 2017, https://www.cnbc.com/2017/06/19/google－youtube－tackles－terrorist－videos.html.（访问时间：2017年6月20日）

④ “Facebook, Microsoft, Twitter, Youtube: Here's How We'll Stop Terrorist Propaganda,” ZDNET, June 27, 2017, http://www.zdnet.com/article/facebook－microsoft－twitter－youtube－heres－how－well－stop－terrorist－propaganda/.（访问时间：2017年6月30日）

## 五、全球参与中心

为有效协调美国联邦政府各部门以及美国与外国政府间的反宣传工作，解决一定程度上存在的机构分散、职能重叠和各自为政等结构性和功能性问题，加大反击外国宣传（包括恐怖主义宣传）及错误信息的力度，2016 年 12 月，《2017 财年国防授权法案》宣布设立跨部门的全球参与中心，取代之前的战略反恐通信中心①。

全球参与中心由国务院作为牵头单位，成员包括国防部、美国国际开发署、美国广播理事会（Broadcasting Board of Governors）、情报界及其他相关部门。该中心一方面负责拟定、整合并协调行动计划，针对外国受众，反击国家和非国家行为体针对美国及盟国的不实宣传；另一方面则主动出击，对美国做出正面宣传②。全球合作、数据分析、内容提供和跨机构协调是该中心关注的四大重点领域，按照美国国务院的官方说法，“揭露‘伊斯兰国’及其他暴力极端组织的真实面目，进而削弱其影响力、减少对于潜在招募对象和同情者的吸引力是该中心的中心目标，因此该中心在反击‘伊斯兰国’的宣传方面发挥着关键作用。”③

总体来说，在话语争夺方面，美国反宣传机构针对网络恐怖主义宣传攻势进行了较为有效的反击，无论是数字外联小组、国际开发署，还是军方、知名互联网公司，都从各自职责定位出发，积极对抗恐怖主义思想的虚拟化传播，而全球参与中心则更是致力于加强反宣传工作中的协调力度，旨在使此项工作形成合力。尽管当前

---

① SEC. 1259C, H. R. 4909, *Global Engagement Center*, 114th Congress (2015 – 2016), December 4, 2016, https: //www. congress. gov/bill/114th – congress/house – bill/4909.（访问时间：2016 年 12 月 5 日）

② Rob Portman, “President Signs Portman – Murphy Counter – Propaganda Bill into Law,” December 23, 2016, https: //www. portman. senate. gov/public/index. cfm/press – releases? ID = F973E46B – AA8C – 4F3E – 91B4 – 8EC0FC7F2F3E.（访问时间：2017 年 12 月 25 日）

③ The State Department, “Global Engagement Center,” https: //www. state. gov/r/gec/.（访问时间：2017 年 4 月 18 日）

恐怖主义网络宣传以“伊斯兰国”为主要推手，但此种宣传不会以“伊斯兰国”的存在与否而发生根本转移，即使“伊斯兰国”和“基地”组织不复存在，恐怖主义网络宣传仍然会如火如荼地继续下去。从思想根源上看，除了前文提及的库特卜、阿扎姆、塞特马里阿姆及其极端思想外，“萨拉菲”[①]“伊吉拉特”[②]“哈瓦利吉”[③]等宗教极端思想也是恐怖主义宣传源源不断的意识形态源泉；而从地缘政治角度来看，霸权主义和强权政治更是给此类极端思想火上浇油。因此，要想有效应对恐怖主义网络宣传攻势，除了积极加强组织机构建设，进行有针对性的防御反击外，更需要在“治本”上下大力气，从源头上对恐怖主义实施有效治理，才能在与恐怖主义的话语对抗中取得最终的决定性胜利。

## 第五节　强化反恐执法、提升惩治效能的执法部门

恐怖主义与网络空间的结合，使其如虎添翼，社会危害性得以成倍放大。因此，依据相关法律法规，强化反恐执法力量，及时发现网络恐怖主义犯罪嫌疑人并将其绳之以法，可以有效震慑（潜在的）恐怖分子，有助于维护国家的安全利益，实现社会的繁荣稳定。

---

① “萨拉菲派”是指伊斯兰教史上以恢复伊斯兰本来面貌、净化教义、简化教规、反对外来腐朽思想文化影响并主张革新的思想派别，是风行当今穆斯林激进圈的原教旨主义派别。参见方金英：《穆斯林与激进主义：历史与现实》，第83页。

② “伊吉拉特”一词，原意“迁徙”，特指622年先知穆罕默德及圣门弟子为逃离麦加统治者迫害，从麦加出走至麦地那的迁徙之旅。当代“伊吉拉特”已演变为一种打着“萨拉菲派”旗号的跨国激进运动，活动遍及阿拉伯世界及英、法、德、意、美等西方国家，它信奉已故穆斯林兄弟会精神领袖库特卜的“圣战迁徙”说，致力于净化异教徒社会，甚至不惜对“伊吉拉特”成员以外的穆斯林采取暴力行动，企图最终重建哈里发国家。参见方金英：《穆斯林与激进主义：历史与现实》，第103页。

③ “哈瓦利吉”，阿拉伯语义为“出走者”，专指从第四任哈里发阿里的队伍中分裂出走的一个派别，该派是伊斯兰历史上最早出现的原教旨主义性质的派别，是当今世界以“基地”组织为核心的激进运动理论与实践的鼻祖。参见方金英：《穆斯林与激进主义：历史与现实》，第246－247页。

## 一、联邦调查局

美国的反恐执法体系中，联邦调查局是最重要的一支力量。按照《美国法典》第28篇第533节（28 U. S. Code § 533）的规定，联邦调查局有权调查一切联邦犯罪行为，法律规定由其他联邦机构独自调查的犯罪行为除外[①]；《美国法典》第18篇第3052节进一步明确授权联邦调查局的特工和官员可以实施逮捕、携带武器以及送达许可令[②]；《美国法典》第18篇第3107节则授权联邦调查局特工及官员凭许可令对违犯联邦法令者实施抓捕[③]；而针对其他特定刑事违法行为的调查权则由其他诸多国会法令所规定，例如《国会、内阁和最高法院暗杀、绑架及袭击法案》（18 U. S. C. , Section 351）等[④]；《美国联邦法规》（Code of Federal Regulations）第28章第0. 85节则划定联邦调查局的调查职责及其他职责，包括收集指纹卡和身份记录、在联邦调查局国家学院对各州和地方执法官员进行培训、负责国家犯罪信息中心和联邦调查局实验室[⑤]。除了对犯罪行为实施调查外，根据相关的总统行政令以及司法部长授权，联邦调查局有权对美国国家安全面临的威胁实施调查；而《2004年情报改革和恐

① 28 U. S. C. , Section 533, *Investigative and Other Officials; Appointment*, http: //uscode. house. gov/view. xhtml? req = granuleid: USC - prelim - title28 - section533&num = 0&edition = prelim. （访问时间：2016年4月18日）

② 18 U. S. C. , Section 3052, *Powers of Federal Bureau of Investigation*, http: //uscode. house. gov/view. xhtml? req = granuleid: USC - prelim - title18 - section3052&num = 0&edition = prelim. （访问时间：2016年4月18日）

③ 18 U. S. C. , Section 3107, *Service of Warrants and Seizures by Federal Bureau of Investigation*, http: //uscode. house. gov/view. xhtml? req = granuleid: USC - prelim - title18 - section3107&num = 0&edition = prelim. （访问时间：2016年4月18日）

④ 18 U. S. C. , Section 351, *Chapter 18 - - Congressional, Cabinet, and Supreme Court Assassination, Kidnapping, and Assault*, http: //uscode. house. gov/browse/prelim@ title18/part1&edition = prelim. （访问时间：2016年4月18日）

⑤ Title 28, Code of Federal Regulations, Section 0. 85, *General Functions*, https: //www. gpo. gov/fdsys/pkg/CFR - 2010 - title28 - vol1/pdf/CFR - 2010 - title28 - vol1 - sec0 - 85. pdf. （访问时间：2016年4月25日）

怖主义预防法案》第二章、第12333号总统行政令、《美国法典》第50篇第401节和第1801节等则划定了联邦调查局的情报权限。

有了相关法律法规作指引和规范，依据客观形势变化，联邦调查局也对其任务做了相应调整，以强化反恐执法能力建设，提高执法效能，对网络恐怖主义等犯罪行为予以有力打击。“9·11”事件后，反恐成为美国国家安全的优先事项，联邦调查局在总结自身失误的基础上，决定将反恐作为该局的首要任务并对组织架构做出重大调整。

2001年9月11日，联邦调查局组建行政值班室（Executive Watch），随后更名为反恐值班室（Counterterrorism Watch），负责汇总各种渠道传来的威胁信息并对其加以评估，而后指派联邦调查局相关部门继续深入调查或是采取执法行动①。2001年9月13日，联邦调查局成立金融审查组（Financial Review Group），随后更名为恐怖主义融资行动科（Terrorism Financing Operations Section/TFOS），隶属该局反恐处（Counterterrorism Division），旨在瓦解恐怖主义融资行动。它不仅负责恐怖事件发生后对金融交易的查证与跟踪，同时也利用金融信息查找潜藏的恐怖小组、识别潜在的恐怖行为或计划，以及预测并防止潜在的恐怖袭击。例如，“9·11”事件后大约一年半的时间里，恐怖主义融资行动科就对3000多起涉嫌向恐怖组织提供金融支持的事件实施了金融调查，同时合作冻结了数以百万计的涉恐资产②。2001年10月29日，按照第2号国土安全总统指令，成立外国恐怖分子追踪特遣部队（Foreign Terrorist Tracking Task Force），旨在通过拒绝进入或起诉等方式将外国恐怖分子及其支持者挡在美国国门之外。2002年8月，该特遣部队转隶联邦调查局，成员单位来自国防部、国土安全部、国务院、能源部及中情局等，

---

① “Report to the National Commission on Terrorist Attacks upon the United States: The FBI's Counterterrorism Program Since September 2011,” April 2004, https: //www. fbi. gov/file - repository/stats - services - publications - fbi_ct_911com_0404. pdf. （访问时间：2016年4月25日）

② Ibid.

此外还与加拿大、澳大利亚和英国建立了执法联络[①]。2001 年 12 月，联邦调查局对其反恐处进行重组和扩充，设立负责反恐和反情报事务的局长行政助理（Executive Assistant Director for Counterterrorism and Counterintelligence）一职，该局的反恐执法和反恐情报行动由此得以协调一致。

2002 年联邦调查局组建网络处（Cyber Division），负责牵头全国的网络犯罪调查工作，调查范围包括基于网络的恐怖主义、间谍、计算机入侵以及重大的网络欺诈。2002 年 7 月 18 日，联邦调查局正式组建国家联合反恐特遣部队（National Joint Terrorism Task Force/NJTTF），既作为威胁信息的中转站，又对联邦调查局总部、地方联合反恐特遣部队及 38 家参与机构[②]实施领导，所有成员均可访问联邦调查局的内联网，使用其调查数据库，以便于反恐调查，而各成员的数据库也可互相访问[③]。根据《2002 年公共卫生安全与生物恐怖主义防备法案》，联邦调查局犯罪司法信息服务处（Criminal Justice Information Services Division）通过建立评估程序、创建评估数据库以及增派人手等措施，针对那些能够获得或试图获得生物制剂或毒剂的个人实施背景调查和风险评估[④]。2002 年 11 月，联邦调查局将特别技术和应用办公室（Special Technologies and Applications Office）加以职能强化和人员扩充，以专门满足应对网络恐怖主义、反

① Mark Tanner, "Testimony before the House Judiciary Subcommittee on Immigration, Border Security and Claims," October 16, 2003, https://www.fbi.gov/news/testimony/foreign-terrorist-tracking-task-force-ftttf.（访问时间：2016 年 5 月 15 日）

② 包括情报界成员、国土安全部组成机构、国防部、司法部、财政部、运输部、商务部、能源部、国务院、内政部、纽约市警察局、核管理委员会（Nuclear Regulatory Commission）、铁路警察、国会警察等。

③ The FBI, "Protecting America: National Task Force Wages War on Terror," August 19, 2008, https://www.fbi.gov/news/stories/2008/august/njttf_081908.（访问时间：2016 年 5 月 16 日）

④ The FBI, "Criminal Justice Information Services (CJIS)," https://www.fbi.gov/services/cjis.（访问时间：2016 年 5 月 16 日）

情报以及涉及计算机入侵和电子证据的犯罪调查的相关需求[①]。联邦调查局行动技术处（Operational Technology Division）旨在研发卓越的调查技术并提供专业经验，同时对电子、音频、视频证据的采集和处理工作实施监督，该处自 1997 年就开始建设名为“数字采集系统网络”（Digital Collection System Network）的监视系统，可对几乎所有电话、手机和互联网通信实施近乎实时的监控[②]。2007 年联邦调查局开发电子守卫信息共享系统（E Guardian），各级各方反恐执法机构可以将其发现的可疑活动上传至此系统数据库，由所有执法部门共享并对其加以分析，如有必要将指派相应的联合反恐特遣部队执行进一步的调查行动[③]。2008 年，由各情报机构和司法部门派员组建的国家网络调查联合特遣部队（National Cyber Investigative Joint Task Force）由联邦调查局负责牵头领导，作为所有相关政府机构的枢纽，对涉及国内网络威胁调查工作进行协调、整合并实施信息共享[④]。

在强化反恐执法能力建设的过程中，联邦调查局还注重执法行动的协调工作，并为此专门于 2002 年成立执法协调办公室（Office of Law Enforcement Coordination/OLEC），通过局长执法顾问委员会（Director's Law Enforcement Advisory Group）、联邦调查局警务执行伙伴关系计划（FBI Police Executive Fellowship Program）、社区导向警务培训（Community Oriented Policing Training）等机制和项目，在联邦调查局、各州执法机构、各市执法机构及其他联邦执法机构间加

---

① The FBI, “Cutting - Edge Technology: New Ways to Analyze Digital Intel,” https: //www. fbi. gov/news/stories/2009/july/stao_073109.（访问时间：2016 年 5 月 18 日）

② “Operational Technology Division (FBI) (OTD),” http: //historycommons. org/entity. jsp? entity = operational_technology_division__fbi__1.（访问时间：2016 年 5 月 18 日）

③ The FBI, “eGuardian,” https: //www. fbi. gov/resources/law - enforcement/eguardian.（访问时间：2016 年 5 月 20 日）

④ The FBI, “National Cyber Investigative Joint Task Force,” https: //www. fbi. gov/investigate/cyber/national - cyber - investigative - joint - task - force.（访问时间：2016 年 5 月 20 日）

强彼此联系与沟通，共同提升反恐执法能力①。

## 二、移民与海关执法局

依据《2002 年国土安全法》（Homeland Security Act of 2002），美国于2003 年1 月创建国土安全部，旨在“抵御恐怖主义及其他潜在威胁，确保美国国土安全且具应变能力。”② 在美国的反恐执法体系中，国土安全部也发挥着重要作用。成立之初，国土安全部的工作重心是对美国实施物理防护，将恐怖分子及相关威胁目标拒之于美国国门之外。而随着恐怖主义与网络空间的不断融合，国土安全部也在反恐执法过程中投入新资源，增设新力量，以应对这一新威胁。

美国移民与海关执法局（U. S. Immigration and Customs Enforcement）是国土安全部所属的重要执法力量，依据 400 余条联邦法律法规开展执法行动，重点关注“移民执法、阻止恐怖主义以及打击人员和贸易的非法流动”③。为有效应对网络恐怖主义等全新威胁，移民与海关执法局下设联合反恐特遣部队，负责“调查、发现、起诉并驱逐恐怖分子并瓦解恐怖组织”。2009—2010 年，该局特工共发起 1133 起涉恐犯罪调查，拘捕 534 人，同时查封大量的现金、武器、违禁品及其他资产④；该局的反恐与犯罪利用分队（Counterterrorism and Criminal Exploitation Unit）下设恐怖分子追踪及追索组（Terrorist Tracking and Pursuit Group）、学生及交换学者信息系统利用科（SEVIS Exploitation Section），主要负责防止恐怖分子及

---

① The FBI, “Office of Law Enforcement Coordination (OLEC),” https://www.fbi.gov/audio-repository/news-podcasts-inside-office-of-law-enforcement-coordination-olec.mp3/view.（访问时间：2016 年5 月20 日）

② The Department of Homeland Security, “DHS Rulemaking,” https://www.dhs.gov/dhs-rulemaking.（访问时间：2016 年5 月22 日）

③ The U. S. Immigration and Customs Enforcement, “What We Do: Overview,” https://www.ice.gov/.（访问时间：2016 年5 月25 日）

④ The U. S. Immigration and Customs Enforcement, “Joint Terrorism Task Force,” https://www.ice.gov/jttf.（访问时间：2016 年5 月26 日）

其他犯罪分子通过欺诈等手段对美国移民体系加以利用。而在上述这些人中，使用互联网等高科技进行签证造假、伪造身份证明以及货物合法合规证明等网络恐怖主义行为所占的比重正日益增大，因此也逐步成为执法力量的打击重点。

## 三、美国禁毒署

此外，恐怖分子还利用网络空间从事毒品交易，为恐怖活动筹措资金。既可借助虚拟空间的隐蔽性和安全性实现“人货分离”，有效规避禁毒执法，也可以通过毒品腐蚀美国社会，从另一角度达到对美“圣战”的目的。承担此项反恐执法职能的联邦机构主要有美国司法部下属的专业禁毒执法力量——美国禁毒署（Drug Enforcement Administration），主要按照《管制物品法》（Controlled Substances Act）及相关法律规定，负责打击美国国内的毒品走私贩运，同时与联邦调查局、移民和海关执法局等国内机构以及联合国、国际刑警组织和其他国家相关机构合作，打击针对美国市场的毒品交易。2004 年 4 月，美国禁毒署开展了为期一年代号为“网络追踪”（Cyber Chase）的国际互联网毒品药品追查行动①；2017 年 6 月，美国禁毒署宣布，该署与联邦调查局开展了代号为“刺刀”（Bayonet）的联合行动，并与荷兰皇家警察及欧洲刑警组织相互配合，成功关闭了“暗网”上最大的全球黑市 Alphabay②③。应该说，随着恐怖主义与贩毒集团等有

---

① “International Internet Drug Ring Shattered,” *DEA Public Affairs*, April 20, 2015, https://www.dea.gov/pubs/pressrel/pr042005.html.（访问时间：2016 年 5 月 26 日）

② Alphabay 是继“丝绸之路”后在“暗网”上出现的最大的网络黑市，通过 TOR（洋葱路由）的隐藏服务，对用户身份和服务器地址进行加密。在其被关闭之前，用户数量达到 20 万人，商家数量达到 4 万个，非法药品和有毒化学品的售卖条目达到 25 万个，此外还有为数众多的被盗物品、假货、恶意软件、军火等。在该网络黑市上，用户使用比特币等加密虚拟货币进行交易。据保守估计，自其 2014 年成立以来，交易额达到 10 亿美元之巨。

③ “Massive Blow to Criminal Dark Web Activities after Globally Coordinated Operation,” July 20, 2017, http://www.cybersecurity-review.com/news-july-2017/massive-blow-to-criminal-dark-web-activities-after-globally-coordinated-operation/.（访问时间：2017 年 7 月 23 日）

组织犯罪日益结合，此类行动有力打击了其财源及发展。

恐怖主义与网络空间结合，正是为了利用后者能为其事业发展所带来的好处，尤其是网络空间的安全性、隐秘性和便利性，因此网络空间对于恐怖主义的生存和发展日益重要。对于恐怖主义在网络空间伸出的触角，及时发现并予以斩断，对于有效打击恐怖主义具有十分重要的意义。美国反恐执法力量结合形势发展，适应斗争需要，加大网络反恐力度，取得了一定成效。然而，由于网络节点众多，加之恐怖主义不断变换其网络生存和发展的战略战术，要想在执法领域将网络恐怖主义成功压制乃至实现有效治理仍将前路漫漫，需要具有恒久的耐心，并付出不懈的努力。

## 本章小结

为了完成有效应对网络恐怖主义的总目标，美国从情报保障、网络安全、反融资、反宣传和反恐执法等方面搭建起各司其职又相互配合的组织体系。网络安全针对的是网络恐怖主义的实施方式，为应对工作提供了“技术之盾”和“技术之矛”；反融资和反宣传针对的是网络恐怖主义的实施内容，反融资着力于切断网络恐怖主义的生命线，即经济基础；反宣传注重打击网络恐怖主义的意识形态；反恐执法则将目标指向网络恐怖主义的实施主体，通过依法严厉打击实现对网络恐怖主义的有效震慑；情报部门为上述几项工作提供全流程的情报保障，确保网络恐怖主义应对工作“耳聪目明”。

但是，由于主客观因素的存在，该组织体系仍然存在一些问题，“整体政府”理念的贯彻落实还不够到位。例如，在组织体系的建设过程中，存在一定程度的机构重叠和职能交叉现象，不仅造成了资源浪费，同时也影响了组织体系整体效能的充分发挥；协调合作力度有待进一步加大，无论是自上而下的纵向协调，还是不同机构间的横向合作，都仍然存在很大的协调空间与合作潜力，不同部门间与同一部门内部的利益纠葛依然是制约协调合作的重要因素等等。

上述问题的存在，既有历史原因，也有文化因素，而更多的则是不同利益考量所带来的现实对抗。要想有效解决这些问题，一方面需要做好顶层设计，特别是顶层强有力的协调统领，另一方面则需要讲究组织建设中的管理艺术，统放结合，找寻组织建设中的平衡点，特别是不同机构间的利益平衡点，力求组织体系建设更加科学合理，以确保该体系充满弹性与活力。

# 第六章　美国应对网络恐怖主义的技术体系

技术体系，位于应对网络恐怖主义等网络安全威胁的前沿战场，一方面负责“防守”，即尽可能确保美国的重要网络资产，特别是关键基础设施的安全；另一方面负责“反击”，主要针对的是网络恐怖主义等网络安全威胁，为美国应对网络恐怖主义工作提供有力之矛与牢固之盾。技术体系主要包括网络安全标准体系、网络防护技术体系、网络攻击技术体系。

为了向网络安全提供有力支撑，美国通过国家网络安全标准化组织制定相关技术标准，将强制性和推荐性标准有机结合，同时注重急用先行，紧跟网络安全技术发展趋势，提升标准的科技含量和技术水平。以此为基础，规范网络安全建设，使各相关领域和部门机构的网络安全达到标准，以有效抵御网络恐怖主义等网络安全威胁。同时，针对网络安全威胁来源和种类的多样性，美国还充分利用先发优势，对各个层面实施纵深覆盖，实现责任分担和风险分化，以网络态势感知、网络边界守护和重要数据防护为重点，构筑起纵深式的网络安全防护体系。随着美国的网络安全战略从过去的单纯防御转变成如今的攻防兼备，美国开始大力发展网络攻击技术，提升网络攻击能力，形成对网络恐怖主义的压倒性优势，从技术角度大幅压缩恐怖组织有效实施网络攻击的可能性，以更好地保障美国的网络空间安全利益。

## 第一节　网络安全标准

网络安全标准，就是为确保网络安全，可供相关部门和机构遵循的技术规范的总称，旨在改善信息技术系统、网络和关键基础设施的安全性。网络安全标准所界定的是产品环境、系统环境、流程环境或技术环境下的功能需求和质量保证需求①。网络安全标准化是“网络安全保障体系建设的重要组成部分，在构建安全的网络空间、推动网络治理体系变革方面发挥着基础性、规范性、引领性作用”②。

美国的国家级标准化组织主要负责战略引领，确定网络安全标准基点与方向。联邦政府的官方标准化组织主要包括商务部的国家标准技术研究院和国家安全局牵头领导的国家安全系统委员会（Committee on National Security Systems/CNSS），对美国网络安全标准化建设提供有效保障。国家安全系统委员会负责国家安全系统标准，而国家标准技术研究院负责国家安全系统之外的联邦政府信息系统标准。非官方的标准化组织主要包括美国国家标准学会（American National Standards Institute/ANSI）。该学会是技术标准最重要的管理者和协调者，也是美国在国际标准化组织（International Organization for Standardization/ISO）和国际电工委员会（International Electrotechnical Commission/IEC）等世界标准组织的唯一正式代表。这些国家级标准化组织注重根据网络安全形势发展和现实需求，不但持续完善关键基础设施防护、网络空间可信身份、关键信息技术产品、计算机系统安全评估等既有技术标准，也在不断加快无线网络、物联

① Karen A. Scarfone, Daniel R. Benigni and Timothy Grance, “Cyber Security Standards,” June 15, 2009, http://ws680.nist.gov/publication/get_pdf.cfm?pub_id=152153.（访问时间：2016年6月5日）

② 中共中央网络安全和信息化领导小组办公室：《关于加强国家网络安全标准化工作的若干意见》，中网办发文〔2016〕5号，2016年8月12日，http://www.cac.gov.cn/2016-08/22/c_1119430337.htm。（访问时间：2016年8月15日）

网、下一代通信网络、大数据安全、智慧城市、工业控制系统安全等全新领域的标准研究和制定工作。

## 一、国家标准技术研究院的网络安全标准

美国国家标准技术研究院的主要任务是通过推进测量科学的发展、标准制定和技术研发来提升美国整体的创新力和产业竞争力。在网络安全领域，国家标准技术研究院一直致力于研发创新型、实用型的安全技术与方法，实现网络安全标准的可用性及操作性，以提高美国应对网络安全威胁挑战的能力。

以关键基础设施防护为例，鉴于美国的国家安全和经济安全有赖于关键基础设施的可靠运作，为有效抵御来自网络恐怖主义等网络安全威胁，确保关键基础设施的安全稳定，美国于 2013 年 2 月发布名为“改善关键基础设施网络安全”的第 13636 号总统行政令。根据该行政令要求，国家标准技术研究院与相关利益主体通力合作，共同制定旨在减少关键基础设施网络风险的推荐性标准框架①。

2014 年 2 月，国家标准技术研究院发布《提升关键基础设施网络安全框架（1.0 版）》（下文简称《网络安全框架》）。通过《网络安全框架》推荐的标准、指南和实践经验，该框架为各级组织机构提供了一种通用型分类体系和分类机制，使后者得以：

1. 准确描述当前的网络安全状况；
2. 准确描述网络安全的目标状态；
3. 在持续和可重复流程中发现网络安全改善机遇并确定优先级；
4. 评估目标状态的进展；

① Office of the Press Secretary, the White House, *Executive Order—Improving Critical Infrastructure Cybersecurity*, February 12, 2013, https：//obamawhitehouse. archives. gov/the – press – office/2013/02/12/executive – order – improving – critical – infrastructure – cybersecurity.（访问时间：2016 年 6 月 10 日）

5. 针对网络安全风险，与组织机构内外的利益主体进行交流[①]。

该框架包括三个部分：框架核心（Framework Core）、框架执行层级（Framework Implementation Tiers）以及框架对齐结果（Framework Profiles）。框架核心是一组网络安全活动、预期结果和应用参考，整个关键基础设施领域均可适用。该核心所描述的业界标准、指南和实践可供相关组织机构在管理层和执行层之间就网络安全活动和结果加以有效沟通。它包含五大职能：识别、防护、检测、响应和恢复，是从战略高度对相关组织机构的网络安全风险管理活动加以展示。在五大职能之下，还分别设有相应的类别和子类别；框架执行层级为相关组织机构的网络风险管理提供评级参考，从第一级到第四级，级别越高，网络风险管理水平越先进；框架对齐结果代表相关组织机构基于自身需求在框架的类别和子类别中所做的选择结果。通过比对对齐结果，这些组织机构可以了解当前的网络安全状况与网络安全风险管理目标之间的差距，从而制定切实可行的行动计划，来逐步缩小同目标状态的差距[②]。

为满足《网络安全框架》的相关标准要求，联邦政府相关机构也相继制定自身的贯彻性标准文件，指导本部门对该框架进行有效落实。

2015 年 1 月，美国能源部电力输送与能源可靠性办公室（Office of Electricity Delivery and Energy Reliability）发布《能源部门网络安全框架实施指南》[③]，通过有效评估、确定优先级别以及改善网络安全能力等举措，帮助美国能源部门新建网络安全风险管理项目或改

---

① National Institute of Standards and Technology, *Framework for Improving Critical Infrastructure Cybersecurity*, *Version 1. 0*, February 12, 2014, https://www.nist.gov/document-3766.（访问时间：2016 年 1 月 4 日）

② Ibid.

③ Office of Electricity Delivery and Energy Reliability, the Department of Energy, *Reducing Cyber Risk to Critical Infrastructure*: *NIST Framework*, January 8, 2015, https://www.energy.gov/oe/cybersecurity-critical-energy-infrastructure/reducing-cyber-risk-critical-infrastructure-nist.（访问时间：2017 年 8 月 25 日）

造此类已有项目，从而满足《网络安全框架》提出的目标要求①。

2016年1月，美国能源部联邦能源管理委员会（Federal Energy Regulatory Commission）发布《关键基础设施防护可靠性标准（修订）》，旨在解决大电力系统（bulk electric system）的网络安全问题②③。

美国国土安全部也于2015年5月发布《关键制造业网络安全架构落实指南》（Critical Manufacturing Sector Cybersecurity Framework Implementation Guidance），以帮助关键制造业所有者和运营方有效运用《网络安全框架》④。

美国证券业与金融市场协会（Securities Industry and Financial Markets Association）也发布了《小企业网络安全指南》，帮助金融业的小企业有效评估金融业信息共享分析中心（Financial Services Information Sharing and Analysis Center/FS－ISAC）提供网络安全威胁信息⑤。

2017年12月5日，国家标准技术研究院发布了《提升关键基础设施网络安全框架（1.1版）》草案第二稿。该草案充分吸纳了2017

---

① Office of Electricity Delivery and Energy Reliability, the Department of Energy, *Energy Sector Cybersecurity Framework Implementation Guidance*, January 8, 2015, https://www.energy.gov/sites/prod/files/2015/01/f19/Energy%20Sector%20Cybersecurity%20Framework%20Implementation%20Guidance_FINAL_01－05－15.pdf.（访问时间：2017年9月16日）

② 包括CIP－003－6“安全管理控制”，CIP－004－6“人员与培训”，CIP－006－6“BES网络系统的物理安全”，CIP－007－6“系统安全管理”，CIP－009－6“BES网络系统的恢复计划”，CIP－010－2“设置变动管理与脆弱性评估”，以及CIP－011－2“信息防护”。

③ Federal Energy Regulatory Commission, *Revised Critical Infrastructure Protection Reliability Standards*, January 26, 2016, https://www.federalregister.gov/documents/2016/01/26/2016－01505/revised－critical－infrastructure－protection－reliability－standards.（访问时间：2017年9月16日）

④ The Department of Homeland Security, *Critical Manufacturing Sector Cybersecurity Framework Implementation Guidance*, May 8, 2015, https://www.dhs.gov/publication/critical－manufacturing－cybersecurity－framework－implementation－guidance.（访问时间：2017年9月16日）

⑤ Securities Industry and Financial Markets Association, *Small Firms Cybersecurity Guidance*, July 2017, https://www.sifma.org/wp－content/uploads/2017/07/small－firms－cybersecurity－guide－2017.pdf.（访问时间：2017年9月16日）

年1月的公开审查流程以及2017年5月举行的研讨会所提出的意见，旨在进一步明确、改进和增强《网络安全框架》，为各组织机构提供一个更为灵活、有效的管理网络安全风险的工具[①]。

再以网络空间可信身份为例，美国于2009年5月发布《网络空间政策评估》，将可信身份视作改善网络安全的基石；2011年4月推出《网络空间可信身份国家战略》，旨在通过对彼此数字身份的有效识别，实现个人和组织彼此互信的在线生态环境[②]，以应对日益猖獗的在线欺诈、身份盗窃等网络犯罪行为，使恐怖分子等居心不良者无机可乘。

为有效推进这一国家战略的实施，由国家标准技术研究院可信身份组（Trusted Identities Group）[③] 牵头，联合相关部门及业界，经过一年多的制修订流程，于2017年6月推出新版“特别出版物[④]800－63”（Special Publication 800－63）。该标准套装名为“数字身份指南”（Digital Identity Guidelines），取代先前发布的“电子身份指南”（Electronic Identity Guidelines），涵盖从初期风险评估到联邦身份解决方案在内的一揽子数字身份标准，为联邦政府机构推行数字身份业务提供了技术规范，包括身份验真、注册、验证器、管理流程、验证协议等。该标准套装内含“SP－800－63A——注册和身份验真”（Enrollment and Identity Proofing）、“SP－800－63B——身份验

---

① Computer Science Resource Center, “Framework for Improving Critical Infrastructure Cybersecurity, Version 1.1 (2nd Draft),” December 5, 2017, https://csrc.nist.gov/publications/detail/white-paper/2017/12/05/cybersecurity-framework-v11/draft.（访问日期：2018年1月10日）

② *National Strategy for Trusted Identities in Cyberspace*, April 2011, https://www.nist.gov/sites/default/files/documents/2016/12/08/nsticstrategy.pdf.（访问时间：2016年12月16日）

③ 该机构成立于2015年，隶属于美国国家标准技术研究院的网络安全应用处（Applied Cybersecurity Division），旨在通过推进测量科学、技术和标准的应用工作，对个人和组织的数字身份状况加以改进和优化。参见Computer Security Resource Center, “Trusted Identity Group,” https://csrc.nist.gov/Groups/Applied-Cybersecurity-Division/Trusted-Identities-Group.（访问时间：2016年12月16日）

④ 美国商务部国家标准技术研究院推出的技术标准主要分为两大类：一是联邦信息处理标准，多为强制性标准；二是特别出版物，多为非强制性技术指南。

证与生命周期管理”（Authentication and Lifecycle Management）以及“SP-800-63C——联合与断言”（Federation and Assertions）三大模块。“注册和身份验真”着力解决的是申请者如何证明自己的身份，并注册为身份系统中的合法用户①；“身份验证与生命周期管理”所提供的是一种风险管理保证机制，用以确保此次访问服务的注册用户与上次的是同一个人②；“联合与断言”则解决的是如何运用联合身份架构及断言机制来向相关申请注册机构传递验证流程结果与相关身份信息③④。由此，该标准为联邦政府机构提供了可信身份的行为规范，使个人和组织得以利用“可靠、有效、容易上手且具互操作性”的身份解决方案，安全地获取在线服务，同时避免网络恐怖主义等恶意势力染指其中。

移动设备、蓝牙、无线网络、物联网、云技术、工业控制系统安全等新生事物也逐步成为重点关注的网络安全标准领域，相关的

---

① 该模块提供了三个层级的风险化解方式，适用于虚拟场景和现实场景：第一级身份保证（Identity Assurance Level 1）中，无需将申请者与特定的现实身份联系起来；第二级身份保证中，需有证据证明申请者所主张的身份在现实世界中真实存在，同时也需证明申请者与这个现实世界中的身份存在关联；第三级身份保证中，为了对身份实施验真，需要申请者现场申请，由身份服务提供商（Credential Service Provider）的授权代表进行验证。

② 该模块同样提供了三个层级的风险化解方式：第一级验证器保证（Authenticator Assurance Level 1）要求服务申请者在使用注册账户绑定的验证器时，需要通过安全的身份验证协议，以单因素或多因素的验证方式证明其有权使用该验证器。此时在一定程度上确信注册账户验证器为用户本人使用；第二级验证器保证要求服务申请者必须通过安全的身份验证协议，使用两种因素的验证方式证明其有权使用该验证器，这一过程中还需运用经过审批的加密技术。此时较为确信注册账户验证器为用户本人使用；第三级验证器保证要求使用硬件加密版验证器，可有效抵御验证模拟攻击（Verifier Impersonation Resistance），此时可“非常确信”使用注册账户验证器的为合法用户本人。

③ 该模块提供了可供选择的三种联合保证方式：第一级联合保证（Federation Assurance Level 1）中，用户可以让依赖方（Relying Party）接收信使断言（Bearer Assertion），该断言由身份提供商（IdP）使用经过审批的加密方法进行数字签名；第二级联合保证在第一级的基础上增加了一项要求，即使用经过审批的加密方法对断言进行加密，从而确保只有依赖方才能对其进行解密；第三级联合保证则要求用户能够证明其拥有断言及断言所用的密钥，该断言使用经过审批的加密方法，由身份提供商进行数字签名并为依赖方进行加密。

④ “NIST Special Publication 800-63,” *Digital Identity Guidelines*, June 2017, https://doi.org/10.6028/NIST.SP.800-63-3.（访问时间：2017年7月10日）

标准制定情况例举于表6—1：

**表6—1　国家标准技术研究院新技术标准例表①**

| 类别 | 编号 | 名称 | 发布日期 |
| --- | --- | --- | --- |
| 移动设备类 | SP 800－164 | 移动设备硬件安全指南 | 2012年10月 |
| | SP 800－124 | 企业移动设备安全管理指南 | 2013年6月 |
| | SP 800－101 | 移动设备取证指南 | 2014年5月 |
| | SP 1800－4 | 移动设备安全：云及混合架构 | 2015年11月 |
| 云计算 | SP 800－145 | 国家标准技术研究院对云计算的界定 | 2011年9月 |
| | SP 800－144 | 公共云计算安全与隐私指南 | 2011年12月 |
| | SP 800－146 | 云计算概要及建议 | 2012年5月 |
| | SP 500－299 | 国家标准技术研究院云计算安全参考架构 | 2013年5月 |
| 无线网络 | SP 800－97 | 构建具有强大安全性的无线网络：IEEE 802. 11i指南 | 2007年2月 |
| | SP 800－153 | 无线局域网安全指南 | 2012年2月 |
| 互联网协议 | SP 800－54 | 边界网关协议安全 | 2007年7月 |
| | SP 800－119 | IPv6安全配置指南 | 2010年12月 |
| 物联网 | SP 800－183 | 物联网 | 2016年7月 |
| 蓝牙 | SP 800－121 | 蓝牙安全指南 | 2017年5月 |
| 工控系统 | SP 800－82 | 工业控制系统安全指南 | 2015年6月 |

## 二、国家安全系统委员会的网络安全标准

国家安全系统委员会负责制定国家安全系统标准，在其发布的大量具有标准性质的政策、指令、指南等文件中，涵盖网络安全、通信安全、密码设备、卫星及空间系统防护等技术标准，也涉及产品使用及准入、人员培训等管理标准。一方面是在非密领域标准的基础上对相关分类指标加以细化和强化，为此国家安全系统委员会

① The NIST, *NIST Special Publications*, https://csrc.nist.gov/publications.（访问时间：2017年8月16日）

将会派员参与相关非密标准的制修订工作，以提高非密标准对国家安全系统的适用程度；另一方面也会针对国家安全系统的特殊需求专门制定相应标准，如情报、军事、加密解密等。因此，在已发布的国家安全系统标准中，绝大多数为针对国家安全系统特点而专门制定的通信保密以及密码密钥管理标准。从广义来说，这些标准均可适用于网络安全领域，而狭义上的网络安全标准则多为对非密领域标准的细化和强化。专门涉及网络安全的相关标准性文件例举于表6—2：

**表6—2　国家安全系统委员会网络安全标准例表①**

| 类别 | 编号 | 名称 | 发布日期 | 密级 |
|---|---|---|---|---|
| 指南 | 1010 | 国家安全系统的全天时计算机事件响应能力 | 2013年7月17日 | 非密/仅供官方使用 |
| | 1011 | 在国家安全系统内实现基于主机的安全功能 | 2013年7月17日 | 非密/仅供官方使用 |
| | 1012 | 国家安全系统网络映射指南 | 2013年7月17日 | 非密/仅供官方使用 |
| | 1013 | 国家安全系统内的网络入侵检测系统与入侵拦阻系统 | 2013年7月17日 | 非密/仅供官方使用 |
| | 3034 | SECNET™ 11 无线局域网接口卡操作安全规程 | 2004年4月 | 非密/仅供官方使用 |
| 咨询备忘录 | INFOSEC 3-00 | 网页浏览器安全漏洞咨询备忘录 | 2012年8月 | 非密 |

## 三、管理与预算办公室的网络安全标准

作为美国联邦政府电子政务规划与实施的执行单位，美国白宫管理与预算办公室（Office of Management and Budget）也针对联邦政

① The CNSS. *Index of National Security Systems Issuances*, https://www.cnss.gov/CNSS/openDoc.cfm?2ijeCL7CCKlc/GA3HDeRNg.（访问时间：2016年6月25日）

府网站的实际情况，于2015年6月发布由联邦首席信息官托尼·斯各特（Tony Scott）签署的《在联邦网站和网络服务中实现安全连接的需求政策》（Policy to Require Secure Connections across Federal Websites and Web Services），专门就联邦政府的公共网络制定了“HTTPS-ONLY”的安全标准①。

此前主流的HTTP协议②存在安全漏洞，无法避免数据被截获或篡改的风险，导致联邦政府网站和网络服务的敏感信息处于危险之中，而HTTPS作为在传输层安全（Transfer Layer Security）连接中使用的HTTP协议，使连接的客户端得以验证网站或网络服务的身份并对其间传输的几乎所有信息进行加密，包括Cookie、用户代理信息、URL路径、查询字符串参数等隐私信息。在该标准中，严格传输安全（HTTP Strict Transport Security/HSTS）③ 和域名系统安全协议（Domain Name System Security Extensions/DNSSE）④ 也被用于保证联邦政府网站通信的保密性和数据的完整性。按照该标准要求，所有联邦政府网站于2016年12月前完成HTTPS部署，而此后在联邦代理域或子域下开发建设的网站和服务均须遵循这一标准⑤。

---

① Office of Management and Budget, *Memorandum M-15-13: Policy to Require Secure Connections across Federal Websites and Web Services*, June 8, 2015, https://www.whitehouse.gov/sites/whitehouse.gov/files/omb/memoranda/2015/m-15-13.pdf.（访问时间：2017年9月25日）

② HTTP（Hypertext Transfer Protocol），即超文本传输协议。HTTP是客户端浏览器或其他程序与Web服务器之间的应用层通信协议。网络服务器上存放着大量超文本信息，用户端需要通过HTTP协议传输所要访问的超文本信息。（超文本普遍以电子文档方式存在，其中的文字包含有可以链接到其他位置或者文档的链接，允许从当前阅读位置直接切换到超文本链接所指向的位置。）

③ 严格传输安全是国际互联网工程任务组（Internet Engineering Task Force/IETF）推行的一种新的网络安全协议，强制客户端（如浏览器）使用HTTPS与服务器创建连接。

④ 域名系统（DNS）安全扩展，是由国际互联网工程任务组提供的DNS安全认证机制，可提供来源鉴定和数据完整性的扩展功能。

⑤ Office of Management and Budget, *Memorandum M-15-13: Policy to Require Secure Connections across Federal Websites and Web Services*, June 8, 2015, https://www.whitehouse.gov/sites/whitehouse.gov/files/omb/memoranda/2015/m-15-13.pdf.（访问时间：2017年9月25日）

## 四、网络安全标准的国际化

由于网络空间跨越国界，因此网络安全也是国际社会需要共同应对的挑战，制定协调一致的相关国际网络标准就成为必需。为此，美国政府采取举措，积极推动网络安全国际标准的制定工作，一方面旨在获得更多的主导权和话语权，另一方面也是为了规范和强化国际网络安全能力建设，以更好地应对网络恐怖主义等网络安全威胁带来的严峻挑战。为此，美国政府于 2015 年 12 月发布《美国政府战略性参与国际标准化以实现美国网络安全目标的跨机构报告》(Interagency Report on Strategic U. S. Government Engagement in International Standardization to Achieve U. S. Objectives for Cybersecurity)，为美国参与制定和使用网络安全国际标准提供明确建议①。在其列出的战略目标中，第一条就明确指出：确保存在足够的国际标准，以保证美国组织机构，尤其是关键基础设施的网络安全，同时此类标准要能够满足美国政府的网络安全需求，包括防止恐怖组织、网络犯罪分子及有敌意的国家行为体所实施的非法网络活动或行动②。该报告提出八条具体的实施建议，包括：

1. 强化机构间网络安全标准化协调机制；
2. 促进美国政府对网络安全标准制定的参与力度；
3. 制定及时且技术合理的网络安全标准与评估计划；
4. 加强网络安全标准制定过程中的公私部门合作；
5. 强化国际协调和信息共享；

---

① Michael Daniel, Special Assistant to the President and Cybersecurity Coordinator, "Engaging the International Community on Cybersecurity Standards," December 23, 2015, https://obamawhitehouse.archives.gov/blog/2015/12/23/engaging - international - community - cybersecurity - standards.（访问时间：2017 年 9 月 25 日）

② International Cybersecurity Standardization Working Group of the National Security Council's Cyber Interagency Policy Committee, *Interagency Report on Strategic U. S. Government Engagement in International Standardization to Achieve U. S. Objectives for Cybersecurity*, December 23, 2015, http://dx.doi.org/10.6028/NIST.IR.8074v1.（访问时间：2017 年 9 月 25 日）

6. 针对联邦机构成员，支持并拓展标准培训；

7. 制定技术合理的网络安全国际标准，以使隐私风险最小化；

8. 运用相关的网络安全国际标准，促进全球统一，实现任务和政策目标①。

在推进美国网络安全标准国际化的进程中，美国国家标准学会也发挥了重要作用。作为私营非赢利组织，美国国家标准学会负责美国技术标准与国际标准的对接，也负责监督涉及美国产品、服务、流程、系统和人员的推荐性标准的研制工作，是技术标准最重要的管理者和协调者。

总的来说，美国在网络安全标准制定方面着力夯实基础、强化规范、注重前瞻。以国家标准技术研究院和国家安全系统委员会为联邦政府信息系统和国家安全系统的权威统领标准制定机构，以国家标准学会作为对内整合与对外协调的联系纽带，构建起涉及范围广、涵盖种类全、科技含量高的网络安全标准体系，对公私部门的网络安全建设提供了明确规范和有益帮助。

## 第二节 网络安全防护技术

随着恐怖主义在网络空间的蔓延和发展，恐怖组织已不再满足于利用互联网实现其生存发展目标，而是将目光投向以网络空间为重要载体和平台的关键基础设施，通过实施网络威胁和网络攻击，力图取得最大的震撼效果，即通过“电子圣战”实现“网络恐怖”的最终目标。鉴于此，美国积极发展网络防护力量，尤其是先进的网络防护技术体系，旨在从技术层面有效瓦解当前的网络恐怖主义威胁以及未来极有可能发起的网络攻势，挤压恐怖组织的网络生存

---

① International Cybersecurity Standardization Working Group of the National Security Council's Cyber Interagency Policy Committee, *Interagency Report on Strategic U. S. Government Engagement in International Standardization to Achieve U. S. Objectives for Cybersecurity*, December 23, 2015, http://dx.doi.org/10.6028/NIST.IR.8074v1.（访问时间：2017年9月25日）

发展空间并挫败其“电子珍珠港”迷梦。

美国的网络安全防御体系以网络态势感知、网络边界守护和重要数据防护为重点，充分考虑结构强度和结构弹性，不断应用全新技术，改造既有技术，强化基础结构、保证网络传输和网络应用的安全是其不变目标。其网络安全防护技术主要分为被动防护和主动防护两大类。被动防护主要采用纵深防御，也就是分层防御技术，包括物理层、数据链路层、网络层、传输层、应用层等①的不同策略，涉及防火墙、漏洞扫描、入侵检测、虚拟专用网（VPN）、加密解密、病毒木马防杀等传统安全技术，也应用了深度包检测、数据完整性监测系统、情境感知行为分析（Context - Aware Behavioral Analytics）等全新安防技术。主动防护则主要应用颇具争议的大规模网络监测、防御性入侵等技术手段，着力实现“御敌于国门之外”，与被动防护手段一起，共同打造网络防护的坚强盾牌。应该指出的是，主动与被动防护手段并非截然分开，有时是相互补充、相互加强的关系；此外，上述每一项技术都只能解决某一层面出现的问题，必须将各种相关技术有机结合，互为补充，才能提供充分而有效的网络安全保障。

## 一、网络态势感知

美国以“爱因斯坦”和“藏宝图”（Treasure Map）等技术项目为依托，稳步推进网络态势感知能力建设，构筑起有效的防御体系，并且日益采用大数据和云计算等新技术，力图实现云端网络态势感知，旨在挖掘未知威胁、预判未来风险，让用户准确全面了解当前威胁态势，同时将经过融合的态势感知情报实时分发到各级防护体系，必要时紧急联动，快速启动应急响应措施，着力提升整体防护水平。

---

① 按照国际标准化组织于1985年推出的网络互联模型——开放式系统互联（Open System Interconnect/OSI）的界定，网络互联共分七层架构，即物理层、数据链路层、网络层、传输层、会话层、表示层和应用层，在这一架构下进一步规定了每一层的详细功能，从而实现开放系统环境下的互联、互操作以及应用的可移植。

美国依照2002年《电子政府法案》推进政府服务接入互联网。随着网络恐怖主义等网络威胁的不断增加，按照2002年《国土安全法案》和《联邦信息安全管理法案》、2003年《第七号国土安全总统指令》的相关精神，以2007年《国家网络安全综合计划》为依据，美国开始强力推进联邦政府网络集中接入计划，即“可信互联网连接”（Trusted Internet Connection/TIC）计划，要求无论是联邦政府网络还是网络服务提供商均需参与该计划；作为技术保障，由美国计算机应急响应小组（US－CERT）[①] 负责实施“国家网络安全防护系统”（National Cybersecurity Protection System）计划，即“爱因斯坦”（Einstein）系列计划（包括爱因斯坦Ⅰ、Ⅱ和Ⅲ阶计划）[②]，对网内数据实施深度审计和分析，初步建立起较为完备的数据捕获和分析能力，借此“一方面侦测并阻截针对联邦政府机构的网络攻击，另一方面提供态势感知能力，运用在某一机构中侦测到的威胁信息对其他联邦机构网络实施防护，同时帮助私营部门做好网络防护”[③]。

对于“爱因斯坦”计划而言，2004年属于第一阶段（要求所有联邦政府机构及其他相关机构应用“爱因斯坦1.0”版本），运用基于流量行为的深度/动态流量检测（Deep/Dynamic Flow Inspection，DFI）技术对数据[④]进行分析，它依据的是不同应用类型在会话连接或数据流上的状态会显现差异，通过将待分析流量特征与后台流量模型相比较以发现是否存在问题。不过，由于其仅对流量行为进行分析，所以只能对应用类型作较为笼统的分类，例如对满足P2P流

① 该机构隶属美国国土安全部，与美国国防部资助的计算机应急响应小组协调中心（CERT Coordination Center）负责军民领域的对接。

② “爱因斯坦”计划应用于美国联邦政府非军方部门，用于搜集、关联、分析和共享计算机安全信息的自动化流程，并不用于保护私营部门的网络基础设施。

③ The Department of Homeland Security，“Einstein，” https：//www. dhs. gov/einstein.（访问时间：2017年9月25日）

④ 从“爱因斯坦1.0”开始，采集的数据包括ASN自治域号、ICMP类型/代号、流字节长度、TCP/IP协议类型、传感器编号及状态、源IP地址、目的IP地址、源端口、目的端口、TCP标志位信息、时间戳、持续时间等。

量模型的应用统一识别为 P2P 流量等，其处理速度相对较快，维护成本也不高。

2008 年，“爱因斯坦”计划进入第二阶段（要求所有联邦政府机构及其他相关机构应用“爱因斯坦 2.0”版本，国防部及美国情报界相关机构除外），运用深度包检测（Deep Packet Inspection/DPI）技术侦测恶意网络行为。它所进行的是应用层的载荷匹配，对流经运用该技术的带宽管理系统的 IP 数据包、TCP 或 UDP 数据包执行匹配分析，通过深入读取数据包载荷中的内容来对应用层信息加以重组，进而还原整个应用程序的内容，随后按照系统预定义的管理策略对流量进行相应操作。该技术需要对数据包进行逐个的拆包操作，同时与后台数据库进行匹配分析，优点在于流量中的具体应用类型和协议可以得到准确识别，不足之处在于处理速度相对较慢，后台需要庞大的特征数据库且需不断更新。此外，如果数据包实施了加密，该技术则无法识别其具体应用类型。为此，“爱因斯坦 2.0”结合了 DPI 技术和 DFI 技术，既包括基于特征库的检测，也有基于异常的检测，通过两者相互配合，提高流量分析和入侵检测效率，网络态势感知能力也由此得到大幅提升。

2011 年开始第三阶段，即“爱因斯坦 3.0”加速版（Einstein 3 Accelerated/E3A）①，并在联邦政府各相关部门分阶段部署，其中美国计算机应急响应小组于 2015 年初正式部署应用，而按照相关要求，其他联邦政府机构也将于 2018 年底前部署完成②。最新版系统旨在“加强网络安全分析、态势感知和安全响应能力”③，将网络传

① “Einstein 3.0”由国家安全局研发，国土安全部本来要应用此系统，但由于国家安全局监控项目被斯诺登披露，名声受损，为避免不利影响，国土安全部另起炉灶，并将新研发的系统命名为“爱因斯坦 3.0”加速版。

② Pierluigi Paganini, “EINSTEIN Defense System Is More Than a Headache for the US Government,” *Security Affairs*, June 9, 2015, http://securityaffairs.co/wordpress/37638/security/einstein-defense-system.html.（访问时间：2017 年 10 月 16 日）

③ The Department of Homeland Security, “EINSTEIN 3 Accelerated,” https://www.dhs.gov/publication/einstein-3-accelerated.（访问时间：2017 年 10 月 16 日）

感器前置到网络服务提供商的互联网数据中心（Internet Data Center），使后者对进出联邦政府网络的数据流量实施有效分析处理，利用国土安全部研发的恶意网络行为特征指标，自动拦截进出联邦政府网络的恶意流量①，使联邦政府网络防线前移，安全性得以大幅提升。经过这三个阶段的建设，美国初步建立起较为完备的联邦政府网络态势感知体系，为联邦计算机网络以及政府关键服务的有效防护提供了坚实基础。

美国军方对其网络态势感知计划一直讳莫如深，而通过爱德华·斯诺登的爆料，世人得以管窥其中端倪。2013 年《纽约时报》披露，美国国家安全局有一项雄心勃勃的计划，名为“藏宝图”。该计划以美国国家安全局为主导，以“五眼联盟”② 为主要合作实施单位。作为网络攻击/利用计划的先行项目，“藏宝图”通过提供网络战场近实时全景地图，实际起到的是全域全时态势感知的作用。按照德国《明镜》周刊的说法，“藏宝图”所提供的堪称“针对全球数据流量的谷歌地图”③。具体来说，“藏宝图”计划对网络空间多层数据④进行捕获，每天新增和更新的数据量为 30G，每 90 天会启用新的功能⑤。“爱因斯坦”计划对进出联邦政府机构网络的数据流量实施被动侦测，与之相比，“藏宝图”计划所提供的是一种主动

---

① Michael Cooney, “GAO: Early Look at Fed’s ‘Einstein 3’ Security Weapon Finds Challenges,” *Network World (from IDG)*, July 9, 2015, https://www.networkworld.com/article/2946040/security0/gao-early-look-at-feds-einstein-3-security-weapon-finds-challenges.html.（访问时间：2017 年 9 月 23 日）

② “五眼联盟”，是指由澳大利亚、加拿大、新西兰、英国和美国共同组成的情报联盟，自 2001 年美国启动全球反恐战争以来，对全球互联网实施监控逐渐成为该联盟的工作重点。

③ “Der Spiegel Details Treasure Map, The NSA’s ‘Google Earth for Global Data Traffic’,” September 15, 2014, https://pando.com/2014/09/15/der-spiegel-details-treasure-map-the-nsas-google-earth-for-global-data-traffic/.（访问时间：2017 年 9 月 25 日）

④ 该计划采集的数据包括但不限于操作系统指纹（网络设备的软件和操作系统特征，每天针对 3000 万—5000 万个不同的 IP 地址）、路由跟踪（以 PostgreSQL 服务器为例，每天跟踪路由数量达 6500 万个，跟踪类型包括 ICMP、TCP、UDP）、VPN 端点存储库、注册信息、DNS 信息等。

⑤ *Snowden Doc Search*, https://search.edwardsnowden.com/docs/Badguysareeverywheregoodguysaresomewhere! 2014-09-14nsadocs.（访问时间：2017 年 9 月 26 日）

出击的多维态势感知能力。按照被披露的国家安全局文件称，该计划“对整个互联网进行地图绘制——所有设备、所有节点和所有时间段”①，并以此为基础建立起情报的快速分析、规模生产和高速分发能力，以满足网络防护的需要，更可以迎合网络攻击的需求。

随着从传感器和终端采集的数据量呈几何倍数增长，对于网络态势感知中的分析处理环节而言，大数据和云技术显得愈发重要，前者主要负责数据挖掘与数据融合，后者负责将处于云端的计算能力加以整合，大幅提高分析处理效能。为此，负责美国国防部信息网络系统管理的国防信息系统局（Defense Information Systems Agency）于2013年8月宣布推出代号为“卫城”（Acropolis）的网络态势感知与分析云平台（Cyber Situational Awareness and Analytic Cloud Platform），并将大数据和预测分析技术②融入其中，旨在“聚合、关联、减少并分析网络威胁，包括内部威胁”③；2016年5月，国防信息系统局推出大数据平台（Big Data Platform）并发布名为“网络态势感知分析能力”（Cyber Situational Awareness Analytical Capabilities）的云基技术解决方案，应用于非保密因特网协议路由网络（Nonsecure Internet Protocol Router Network/NIPRNET）和保密因特网协议路由网络（Secret Internet Protocol Router Network/SIPRNET），全面采集国防部信息网络（DoD Information Network/DoDINET）的海量数据并

---

① “NSA and GCHQ Using the ‘Treasure Map’ to Real – Time Spy on World’s Internet and Telecom Networks,” *International Business Times*, September 15, 2014, http://www.ibtimes.co.uk/nsa – gchq – using – treasure – map – real – time – spy – worlds – internet – telecom – networks – 1465495.（访问时间：2017年9月26日）

② 预测分析（Predictive analytics）包括预测建模、机器学习和数据挖掘等多种统计手段，通过分析当前和历史数据，对未来或未知事件加以预测。

③ Amber Corrin, “DISA Plans Analytic Cloud; Looks to NSA’s Model,” FCW, August 12, 2013, https://fcw.com/articles/2013/08/12/disa – nsa – cloud – model.aspx.（访问时间：2017年9月15日）

提供可视化分析产品①。

由此可见，美国的网络态势感知主要应用集成大数据、云计算、预测分析等具有先进科技含量的数据采集、数据挖掘、数据分析和数据处理技术，对联邦政府网络、军方网络、私营部门网络甚至全球互联网实施强有力的态势感知，为美国的网络基础设施，特别是关键基础设施的网络安全提供了坚实基础。

## 二、网络边界守护

网络态势感知主要是以流量检测方式来判断是否存在恶意网络行为，从而为下一步的处理提供必要条件，在相当程度上运用了入侵检测方法，而边界防护则主要通过软硬件方式来为不同安全级别的网络（如内网和外网、政府网络与民用网络等）明确分界，保护内网不受网络恐怖主义等恶意行为体的入侵，重要资源不受损害，同时又最大限度地减少对正常网络业务的影响。边界防御在网络安全中扮演着重要角色，是网络安全防护的重要手段，可监控与控制所有进出计算机和内部网络的流量，堪称进入内网的第一道防线，在网络态势感知的基础上，充分发挥防火墙、多重网关、安全网闸等技术手段的作用，起到防止入侵和攻击的目的。

按照《联邦采购条例》（Federal Acquisition Regulation）② 和

① Daniel V. Bart, "Big Data Platform (BDP) and Cyber Situational Awareness Analytic Capabilities (CSAAC)," April 22, 2016, https://www.disa.mil/~/media/Files/DISA/News/Conference/2016/AFCEA-Symposium/4-Bart_Big-Data_Platform_Cyber.pdf.（访问时间：2017 年 9 月 15 日）

② 美国没有专门的政府采购法，与政府采购相关的法律约有 500 部，最主要的有《武装部队采购法案》《联邦财产及管理法案》《联邦政府采购政策办公室法案》《小额采购业务法案》《联邦采购合理化法案》《合同竞争法案》《合同纠纷法案》《小企业法案》《购买美国产品法》等。为了便于执行和操作，联邦政府将散见于众多法律之中的有关政府采购的规定加以综合和细化，形成了《联邦采购条例》（Federal Acquisition Regulation，以下简称 FAR）。FAR 对联邦政府的采购计划、采购方式、合同类型、采购合同管理、采购合同条款及合同格式等，都做出了明确而又详尽的规定。参见《国际司：美国政府采购制度》，中华人民共和国财政部官网，http://gjs.mof.gov.cn/pindaoliebiao/cjgj/201406/t20140627_1105396.html（访问时间：2017 年 9 月 25 日）。

《联邦信息安全现代化法案》（Federal Information Security Modernization Act）[①] 的相关规定，美国联邦政府要求所采购的防火墙产品必须通过国际标准化组织的 EAL4（Evaluation Assurance Level 4）级产品认证[②]，而在极少数特殊部门则应用更高等级的认证产品。作为美国政府和军方的通信设备和网络技术防护设备的主力供应商，思科（Cisco）公司的防火墙产品经历了从 PIX（Private Internet Exchange）、ASA（Adaptive Security Appliance）到 NGFW（Next Generation Firewall）的升级换代过程。它于 2017 年初推出的“FirePower ©下一代防火墙”号称“业内首款专注于威胁防御的下一代防火墙”，具有较为完善的入侵防御集成能力，包括数据加密封装、URL 过滤、终端安全检查、信誉度过滤、集群技术[③]等。同时，它还突破了传统防火墙局限，具有较好的网络应用层处理性能，可让用户在部署入侵防御和入侵检测系统的同时不致牺牲系统和网

① Public Law No. 113 – 283, 113th Congress (2013 – 2014), *S. 2521 – Federal Information Security Modernization Act of 2014*, December 18, 2014, https: //www. congress. gov/bill/113th – congress/senate – bill/2521/text.（访问时间：2017 年 9 月 25 日）

② 国际通用标准（Common Criteria, CC）是国际标准化组织将已有多种准则加以统一的结果，也是目前最全面的评价准则。它将评估过程划分为功能和保证两部分，评估等级分为 EAL1 – EAL7 共七个等级，每一等级需评估七个功能类，分别是配置管理、分发和操作、开发过程、指导文献、生命期的技术支持、测试和脆弱性评估。等级越高，表示通过认证需要满足的安全保证要求越多，系统安全性越可靠。目前我国除智能卡最高达到四级外，其他安全产品最高到三级，而国外目前最高达到五级。

③ 与采取“状态负载均衡”技术的传统防火墙集群相比，下一代防火墙集群通过“无状态负载均衡”的方式实现集群内防火墙的流量负载均担，转发速度快，单链路出现故障时流量切换速度更快，因此没有负载均衡性能瓶颈，集群处理性能随着加入防火墙的数量实现了线性增长，其线性弹性性能扩展更加经济；具有更加灵活的防火墙多活冗余（主备冗余），可使每台防火墙均处于主用状态，大幅提高防火墙整体防护效能；具有更加完备的单点管理方式，可通过统一管理界面共同管理集群内所有防火墙，包括单点配置、单点查看各种统计信息和日志，还可实现基于群的故障查询。参见《思科下一代防火墙集群技术》，思科官网，https: //www. cisco. com/c/zh_cn/about/press/china/2013/05 – 21 – 1. html（访问时间：2017 年 12 月 26 日）。

络性能[①]，可以很好地满足美国政府和军方的相关要求。

此外，“下一代防火墙”还可以接入云端自助管理平台，实现管理员对防火墙的远程自助管理，通过一键方式轻松接入，在任何时间、地点和终端均可借助浏览器访问防火墙，对其安全事件进行监控、查询、分析、追踪并生成报告。对于云端平台自身安全性问题，它可以通过数据保护、加密和密钥管理、身份识别和访问控制等方式综合予以解决。当然，为了尽可能降低网络安全风险，美国政府采购的防火墙产品并不仅限于思科一家，西门铁克（Semantec）、飞塔（Fortinet）、阿尔卡特朗讯（Alcatel - Lucent）等公司[②]都提供了专业的防火墙解决方案，均符合 EAL4 级安全认证要求，使美国政府的防火墙体系呈现配置多样化的特点，也有效提高了针对网络恐怖主义等恶意入侵的风险防御能力。

作为不同网段之间的安全网关，现代防火墙以多重安全网关的方式，通过将访问控制列表（ACL）、网络地址翻译/端口地址翻译（Network Address Translation/Port Address Translation/NAT/PAT）、入侵防御系统（Intrusion Prevention System/IPS）等技术统筹设计为统一威胁管理（Unified Threat Management/UTM）体系[③]，对出入内网的数据进行检查过滤。

---

① 由于采用独特的两颗多核 CPU 架构，在激活威胁检测时，可将不同工作负载分布到不同芯片，从而保持流量吞吐性能，其 2100 系列防火墙吞吐速度在 1.9Gbps 至 8.5Gbps 之间，4100 系列防火墙吞吐速度在 35Gbps 至 75Gbps 之间，而 9300 系列在集群模式下吞吐量可达 1Tbps 以上，专用于需要低延迟（负载分流不超过 5 微秒）和超大吞吐量的环境，如高性能计算中心、大型数据中心等。参见《思科 Firepower NGFW 产品手册》，思科官网，https://www.cisco.com/c/zh_cn/products/security/firepower - 2100 - series/index.html# ~ stickynav = 1。（访问时间：2017 年 9 月 26 日）

② 出于安全考虑，美国国土安全部于 2017 年 9 月下令，全面停用俄罗斯知名的安全公司卡巴斯基实验室的防火墙产品。参见“U.S. Government Orders Removal of Russian Firm's Software,” CNN TECH, Septemeber 14, 2017, http://money.cnn.com/2017/09/14/technology/kaspersky - software - federal - government - order/index.html.（访问时间：2017 年 9 月 26 日）

③ “What Is Unified Threat Management (UTM)?” Kaspersky Lab, https://usa.kaspersky.com/resource - center/definitions/utm.（访问时间：2017 年 9 月 26 日）

然而，如前所述，一方面各种安防技术都是针对某一领域的威胁，各有短长；另一方面就防火墙而言，其通过特征识别来确认入侵，虽然识别速度快，不会存在明显的网络延迟，但固有缺陷也很明显：进行 IP 数据包转发时，防火墙通过对 IP 包的相应处理实现对 TCP 会话的有效控制，但对数据内容的检查力度不足；此外，作为安全网关，其特征库数据更新速度天然要比黑客软件的应用更新要慢，而且入侵者往往会利用看似“正常”的通讯流量，采用分散迂回的方式进入，在这种情况下，其应用特征并不明显，从而可以有效规避安全网管的检查过滤。为此，网闸技术和数据交换网技术等应运而生。

对于诸如联邦政府机构办公网络、国防部军网、情报界专网等存在特殊需要的网络来说，既需要保证高强度的安全，同时也需要与其他不同级别的网络进行数据交换。如果使用纯粹物理隔离方式，信息交换需要将难以得到及时有效满足；而如果运用防火墙方式，也无法有效防止内部信息的泄露和外部威胁的侵入，安全需要难以得到有效满足，而安全网闸则可以同时较好满足上述两种需求。安全网闸具备安全隔离、内核防护、协议转换、病毒查杀、访问控制、安全审计、身份认证七大安全功能模块，以摆渡交换技术、单向通道技术、数据缓冲区技术等切断数据链路层的连接，使得依靠 TCP、UDP 和 ICMP 等协议的未知和已知木马无法通过安全网闸进行通讯，其内嵌的病毒查杀模块也可对交换数据加以病毒检测；同时，安全网闸直接处理网络应用层数据，利用存储转发的形式进行应用数据的适度交换，交换过程中同步实施安全检查，而路由器、交换机则保持链路层畅通，进行 IP 包等网络层数据的直接转发。因此，从功能和实现原理上来看，作为完全不同的两种产品，防火墙可以保证网络层甚至应用层安全，而安全网闸则可重点保护内网安全，通过相互配合就可以起到较好的边界防护作用。

## 三、重要数据保护

在多重防御体系中，入侵检测和访问控制可以较好管控流量进出内网，尽可能确保网络层和应用层上的传输安全，然而“道高一尺，魔高一丈”，网络攻防技术总是在不断斗争中向前发展，再先进的技术也会存在技术和管理上的漏洞，因此为确保数据安全，运用不同等级密码对相应安全级别的网络数据进行加密，使数据在存储、使用和传输过程中的安全性得到保障。数据即使被网络恐怖主义等别有用心之徒拿到后也“解不开、读不了”，最大程度确保数据安全。

在重要数据保护领域，对于任何数据安全防护技术而言，密码防护都发挥了相当关键的作用。对于非授权用户，即使侥幸获取了数据，可是因为无法解开密码，数据将仍然无法读取，这就极大地提高了数据的安全系数。众所周知，密码可以使明文转换成为任何人都无法读懂的密文，只有密钥才能将其还原为可读状态。对于密码而言，算法和密钥是其关键的两要素。密钥依据算法产生，因此当前国际密码界均致力于研究先进的密码算法，确保密码具有足够强度。

就美国而言，当前的密码算法主要包括常规算法或私钥算法，以及公钥算法。私钥算法，主要以 DES 及其各种变形版本（如 3DES、GDES、New DES 以及 DES 的前身 Lucifer 等）以及 AES 为主，密码强度高，能够经受时间检验，但唯一不足就是密钥管理容易出现漏洞；而公钥算法则以 RSA 和 ECC 为主，可适应网络的开放性要求，密钥管理也不易出现漏洞，尤其值得一提的是可实现数字签名和验证，是一种非常适合网络的加密机制，但其不足之处在于算法复杂，加密数据速率较低。可视情将两者在不同场合搭配使用，取长补短，以取得较为理想的数据加密防护效果。

DES 加密算法是由 IBM 公司研制，原先名称为 Lucifer，于 1977 年被当时的美国国家标准局（National Bureau of Standards/NBS，是

NIST 的前身）认可并选中，确定为联邦信息处理标准（Federal Information Processing Standards/FIPS）[1]，得到美国政府的正式采用，并于次年以数据加密标准（DES）的名称正式向社会发布，随后在全球范围内广泛应用。1977 年，需要耗资 2000 万美元、使用特制的计算机、经过 12 小时的运算才能对 DES 加以有效破解[2]，因此在问世之初，DES 便具有较好的抗破译能力。但随着计算技术和破译技术的发展，特别是差分攻击法[3]和线性分析法[4]的出现以及暴力破解法的不断升级，DES 密钥过短的缺点逐渐暴露出来，实时破译 DES 已经成为可能。作为分组密码（block cipher），DES 包含 64 位二进制，每组仅 8 个字符，密钥位数只有 56 比特，理论最大加密强度为 256[5]，就算法本身而言，其加密强度已无法再次得到提升；且历次迭代中的密钥递推产生，具有一定相关性和规律性，对密码整体安全性不利。因此，DES 的改进版本不断被推出，如 3DES（Triple Data Encrytion Standard），作为 DES 到 AES 之间的过渡密码算法，就是在加解密过程中收发双方均拥有三把密钥，可极大提升密码安全性，但显而易见，所耗时间也会成倍增加；除此以外，三把密钥必须收发双方同时全部拥有，只要任何一方失去一把就会使整个密钥体系失去效用。从 2001 年开始，DES 已经不再作为 NIST 的标准，取而

---

① 联邦信息处理标准由美国联邦政府制定并发布，应用范围为非军方的联邦政府机构等，旨在确保计算机安全和互操作性，其中很多标准都是对业界已有的技术标准加以修订而成并不断更新。

② J. Orlin Grabbe, "The DES Algorithm Illustrated," Institut für Mathematik, Tu – berlin, http: //page. math. tu – berlin. de/ ~ kant/teaching/hess/krypto – ws2006/des. htm.（访问时间：2017 年 9 月 28 日）

③ 主要应用于分组密码的一种密码分析方式，也可应用于序列密码（stream ciphers）和加密散列函数（cryptographic hash functions）。广义上来说，差分攻击法主要研究如何利用输入信息的差异对输出结果的相应差异化影响。在分组密码中，差分攻击法通过转换网络，查找密码表现出的非随机行为，进而恢复密钥。

④ 通过查找给定密码算法的有效线性表达式，寻求对密码系统的破解。

⑤ "Federal Information Processing Standards Publication 46 – 3," *Data Encryption Standard*, October 25, 1999, https: //csrc. nist. gov/csrc/media/publications/fips/46/3/archive/1999 – 10 – 25/documents/fips46 – 3. pdf.（访问时间：2017 年 9 月 28 日）

代之的则是高级加密标准（Advanced Encryption Standard/AES）。

高级加密标准以比利时的“Rijndael”①为基础，经过五年的标准化流程，于2001年被美国国家标准与技术研究院宣布作为美国联邦信息处理标准（FIPS 197），2002年作为美国联邦政府标准开始生效，并成为首个也是唯一一个获得美国国家安全局批准、可用于绝密信息的密码算法。作为对称密钥式的分组密码，AES的加密数据块分组长度都是128比特，密钥长度可以为128、196或256位，分别包括大约$3.4\times10^{38}$、$6.2\times10^{57}$、$1.1\times10^{77}$个可能密钥，而DES只包括大约$7.2\times10^{16}$个可能密钥，因此AES具有足够高的安全强度，也逐渐成为加密各种形式电子数据的实际标准②。2003年，美国国家安全系统委员会发布第15号政策文件《为保护国家安全系统和国家安全信息而采用先进加密标准的国家政策》。该文件明确指出：经过国家安全局的测试与审核，上述三种密钥长度的AES算法均可用于保护机密级（含）③以下的国家安全信息和安全系统，而密钥长度为256时可用于保护绝密级信息。此外，使用AES类产品保护国家安全信息和系统时，必须经过国家安全局核准；而用于保护其他信息时，则由美国国家标准与技术研究院审批。该文件规定适用于美国所有政府部门④。

---

① Rijndael由比利时的Vincent Rijmen和Joan Daemen两位科学家共同研发，密钥长度可以是128位、192位或256位，较之56位的DES更加安全可靠。

② AES算法涉及四种具体操作过程：字节替代（SubBytes）、行移位（ShiftRows）、列混淆（MixColumns）和轮密钥添加（AddRoundKey）。字节替代主要通过S盒完成字节到字节间的映射，S盒主要用于提供密码算法的混淆性；行移位是在一个$4\times4$的矩阵内进行字节置换，可提供算法的扩散性，分为正向行移位和逆向行移位；列混淆利用GF（$2^8$）域算术特性，也可用于提供算法的扩散性，也分为正向列混淆和逆向列混淆；轮密钥添加所依据原理为“任何数和自身的异或结果为0”，加密时，每轮输入与轮子密钥异或一次，因而解密时再异或该轮的轮子密钥即可恢复。

③ 美国信息安全级别分为三类：秘密（confidential）、机密（secret）和绝密（top secret），除此之外还有一类叫做敏感（sensitive）信息。

④ Committee on National Security Systems, CNSS Policy No. 15, Fact Sheet No. 1, *National Policy on the Use of the Advanced Encryption Standard (AES) to Protect National Security Systems and National Security Information*, June 2003, https://csrc.nist.gov/CSRC/media/Projects/Cryptographic-Module-Validation-Program/documents/CNSS15FS.pdf.（访问时间：2017年9月28日）

DES 和 AES 作为对称密码算法，其算法相对非对称密码算法简单，加密速度也更快，而且计算量要小，因此是当前数据信息加密的主流算法。但如前所述，由于收发双方必须事先进行密钥的安全交换，因此在某些情况下给信息安全带来了不确定因素，同时它们无法提供数字签名，无法有效满足数据信息网络化处理的相关需求，而公钥密码算法 RSA 和 ECC 正好可以填补这一需求方面的空白。对于公钥加密系统而言，加密和解密使用不同的密钥，其中加密密钥向公众开放，而解密密钥则只有解密一方才能掌握，其他人仅凭加密密钥无法获取解密密钥，如此既能保证加密数据的多方向安全传播，也可以保证数据的真实性和完整性。

RSA 加密算法由美国麻省理工学院的罗纳德·李维斯特（Ron Rivest）、阿迪·萨莫尔（Adi Sahmirh）和伦纳德·阿德曼（Len Adleman）于 1977 年共同合作开发，RSA 就是取自他们三人名字的首字母。作为当前最为流行的公钥加密算法，其强度足以抵抗所有已知的密码攻击方法，被国际标准组织推荐为公钥数据加密标准。从数学运算实现上来讲，RSA 算法基于下面的原理：两个大质数相乘之后，对其乘积进行因式分解难度极大，这也是 RSA 安全性的重要来源。而 1985 年由尼尔·科布利茨（Neal Koblitz）和维克托·米勒（Victor S. Miller）两人共同提出的 ECC（Elliptic Curves Cryptography）算法则比 RSA 更进一步，利用椭圆曲线上的点来定义公钥/私钥对，可利用较少的计算能力实现比 RSA 更快的运算速度。对于该算法而言，暴力破解方式基本无效。

与 DES 和 AES 之类的对称加密算法相比，RSA 和 ECC 可以有效解决前者在网络应用中存在的不足：由于对称加密系统收发双方的密钥均需保密和定期更换，且密钥传输渠道也须保密，因此 RSA 和 ECC 可有效解决大规模网络应用中的密钥分发和管理问题；由于对称密钥需要在交互双方之间共享，无法实现唯一性和私有性，因此无法提供网络中的数字签名，也就无法验证网络中个人或机构的真实性。相对而言，公钥加密系统也存在先天不足。以 RSA 为例，由于受到质数产生技术的限制，密钥产生相当麻烦，一次一密难以实现；随着质数分解技术的进步，分组长度仍然在不断增加。此外，尽管 ECC 的分组长度要比 RSA 的小，但相对于对称密码算法而言，公钥算法的分组长度还是太长，运算代价太高，直接表现为运算速度慢，与对称加密算法相比慢了好几个数量级。因此，对称加密算法和公钥加密算法各自存在优势与不足，实践中通常也是采取相互配合的方式，以取得最佳安全效用。

## 第三节 网络攻击技术

新安全环境下，传统安全威胁与非传统安全威胁交织，非对称作战已成为重要的作战方式。在网络空间领域，网络攻击以其行为隐蔽、实施便捷、影响显著和效费比高等特点，使网络恐怖主义获得以往难以想象的作战力量甚至是局部的作战优势，对于恐怖主义的生存发展空间拓展具有重要作用。对于美国而言，仅仅依靠网络防御体系，一方面无法有效应对不断升级换代的网络攻击技术，另一方面也无法从源头上彻底消除网络安全威胁。因此，美国开始逐渐转向网络空间军事化甚至战场化，其网络防线前伸，网络攻击技术不断成熟，实力持续提升。从 2011 年美国防部发布《网络空间行动战略》开始，其网络安全战略已从过去的单纯防御转变成如今的攻防兼备，实现网络战场单向透明和主导优势是美国的主要着力点所在，而网络攻击这支“矛”则在此实践过程中打磨得愈加锋利，已经可以较好应对网络恐怖主义在内的诸多安全威胁。

美国网络攻击行动的实施主体是以网络司令部为代表的美国军方，其力量编成涵盖陆、海、空、海军陆战队、国民警卫队等诸多军兵种。此外，国家安全局、中央情报局等机构也在大力发展网络攻击武器，在各自的责任区域内暗中提升网络攻击能力。需要指出的是，网络攻击能力属于新安全环境下的国之重器，是取得网络战场优势的“力胜”法宝，各相关国家均将此列为头等机密，讳莫如深，但是通过斯诺登的揭密及维基解密等相关渠道的披露，我们得以管窥美国网络攻击技术的发展状况。

## 一、网络侦察先行，强化全球监控技术

网络攻击的成功实施，必须情报先行。与“爱因斯坦”系统的态势感知不同，网络攻击所需的态势感知不仅仅是美国关键基础设施面临的网络安全威胁，更重要的是包括全球重要网络节点目标的详细信息，如目标价值、系统配置、安全漏洞等，旨在以此绘制较为完整而全面的国际互联网作战地图，为美国的网络攻击行动提供有力指引。

为有效配合网络攻击行动，在实施网络侦察方面，美国主要以国家安全局的“棱镜”“XKEYSCORE”等大规模全球监控计划和美军的“X 作战计划”为技术支撑。“棱镜”项目利用谷歌、微软、脸谱、苹果等互联网巨头在全球的服务器，深入挖掘其中的数据信息，实现对即时通信和存储数据的全面深度监控。自 2007 年项目启动以来，大量的个人聊天日志、语音通信、文件传输、社交网络信息都处于该项目的严密监控之下，甚至个人正在进行的网络搜索内容都在其实时监控范围之内。在“棱镜”利用的诸多技术手段中，目前已知的仅有统一目标定位工具（Unified Targeting Tool，UTT）。事实上，该工具并不仅仅用于“棱镜”项目。在对数据库的查询过程中，该工具可以在不知晓监控对象名字的情况下，利用国籍、地域或“目标身份延伸”（例如外交身份）对数据加以过滤，进而提高监控效率。

据斯诺登披露，国家安全局利用名为“XKEYSCORE”的网络侦察系统，收集全球互联网信息，该系统信息在“五眼联盟”内共享，被称作“影响最广泛的系统”。按照国家安全局的说法，该系统实际上是一种“数字网络情报利用系统/分析框架”（Digital Network Intelligence Exploitation System/Analytic Framework）。截至

2008 年[①]，该系统共包括 700 多台服务器，分布在全球约 150 个地点。这些服务器储存着在当地抓取的所有互联网流量，并将其经通信光缆传送至国家安全局总部“XKEYSCORE”中心并加以分析处理。据称，其数据库已储存了数百亿条记录。作为“全面分布式处理和查询系统”，该系统可在同一地点的多台计算机上运行，大幅提升处理能力和储存容量。它所收集的互联网信息包括：互联网搜索、网页浏览、电子邮件、文件、用户名、密码、照片、语音通话、社交媒体流量、上传到在线服务的文档等等。尽管该系统属于“被动”性质，即只负责监听，但它可以触发国家安全局网络战情报搜集单位——特定入侵行动办公室（Tailored Access Operations）的攻击系统，如“量子”系列网络攻击系统。

美军的 X 计划则更进一步。由美国国防高级研究计划局（DARPA）开发的这一项目旨在为美军网络战部队提供战场地图快速绘制能力，同时辅助生成作战计划，而作战结果则会反馈到中枢指挥机关，从而彻底改变网络战场的力量对比。在 X 计划中，网络战场地图包括逻辑拓扑信息和元数据信息，其关键组件为网络战场地图生成引擎和端到端网络战场地图感知平台，处于基础数据层，为该计划的主要支撑；操作单元包括单兵作战版和集团作战版两个平台，是该计划的应用入口，关键组件包括网络作战计划自动生成和自动执行框架；而该计划的能力集由 Rootkits、Keyloggers、Network Scanner 等关键组件组成，属于应用层，堪称该计划的基础技术组件库[②]。

## 二、注重未雨绸缪，运用防御入侵手段

2011 年《网络空间行动战略》将“主动防御”和“网络威慑”列为该战略的“核心概念”。“主动防御”实际上就是将防线延伸至

---

① 目前关于该系统的相关材料均为斯诺登所披露的机密材料，其中的数据更新截至时间点为 2008 年。

② Defense Advanced Research Projects Agency, *PLAN X*, https://www.darpa.mil/program/plan-x.（访问时间：2017 年 9 月 28 日）

敌方，在本质上属于网络攻击行为。“防御性入侵”就是典型的“主动防御”技术手段，即在威胁形成之前，通过主动侦察可能攻击己方的对手，并高调提出实施有效防范和相应报复，形成针对其他国家或恐怖组织的强大网络威慑能力，力图将网络安全威胁消弭于无形。

2015年，索尼影业被黑事件之后不久，美国即明确指控朝鲜为幕后黑手，而这就得益于美国的防御性入侵手段。虽然美国官方并未明确提供指控的具体依据，但按照其披露的国家安全局文件显示，由于担心朝鲜对美国的安全威胁，国家安全局早已入侵朝鲜与外界联通的网络，并通过隐藏在朝鲜电脑系统中的间谍软件源源不断地搜集所需的目标情报，一方面可以全面深入掌握朝鲜的网络动向，另一方面也可绘制朝鲜关键网络节点地图，作为网络攻击的重要依据。

在防御性入侵行动中，入侵者不断搜集对手开发的恶意代码信息，以此为基础研发特制的反击技术，例如注入各种HTTP响应头，以实施重置链接、发送反制恶意代码、重定向网络流量等；掌握对手实施网络攻击行动的指挥控制基础设施节点位置并进行精确网络制图，作为网络攻击的必要参考；确定对手所要入侵的目标和手段，事先做好充分防御准备①。可以看出，防御性入侵技术手段不仅具有重要的防御价值，对于网络攻击同样具有重要作用。因此，美国华盛顿威尔逊中心全球研究员本·布坎南（Ben Buchanan）所宣称的“美国只是通过防御性入侵来解决自身的安全担忧”② 这一说法也就不攻自破，防御性入侵必然会演变为主动入侵。事实上，防御性入侵相当于一国在潜在对手领土上驻守军队，哪怕其反复宣称只是为了防御目的，也难免会造成国际冲突。

---

① 《各国“未雨绸缪”致网络安全陷入困境 安全防御诱发“防御性入侵”》，阿里云，2017年7月3日，https://yq.aliyun.com/articles/125740。（访问时间：2017年12月28日）

② Ben Buchanan, *The Cybersecurity Dilemma: Hacking, Trust and Fear between Nations*, New York, NY: Oxford University Press, 2016, p. 15.

## 三、落实以战促建，实践网络攻击手段

2017 年 12 月，美国最新版《国家安全战略报告》就指出："我们的国土面临的威胁十分广泛，难以实现完全防御，因此，美国必须与盟友一道，对那些针对美国及其盟友的非国家暴力组织要始终保持进攻态势。"① 实际上，美国的网络攻击力量已成建制，而其网络攻击技术也在实战中得到不断锤炼而日趋成熟。根据已披露的情况表明，美国的网络攻击技术已经远远超出了世界其他国家的发展水平。

以"震网"（Stuxnet）病毒为例，种种迹象表明这是美国和以色列共同研制的一种新型蠕虫病毒②，其复杂程度远超一般电脑黑客的能力，只有国家集团才有此种研制能力③。该病毒专门针对西门子公司的 SIMATIC WinCC 数据采集与监视控制（SCADA）系统而编写，能向可编程逻辑控制器（PLCs）写入代码并将代码隐藏。在 2011 年 2 月的攻击中，伊朗纳坦兹铀浓缩基地至少有 1/5 的离心机因感染该病毒而被迫关闭。因此，该病毒被一些专家定性为全球首个投入实战舞台的"网络武器"。

随后出现的"火焰"（Flame）病毒更是彻底颠覆了人们对传统网络攻击武器的认知。俄罗斯卡巴斯基实验室于 2012 年 5 月 28 日发布报告称，代号为"火焰"的病毒已经入侵伊朗等多个中东国家。

---

① *2017 National Security Strategy*, http://nssarchive.us/wp-content/uploads/2017/12/30.pdf.（访问时间：2017 年 12 月 30 日）

② 按照《华盛顿邮报》的报道，"震网"病毒确为美国和以色列共同研制并使用。参见 Ellen Nakashima and Joby Warrick, "Stuxnet Was Work of U.S. and Israeli Experts, Officials Say," *The Washington Post*, June 2, 2012, https://www.washingtonpost.com/world/national-security/stuxnet-was-work-of-us-and-israeli-experts-officials-say/2012/06/02/gJQAlnEy6U_story.html? utm_term=.3eb2edf3cbe9。（访问时间：2016 年 10 月 30 日）

③ "震网"病毒结构非常复杂而体积却非常小巧，运用多种编程语言和多个"零日漏洞"，具有异常强大的功能。计算机安全专家在对软件进行反编译后发现，它不可能是黑客所为，应该是一个"受国家资助的高级团队研发的结晶"。

感染该病毒后，电脑将会自动分析使用者的上网规律、记录用户密码、自动截屏保存和秘密录音。该病毒还会在完成任务后自行销毁，不留一丝踪迹。其代码数量大约相当于“震网”病毒的20倍，研究人员需要数年时间才能将其分析清楚。

无论是“震网”还是“火焰”，都体现出极其先进的技术理念。它们不同于传统大规模拒绝服务（DDOS）的野蛮攻击，而是经过精心设计和巧妙包装，运用社会工程手段，进入离线系统并在目标区域耐心潜伏，寻找合适时机一举造成重大杀伤。从软件设计来看，结构精巧、功能异常强大、隐身性能好、攻击指向明确是其突出特点，而且每个软件所利用的均是多个“零日漏洞”[①]。

事实上，美国将网络攻击技术应用于实战，一方面是为了验证其作战效能，以便进一步完善，另一方面也是通过实战来达到“网络靶场”和网络演习起不到的练兵目的，促进网络攻击技术和力量的发展指向更加明确。值得一提的是，当前曝光的美国网络攻击技术只是美国网络攻击能力的冰山一角，而其用以支撑网络攻击的庞大装备体系和工程体系仍然隐藏在黑暗之中。

## 本章小结

美国应对网络恐怖主义的技术体系以网络安全技术标准为牵引，对网络安全技术的发展起着规范和促进作用；网络安全防护技术为美国应对网络恐怖主义威胁提供了牢固防线，力求确保网络恐怖主义无机可乘；网络攻击技术则直指网络恐怖主义的生存和发展，通过挤压其活动空间，使其无法形成有效威胁，确保美国在这一领域的网络安全。三者相辅相成，缺一不可。技术体系为美国网络恐怖主义应对机制提供了较为充分的安全技术保障，为其他体系的顺利构建以及整体机制的健康稳定运行发挥了相当重要的支撑作用。

---

① “零日漏洞”（zero - day）又叫零时差攻击，指被发现后立即被恶意利用的安全漏洞。

需要指出的是，在网络安全标准方面，由于网络技术的发展日新月异，而网络标准的制定又有着严格的周期和流程限制，因此其存在着天然的滞后性；对于网络防御而言，由于美国经济和社会发展高度依赖网络，导致节点众多，薄弱环节也难以避免，实现全面防御和绝对安全是一件“不可能完成的任务”，因此美国所着力的重点在于“相对安全”，即实现重点部门、重点环节和重点时段的安全效果最大化；在网络攻击技术方面，虽然美国有着全球首屈一指的技术和人才储备，但其实践行为却往往超出了必要限度，给网络空间合理秩序的构建带来了负面的示范效应。

# 第七章　评价与启示

美国自立国以来，历时200余年，天然的两洋屏障，使其得以避开欧亚大陆的历次战火，相对不受打扰地发展前行。而自20世纪50年代第三次浪潮①开始，特别是20世纪90年代全球信息技术的高速发展，使世界互联互通更趋紧密，安全环境也因此发生了显著变化，在传统与非传统安全威胁的共同作用下，美国已无处可退。作为非传统安全威胁中的重要力量，恐怖主义不断适应时代变化，逐渐转向网络空间谋求生存与发展，对国际社会造成巨大冲击并对国际政治格局带来深刻影响。

为应对网络恐怖主义威胁，美国构建起涵盖政策、法律、组织和技术体系的应对机制，不仅着力解决网络恐怖主义应对工作中的组织、协调和管理问题，而且从法律上实现该机制的“授权”与“限权”的统一；不仅从情报、网络安全、反融资、反宣传、反恐执法等方面完善组织体系，改善应对效能，同时也不断提升技术能力，对网络恐怖主义威胁进行有效防御并予以适时和适当的反击。

从战术角度而言，作为新安全环境下有效应对非传统安全威胁的必然选择，该应对机制既能保障资源配给，又可以规范权力运行；整体架构科学合理，能够实现效益倍增。然而，从战略角度来看，因为美国的安全观存在固有缺陷，所以即使战术上再成功，离其真正的安全仍然相去甚远，而这正是美国决策层不愿承认但又不得不承认的现实困境。

---

① 美国著名未来学家阿尔文·托夫勒（Alvin Toffler）在其《第三次浪潮》一书中，将人类社会划分为三个阶段：农业阶段（约一万年前开始）；工业阶段（17世纪末开始）；信息化阶段（20世纪50年代末开始）。

网络恐怖主义既是对现有国际政治经济秩序的突破，也是对传统安全理念的重大挑战。在中国当前的安全环境下，唯有以习近平主席提出的新国家安全观为引领，有效改造不公正、不合理的国际政治、经济秩序，同时既以“力胜”，更兼“心胜”，才能实现“标本兼治”，做到有效压制、乃至彻底消灭网络恐怖主义。

## 第一节　对美国网络恐怖主义应对机制的评价

网络恐怖主义是美国在新的安全环境下遇到的全新挑战。为了应对该挑战，美国采取了有力举措，特别是搭建起融政策体系、法律体系、组织体系和技术体系为一体的网络恐怖主义应对机制，取得了积极成效。除了前文总结的各体系取得的经验与存在的不足外，从整体来看，特别是从战略层面加以审视，美国在网络恐怖主义应对机制的构建过程中，以“整体政府”、前瞻预置等为代表的先进做法使该机制相对实现了上下贯通、左右互联和前后呼应，在该机制的有效运行过程中发挥了相当重要的作用。然而，由于新安全环境下美国未能对其安全观进行及时有效的调整适应，使其网络恐怖主义应对工作成效受到了严重制约。因此，通过客观辩证的审视，我们可以对该机制获致更加深入的理解，更加有利于为我所用。

### 一、“整体政府”理念有效推进协作应对

作为国家利益实现与维护的外化符号表达方式，美国应对网络恐怖主义的政策体系及其精良的顶层设计，从宏观战略全局对应对工作进行整体规划和部署，政策牵引和政策倾斜的作用明显，其中最为突出的就是“整体政府”理念的付诸实施，使各方力量得以相对协调统一。

在新的安全环境下，网络恐怖主义问题表现出复杂化态势，美国在应对工作中的政策、情报、执法、技术、组织建构等方面相互交织、相互影响，只集中于某一方面或某几个方面提供专业化解决

方案无法达成有效应对的目标。究其原因，一方面是由于网络恐怖主义问题的解决需要多部门共同努力，单个或几个部门的资源不足以实现有效应对；另一方面则在于网络恐怖主义问题经常跨越部门边界，要想清晰划定具体部门职责有时并不容易。在此情形下，“整体政府”理念正当其时，起到了整合资源与统合责任的作用，对于美国这样一个行为主体多元化的国度意义尤其重大。众所周知，美国并不存在一个单一的中心权威体系，而是立法、行政、司法三权分立。在行政体系中，也同样分为联邦和各州两种平行权力体系。即使是在联邦行政体系中，各相关行政主体也是依照相关法律来履行职责，而非听命于某个单一权威，因此要使这些不同的主体之间形成协作式互动，难度可想而知。

“整体政府”理念形成于20世纪90年代，并在“9·11”事件后逐渐得到实践应用。在纷繁的概念界定中，仅以挪威学者的解释为例：“整体政府”既包含决策的整体政府，也包括执行的整体政府；既有横向合作的整体政府，也有纵向合作的整体政府；既涉及某一政府机构或所有层级的政府机构，也涉及政府外的组织机构；既包含高层协作，也包含地方、基层和公私伙伴之间的协作”[①]。在应对恐怖主义及其网络化的过程中，美国愈发意识到政府功能碎片化的危害，开始着力推行“整体政府”理念，旨在改善部门协调效率，进而提高政府的整体效能。

首先，大力宣传推广“整体政府”理念，力图使其深入人心。美国总统、国家安全事务助理、相关部门不断宣传该理念，努力为其营造一种良好的舆论氛围。例如，美国国防部于2009年就决定采用“整体政府”理念，与相关的国家安全伙伴通力合作，共同应对

① Tom Christensen and P. Laegreid 著，张丽娜、袁何俊译：《后新公共管理改革——作为一种新趋势的整体政府》，载《中国行政管理》，2006年第9期，第84页。

日益严峻的国家安全挑战[1]；美国国务院反恐与打击暴力极端主义局也在其宗旨中清楚表明，采用“整体政府”理念对抗恐怖主义威胁[2]；2015年9月，时任美国总统奥巴马在联合国大会上敦促与会各国采取“整体政府”理念，共同对抗包括恐怖主义在内的国际问题[3]。

其次，制定相关政策，致力实现目标认同。通过“政策牵引+部门协作”的模式，明确任务目标，充分利用相关部门特定的优势资源进行要素互补，并进行较为清晰的部门价值界定，同时采取自上而下的方式，如资源分配、激励机制等，给予相关部门机构特定的利益导向，使其主动或被动地认同并追寻共同目标。

最后，在前两者的基础上，构建相应的统一协调合作机制，从组织结构上加强革新，解决政策制定与政策执行相背离的症结。作为美国总统“整体政府”反恐政策和战略的关键整合者，美国国家安全委员会通过首脑委员会（Principals Committee）、副职委员会（Deputies Committee）以及相关的跨机构政策委员会来推动政策落实，实现机构间的协调[4]。在国家安全委员会的直接或间接领导下，相关协调机构也应运而生：国家反恐中心主要负责协调反恐情报的分析、分发与共享事宜；国家联合反恐特遣部队主要负责各联邦机构间以及联邦机构与地方机构间的情报合作与执法合作事宜。各相关机构内部也设有相应的协调机制，负责本机构内部的反恐事务协调。在“整体政府”理念的牵引下，包括网络恐怖主义在内的恐怖

① Walter Pincus, “Pentagon Recommends ‘Whole – of – Government’ National Security Plans,” *The Washington Post*, February 2, 2009, http://www.washingtonpost.com/wp-dyn/content/article/2009/02/01/AR2009020101964.html.（访问时间：2017年10月30日）

② The Department of Defense, “Who We Are,” https://www.state.gov/j/ct/about/index.htm.（访问时间：2017年10月30日）

③ The Department of Defense, “Obama Stresses Whole – of – Government Approach in U.N. Speech,” September 28, 2015, https://www.defense.gov/News/Article/Article/620807/obama-stresses-whole-of-government-approach-in-un-speech/.（访问时间：2017年10月30日）

④ Joint Publication 3 – 26, *Counterterrorism*, October 24, 2014, http://dtic.mil/doctrine/new_pubs/jp3_26.pdf.（访问时间：2017年10月30日）

主义应对工作得到有效加强，正如美国前总统国家安全事务助理赖斯在2016年4月所表示，在对抗“伊斯兰国”的过程中，“整体政府”方式发挥了重要作用。“我们运用了各个方面的力量——军事、外交、情报、反恐、经济、发展、国土安全以及执法，这是一次真正意义上的‘整体政府’行动。”①

在美国网络恐怖主义应对机制的构建和运行过程中，“整体政府”理念也发挥着重要作用。政策体系负责为网络恐怖主义应对工作提供宏观指导，法律体系负责为其他体系提供权力边界，组织体系和技术体系则负责应对工作的具体贯彻落实。这四个体系相互协调并且相互配合，政策体系和法律体系对组织体系和技术体系共同起着指导规范的作用，旨在打破影响跨部门协调合作的制度壁垒和法律障碍，使各层级机构间的联系沟通更加紧密；而后两者则对前两者起着落实和保障的作用，其中组织体系通过界定各组织内的资源和信息流动程序，明确情报、网络安全、反恐怖融资、反宣传和反恐执法之间的关系，即分别针对网络恐怖主义的实施方式、实施内容和实施主体，发挥各自应有的职能并且相互配合，使应对效能最大化，而技术体系则在网络安全技术标准的引领和规范之下，通过网络安全防护技术和网络攻击技术，实现应对网络恐怖主义过程中的攻防兼备。

事实上，各个体系既自成一体，又相互关联，在“整体政府”理念的推动之下，按照应对网络恐怖主义这一共同目标的指引，规范各个体系的建设和发展，形成了网络恐怖主义应对机制这一共同架构，并根据实际情况而不断调整变化。在这样兼具稳定性与动态性的应对机制中，各体系所承担的职责既相对独立又相互依存，在这样的分工协作关系中，联邦政府各机构之间，联邦与地方、各州的相关机构之间的资源得以较为有效地调配，而信息也得以较为顺

① The Department of Defense, “Rice Details U. S. Whole – of – Government Approach to Defeating ISIL,” April 15, 2016, https: //www. defense. gov/News/Article/Article/722259/rice – details – us – whole – of – government – approach – to – defeating – isil/. （访问时间：2017年10月30日）

畅地流动。

“整体政府”理念在跨机构协调方面发挥了重要作用，在情报、网络安全、反恐融资、反宣传和反恐执法等业务范围内注重统筹协调，强化部门协作，在打击网络恐怖主义领域取得了积极成效。例如，美国应对网络恐怖主义的部门众多，联邦、地方、各州的通信设备其类型和标准各异，在发生紧急情况时，彼此之间的沟通联系就会出现困难，协调合作就会出现阻碍。为解决这一问题，美国在国土安全部下设互用与兼容办公室（Office of Interoperability and Compatilibity），通过其研发、测试、评估项目，向各相关单位提供先进的“工具、技术、方法和指导”①，以实现美国政府各层级网络反恐机构之间的顺畅通信，为协调合作打下坚实基础。

然而需要指出的是，所谓的“法律之墙”“文化之墙”和“行动之墙”在某些领域和某些时段依然存在。它们从根本上来说是“利益之墙”的对外折射。在某种程度上，网络恐怖主义应对工作需要打破既定利益格局，然而某些部门机构却会在行动中有所保留。例如在情报共享等方面就表现得尤为明显：自“9·11”事件以来，美国情报界在情报共享领域进行了一系列改革，但是效果仍然有限。一些情报机构有着独特的情报来源和手段，出于对部门利益的考量，不愿主动与其他部门机构共享。如美国国家安全局就对其信号情报从收集、生产到分发均制定了严格的“端对端”管控流程②，在保证其手段安全的同时，确保其他情报部门不会威胁到该局在这一领域的优势地位。除此之外，作为美国情报界名义上最高领导的国家情报总监，实质上却对很多领域缺乏管控能力，如美国军方情报部门的人事和预算就不归其统管。因此，在“整体政府”理念的推行

---

① The Department of Homeland Security, “Office for Interoperability and Compatibility,” https://www.dhs.gov/science-and-technology/office-interoperablity-and-compatiblity.（访问时间：2017年10月30日）

② James Burch, *The Domestic Intelligence Gap: Progress Since 9·11?* January 1, 2008, https://www.questia.com/library/journal/1P3-2862895321/the-domestic-intelligence-gap-progress-since-9-11.（访问时间：2017年10月30日）

过程中，在无法对部门利益进行有效调节的前提下，协调机制本身并无法发挥充分的作用，还需要统筹者的协调艺术加以配合，这就使跨部门协调出现了诸多变数，在一定程度上影响着网络恐怖主义应对工作的整体成效。

## 二、前瞻预置为充分应对提供有力保障

凡事预则立，不预则废。在国家治理的过程中，需要面对的事务千头万绪，更有很多即将发生的紧急和非紧急事务，如何理清思路，在纷繁复杂的背景中将其分出轻重缓急，并提前采取相应规划和行动，考验的是决策层敏于洞察、善于创造的卓越智慧，是其驾驭全局、排除万难的超凡勇气。在网络恐怖主义应对机制的构建问题上，美国前瞻预置的做法极大提高了应对成效。一言以蔽之，前瞻预置实际上考验的是决策层的战略思维和眼光。

无论是法律和政策制定，抑或组织建构和技术储备，其孕育、磨合及成效释放均需要一定时间，等到网络恐怖主义事件发生之后再开始临阵磨枪，恐怕早已漏洞百出、为时已晚。因此，美国针对网络恐怖主义的应对工作力争做到预先配置，提前从政策、法律、组织和技术等层面进行筹划，为有效应对做好充分准备。

从政策层面而言，美国定期对国际安全形势（包括网络安全形势和恐怖主义态势）进行综合战略评估，以查找美国面临的安全威胁及其变化情况，并据此列出美国的核心任务及目标做出针对性部署，确保美国在未来一段时期内的国家安全工作能够适应形势发展变化甚至对国际安全环境加以积极塑造，以促进美国国家利益的最佳实现与有效维护。

全面准确评估当前国际安全形势，最重要的是要摆脱事后应对的惯性思维，通过对未来变化早期信号的敏锐洞察，在积极塑造国际安全环境的基础上，对网络恐怖主义的未来发展趋势做出合理预判和相应准备。就网络恐怖主义应对而言，早在“9·11”事件发生前的克林顿政府时期，为应对信息技术的快速发展（信息高速公路

的启动）和恐怖主义的变迁（规模化和网络化），美国就对网络恐怖主义应对中的重点工作——基础设施安全防护工作进行了先期部署，规定了信息时代背景下该防护工作的实施范围、应用权限、职责分工等，从政策、组织等方面进行事先谋划；而美国网络威慑力量（兼具网络进攻与网络防御）的建设则更是走在世界和时代前列。按照一系列国家安全战略和网络安全战略的指引，重点从组织和技术层面预先构筑起牢固的防御体系和强大的进攻体系，旨在控制冲突升级并塑造冲突环境，以吓阻对美怀有恶意的网络行为体，使网络恐怖主义的可乘之机大幅减少。例如，在打击“伊斯兰国”的过程中，由于美国网络攻击力量早已成型，因此得以对该组织实施有效网络攻击并取得积极成效。

在前瞻预置的过程中，作为一个标准的法治国家，法律先行处于最为优先的位置，因为网络恐怖主义应对工作的全程均需以严格的法律规范加以保障。由于法律自身的严谨性与长久的影响力，决定了法律制定必须具有宏观性、全局性、科学性以及与时俱进的弹性，必须能够适应时代发展变化的需要而留有相应的司法解释空间。对于网络恐怖主义应对工作而言，法律一方面为政策先导、组织先建和技术先研提供了较为充分的法理依据，使前瞻预置的应对工作也得以在法律轨道上正常运转，既保障自身依法得到应有的资源配给，同时也避免给予反对力量以攻讦的口实；另一方面，在进行较为重大的政策变更或组织调整时，总是以法律修订为开路先锋，或依照判例法，或凭借实体法，为变更或调整奠定法律基础，实现应对工作的依法依规运行。事实上，这一点已成为美国的习惯性做法，可以说是其社会契约精神的内化。

正是因为做到了前瞻预置，提前捕捉了网络恐怖主义等新生事物的早期信号，并据此进行政策、法律、组织和技术等方面的及早布局，才能对网络恐怖主义的形成及发展进行塑造，并积极做出应对，以在网络恐怖主义应对工作中实现“言前定则不跲，事前定则不困，行前定则不疚，道前定则不穷。”①

当然，做到了前瞻预置并非是说美国的网络恐怖主义应对机制可以做到滴水不漏，很多问题仍然存在，但是在宏观层面做好了较为充分的准备，可以对网络恐怖主义的整体发展态势实施较为有效的掌控，即使偶尔出现“漏网之鱼”，也不会因此影响大局。换言之，美国从政策、法律、组织和技术层面提早布局，形成了较为完善的应对之“势”。从全局角度而言，网络恐怖主义因此最多只能获取一些棋盘上的“地”，而对棋势却无能为力。

## 三、美国安全观的缺陷严重制约应对成效

《易经·系辞》：“形而上者谓之道，形而下者谓之器”。道注重精神层面，属抽象思维；而器则注重物质层面，属具体思维。就美国而言，自立国以来，“重器”思路就一直左右着其内政外交，这并非是说美国缺乏“道”的要素，但相对而言，美国的“道”存在重大缺陷，与构建人类命运共同体的目标相距甚远，这也是其为达目的可以不择手段的重要原因。

美国一直注重国家实力的持续培养与恒久提升。尽管经历了朝鲜战争、越南战争、海湾战争、阿富汗战争和伊拉克战争的消耗，以及2008年金融危机的巨大冲击，但当今的美国综合国力仍然空前强大。强大的国家实力是美国维护与实现国家利益的重要手段，也是它按照自身意愿塑造外部世界的坚强后盾。

2017年12月18日，美国总统特朗普推出最新版《国家安全战略报告》，该报告将“以力量求和平”（Preserve Peace Through Strength）作为美国四大核心利益（Four Vital National Interests）之一②，其中既包含军事手段等“硬实力”，也包含外交、经援等“软

① 《礼记·中庸》第二十一，古诗文网，http：//so. gushiwen. org/guwen/bookv_3167. aspx。（访问时间：2017年10月30日）

② *2017 National Security Strategy*，http：//nssarchive. us/wp - content/uploads/2017/12/18. pdf.（访问时间：2017年12月30日）

实力”。实际上，“硬实力”和“软实力”在不同时期显示出相异的比例分配。例如，在小布什政府期间，美国过分倚重硬实力，强调先发制人，结果造成国际上树敌过多，不仅有损其国际形象，更不利于其国家利益的实现；而继任的奥巴马政府则对之加以调整，代之以综合运用硬实力和软实力的“巧实力”战略。但总体而言，硬实力的比重还是相对要大得多。事实上，自公元一世纪罗马帝国哈德良大帝（Roman Emperor Hadrian）提出“以力量求和平”以来，它就一直意味着通过军事力量来实现和维护和平。而自里根于1980年总统选举中采用这一理念以来，它就频频出现在美国的政治舞台上，强调充分运用美国实力优势来处理对外关系以及应对各种挑战，被新保守主义奉为圭臬。诚然，采取冷静现实主义态度的新保守主义时而会受到具有理想主义情怀的新自由主义的制约而不至于走得太远，但从本质上来说，现实主义和理想主义这两者仍是处于共生关系，只是不同群体（特别是决策层内）用以进行利益交换的幌子和筹码而已。对美国来说，“重器”为主的“力胜”思想仍然占据上风。

投射到反恐领域，由美国主导的全球反恐战争就是“重器”思想的最好佐证：出兵阿富汗、攻打伊拉克，美国在这两处主要战场虽然获得了“力胜”，但是随后的局势也并未如美国所预期。恐怖主义虽受到沉重打击，但随着美国被迫撤军而又趋活跃，并且由于美国的蛮力压服之举和双重标准，导致了恐怖主义乃至伊斯兰世界的强烈反弹，恐怖主义不仅在中东、北非和南亚三处策源地肆虐，而且进一步外溢至欧洲、澳大利亚、加拿大这些先前对恐怖主义相对“免疫”的地区，使得当今世界的恐怖主义呈现出持续蔓延的态势。与此同时，网络技术革命为恐怖主义提供了新的生存空间、活动领域与斗争平台，恐怖主义应对工作的难度也随之陡增。为应对新安全环境下出现的网络恐怖主义，美国构建起融政策、法律、组织和技术于一体的应对机制，其核心也是遵循美国的“力胜”原则，即通过先进的军事科技实力，实现对网络恐怖主义的有效压制，但由于恐怖主义的根源无法彻底清除，网络恐怖主义的应对成效也受到相当制约。究其原因，就是美国盲目迷信其“力胜”思想，以为凭借其强大的军事科技实力就可以在任何战场上无往而不利。而事实情况却是，美国确可借此获得初期和短期的胜利，但却无法扭转恐怖主义连绵不绝的内生性问题，这并非是简单的意识形态考量，而是涉及恐怖主义根源的政治、经济、军事、外交等多层面、多领域要素的极为复杂的体系，其中非常重要的一点就是美国如何科学、准确且合理地定位其“道”的问题。

美国作为世界唯一超级大国，对世界格局起着至关重要的作用，而美国的眼界，也就是其“道”的格局，则显得尤为关键。按照美国的理解，国际社会是不断发生冲突或存在冲突威胁的场所，唯一通行法则就是弱肉强食。按照此种逻辑，以强大的国家实力为后盾，在涉及美国国家利益的关键问题上进行国际站队，依照美式标准区分朋友与敌人，并对站队结果进行裁决，就成为美国处理国际问题的重要方式。

作为一个处处标榜自由、民主和人权的国度，尊重他国主权和人权，尊重他国的发展道路，本来是美国的应然之举。但现实情况是美国对本国民众与他国民众采用的标准却完全不同，即所谓的对内民主，对外专制。在表面上反复宣扬美式民主的普适性，认为它是治疗世界诸多问题的一剂良药，可从本质上来看，这却是美国以理想主义为幌子，凭借其无可匹敌的国家实力，强力推行符合其本国利益的现实主义路线而已。从这个角度来说，美国的这种“道”是存在严重问题的，强力推行美式“道”会导致恶果频现，例如“马太效应”的日益显化、贫穷国家和地区在世界体系中愈加边缘化等，造成了当今世界的暗流涌动，就连表面的总体稳定也变得相当脆弱，地区冲突不断、热点此起彼伏、恐怖主义持续蔓延、不得不说美国对此“厥功至伟”。

从美国的实践可以看出，它的“道”是损人利己的“道”，并非“正道”，而且缺少“正道”的指引。尽管“器”得到了超级强化，但其运用还是难免会走入歧途。进一步来说，正因为国际社会的无政府状态，“天下无道”，所以才更需要各国“有道”，并逐步建立起国际社会的“大道”。作为国际社会的主要成员和支柱力量，美国的“道”尤为关键，对于构建公正合理的国际“正道”——符合公平正义要求的国际政治经济新秩序必不可少。

## 第二节　对我国网络恐怖主义应对工作的启示

对正处于决胜全面建成小康社会的中国来说，当前国内外形势正在发生深刻复杂变化，国家发展仍处于重要战略机遇期，前景十分光明，挑战也十分严峻[①]。在中国所面临的诸多挑战中，以“东突”为突出代表的恐怖主义仍在持续蔓延，成为亟需解决的严重安全问题。自20世纪90年代起，“东突”恐怖势力采取以恐怖暴力为主要手段的分裂破坏活动为祸新疆。中国政府积极采取有效措施，对“东突”恐怖势力的嚣张气焰予以坚决有力的打击。在这种情况下，“东突”恐怖势力开始转向网络空间寻求生存与发展的机会：一方面在网络空间公开宣传恐怖主义，组织勾联、筹集资金、指挥策划以及传授恐怖活动技能；另一方面，打着民主自由的幌子，歪曲事实，极力粉饰其分裂和恐怖行径，为其暴行辩护。因此，尽管在严打之下，近期新疆的重大恐怖事件几近消失，但并不代表“东突”恐怖势力业已消亡。可以说，“东突”恐怖势力是一颗“毒瘤”，与网络空间相结合使其恐怖活动更加隐蔽，宣传效力也得到成倍放大，严重危害了国家统一、危害了新疆地区的经济发展和社会稳定。同时，由于中国正处于改革开放攻坚期和社会转型期，深层次矛盾开始显现并时而聚集，在此种情形下恐怖主义诱发犯罪的示范效应不

---

① 《习近平在中国共产党第十九次全国代表大会上的报告》，人民网，2017年10月28日，http：//cpc. people. com. cn/n1/2017/1028/c64094 - 29613660. html（访问时间：2017年10月30日）。

容低估，必须要采取有力措施加以有效应对。

美国的网络恐怖主义应对机制有许多值得借鉴之处，但也存在着一些矛盾和问题。如理想主义与现实主义的纠葛、部门利益冲突、组织文化差异、绝对安全与相对安全的矛盾等等，特别是其所依托的美国国家安全观本身固有的问题严重制约着其成效的深度、广度和持久度。在前文研究分析的基础上，总结该机制的得与失，对于网络恐怖主义威胁同样严峻的中国而言，其重要性不言而喻。

## 一、确立科学合理的应对指导原则

在应对网络恐怖主义的过程中，中国应当首先确立科学合理的应对工作原则，即“道”“器”并举，以实现“力胜”与“心胜”的统一。

对于同样面临日益严峻的网络恐怖主义威胁的中国而言，美国的经验教训告诉我们：“道”“器”同样重要，缺一不可。“道”可被视作一个国家与国际社会其他成员和谐共存的指导方针；而“器”则可被视作为贯彻这一指导方针而需要的各种有效资源的总和，即综合国力。与美国相比，中国几千年以来主要是以思辨方式为主的“重道”思维，注重“道”的生成，强调“以道行天下，以德治天下，以仁待天下”，对“器”的重视程度相对不够。改革开放以来，随着中国共产党人的不断艰辛探索，对“器”的重视程度逐渐提高，在对“道”的探索中也不断加入了新的时代内涵。

在“道”的方面，要充分吸取美国的教训，继续发展“正道”，并使之与“器”相得益彰，是应对网络恐怖主义的关键。中国有着几千年的重“道”传统并不断向其中加入新的元素。自新中国成立以来，从 1953 年周恩来总理提出的“和平共处五项原则”[①] 开始，中国就一直主张，“国家无论大小、强弱、贫富”，都拥有平等主权，

① “和平共处五项原则”，即“互相尊重主权和领土完整、互不侵犯、互不干涉内政、平等互利、和平共处”。

均是国际社会的平等一员，也应做“和平的维护者和促进者”[①]。正是以此为依据，中国同许多国家建立和发展了友好合作关系，为我国的社会主义建设创造了有利的国际环境。冷战结束以来，面临传统与非传统安全威胁交织的新安全环境，中国共产党人审时度势，对中国的“道”进行了创造性地继承与发展，特别是习近平同志提出的总体国家安全观，为国际社会的和谐发展提供了“中国智慧”。总体国家安全观是“对既有的‘大安全’与‘综合安全’等的超越和发展，其内涵是以人民安全为宗旨，以政治安全为根本，以经济安全为基础，以军事、文化、社会安全为保障，以促进国际安全为依托，走出一条中国特色国家安全道路”[②]。总体安全观远离美式冷战思维，主张“双赢博弈”，明确指出中国的安全必须“既重视自身安全，又重视共同安全，打造命运共同体，推动各方朝着互利互惠、共同安全的目标相向而行”[③]。因此，总体国家安全观理应成为国际社会的“正道”，成为“推动全球治理体系变革、构建新型国际关系和国际新秩序的共同价值规范”[④]。中国需要做的就是不断推动总体国家安全观成为国际社会的共识，使国际社会在“正道”的指引下，共同“反对霸权主义和强权政治，维护世界和平，促进人类进步，推动构建人类命运共同体，推动建设持久和平、共同繁荣

---

① 《习近平主席在博鳌亚洲论坛2013年年会上的主旨演讲》（全文），中国共产党新闻网，2013年4月7日，http：//cpc. people. com. cn/n/2013/0407/c64094 –21045989. html（访问时间：2017年10月30日）。

② 《习近平主持国安委第一次会议 首提总体国家安全观》，中国新闻网，2014年4月21日，http：//www. chinanews. com/gn/2014/04 –21/6085880. shtml（访问时间：2017年10月30日）。

③ 叶自成：《习近平总体安全观的中国意蕴》，人民网，2014年6月6日，http：//world. people. com. cn/n/2014/0606/c1002 –25114044. html（访问时间：2017年10月30日）。

④ 冯颜利、唐庆：《习近平人类命运共同体思想的深刻内涵与时代价值》，中国共产党新闻网，2017年12月12日，http：//theory. people. com. cn/n1/2017/1212/c40531 –29702035. html（访问时间：2017年12月30日）。

的和谐世界"[①]。

在"器"的方面，中国的综合国力已得到大幅提升，而且按照十九大报告的安排部署，中国计划"从2035年到本世纪中叶，在基本实现现代化的基础上，再奋斗15年，把我国建成富强、民主、文明、和谐、美丽的社会主义现代化强国，成为综合国力和国际影响力领先的国家"[②]。但我们仍应清醒地认识到，中国的综合国力距离世界先进水平仍有相当差距，而随着中国国家利益内涵和外延的不断拓展，在实现和维护国家利益方面，中国的综合国力建设仍然存在不少急需补齐的短板。就应对网络恐怖主义而言，可用资源与实际需求的矛盾依然突出，"力胜"举措相对不足："东突"恐怖分子为逃避监管与打击，采用加密聊天室、加密通信等方式，并且通常将网站服务器设在国外，中国对此常常感到无能为力。这一方面说明相应的技术手段发展明显滞后，对网络恐怖主义的生存与活动未能有效加以打击和遏制；另一方面也表明中国尚未充分重视以综合国力为核心的震慑作用，使一些国家可以肆无忌惮地纵容甚至支持"东突"的网络恐怖主义活动。因此，持续提升综合国力，并以"重器"为基础，形成强大竞争力与威慑力，为"道"保驾护航，是实现对网络恐怖主义有效压制的重要举措。

应对网络恐怖主义在内的安全威胁，既要强调综合国力的不断提升，着力实现并维护国家利益，又要重视在"正道"的指引下构建国际政治经济新秩序，推动国际社会形成健康机制，以清除网络恐怖主义的外部助推因素与内部生存发展土壤。但需要指出的是，在当前及可预见的未来，由于国际社会各主要国家对"道"的理解难以达成高度共识，因此仍无法形成有效应对网络恐怖主义威胁的

---

① 《中国共产党章程》（中国共产党第十九次全国代表大会部分修改，2017年10月24日通过），中国共产党新闻网，2017年10月29日，http://cpc.people.com.cn/n1/2017/1029/c64094-29614515.html（访问时间：2017年10月30日）。

② 《习近平在中国共产党第十九次全国代表大会上的报告》，人民网，2017年10月28日，http://cpc.people.com.cn/n1/2017/1028/c64094-29613660.html（访问时间：2017年10月30日）。

整体合力。

## 二、积极开展网络空间话语争夺

在网络恐怖主义应对工作中，积极开展意识形态领域的有效话语对抗，就是要与恐怖主义在网络空间进行话语争夺，努力实现话语主导权，不仅致力于限制恐怖主义思想的传播渠道，也注重对恐怖主义思想本身的有效批判，加速“去激进化”目标的达成。事实上，在应对网络恐怖主义的过程中，不仅要重点借助军事力量实现对恐怖主义的“力胜”，更要借助“正道”实现国际政治经济新秩序的合理构建，以“总体国家安全观”和“人类命运共同体”的先进理念，实现对恐怖主义的“心胜”。然而，新秩序的合理构建和先进理念的深入人心尚需时日。在此过程中，特别是当前阶段，与恐怖主义在网络空间进行话语争夺，防止“极端化”的进一步蔓延，就成为“心胜”的阶段性关键目标。

### （一）话语争夺工作的严峻形势

众所周知，与防止恐怖袭击相比，更难管控的是恐怖主义思想及其传播。以“基地”“伊斯兰国”为代表的恐怖组织除继续利用传统媒体外，还不断加强对网络社交媒体及其他在线通信平台的利用力度，针对近百个国家受众，利用数十种语言进行宣传，使数以千计的年轻人被成功“洗脑”，完成在线的“自我极端化”转变，或是奔赴叙利亚等地直接参与军事“圣战”，或是在西方国家内部以“独狼”形态实施暴力恐怖活动。而在我国新疆等地，网络空间已成为暴恐分子“宣扬宗教极端思想、挑拨民族矛盾、鼓吹民族分裂的重要渠道”[①]，其发布的暴恐音视频已成为当前暴力恐怖案件多发的

---

① 中华人民共和国国家互联网信息办公室、中共中央网络安全和信息化领导小组办公室：《举报中心呼吁广大网民积极举报网上暴恐有害信息》，2016 年 2 月 4 日，http://www.cac.gov.cn/2016-02/04/c_1117990744.htm（访问时间：2017 年 10 月 30 日）。

重要诱因①，社会危害性极大。

究其原因，新的安全环境下，安全威胁随之发生了巨大变化，而传统的应对思路和应对方式已不能适应新的变化。以针对恐怖主义的话语争夺为例，恐怖主义充分利用网络空间这一全新技术领域，完成恐怖主义思想话语表达方式的变革，较之以往的传统方式，呈现出速度更加快捷、范围更加广泛且行动更加隐蔽等特点，对相应的话语对抗工作构成了巨大挑战。

按照传统对抗模式，只需对传统媒体，如电视、广播、报纸等强化监管，使恐怖主义思想的宣传门槛无限抬高，即可有效压制其话语表达空间；而在新形势下，这一做法已不再那么奏效：网络节点众多，且恐怖分子技术手段不断翻新，总能找到漏洞，为其发声找寻合适的时机与平台，而且某些媒体为博取眼球和流量，也甘当恐怖主义的宣传渠道，这就使得恐怖主义思想的话语空间始终存在并且借助网络得到成倍放大。

### （二）限制恐怖主义话语传播

话语争夺实际上是思想阵地的攻防战，争夺的是话语空间的主导权。正如习近平主席所说，“宣传思想阵地，我们不去占领，人家就会去占领”②。在应对网络恐怖主义的过程中，必须牢牢掌握思想阵地的话语权，才能实现对极端主义思想的有效压制与有力反击。恐怖主义话语之所以还能在网络空间广泛存在，一方面是监管技术和监管能力未能及时跟上，对恐怖主义思想的传播未能做到有效遏制；另一方面则是对恐怖主义思想本身的批判力度不足，导致成效受到相当制约。

应当看到，目前所做的话语争夺工作中，在对恐怖主义思想的

---

① 《举报网上暴恐音视频》，凤凰财经，2014 年 6 月 21 日，http://finance.ifeng.com/a/20140621/12584224_0.shtml（访问时间：2017 年 10 月 30 日）。

② 曹征海：《一定要增强阵地意识——深入学习贯彻习近平同志在全国宣传思想工作会议上的重要讲话精神》，人民网，2013 年 11 月 9 日，http://politics.people.com.cn/n/2013/1109/c1001－23483987.html（访问时间：2017 年 10 月 30 日）。

传播限制方面，包括美国在内的多个国家更多是将重点放在恐怖主义思想的传播渠道管控之上，通过强化立法，加强政府各部门协调以及与私营部门合作力度等方式，极大压缩恐怖主义的话语空间。中国在此方面同样做了大量工作，并取得不俗成效。中国国家网信办 2014 年 6 月启动“铲除网上暴恐音视频专项行动”，短短不到十天时间，互联网违法和不良信息举报中心已经接收暴恐类信息举报 1538 件次，经工作人员初核，有效举报 230 件次，其中境外线索 165 件次，境内线索 65 件次，网信办已对这些举报线索进行甄别核查，并采取了相关处置措施①；2016 年 2 月启动为期半年的打击暴恐音视频、清理涉疆涉恐有害信息专项行动，累计清理涉恐违法有害信息 2.5 万余条，铲除暴恐音视频存量达 4000 多部，打掉涉恐用户账号 200 余个②。通过这一系列有力举措，中国以“零容忍”态度坚决打击制作、传播暴恐音视频违法行为，“境内网上暴恐音视频总量持续下降，涉疆涉恐有害信息得到有效控制，传播渠道得以进一步被阻断”③。

然而，我们仍应清醒而冷静地看到，针对恐怖主义的传播受众，这方面的话语争夺力度与有效性依然存在不小的短板。以美国为例，据美国媒体曝光的一份白宫文件显示，奥巴马行政团队承认，相对于“伊斯兰国”的宣传材料，反恐阵营目前缺乏具有吸引力的内容，而且美国发出的许多反制信息缺少明确的目标受众④；中国也在一定程度上存在类似问题，从目前掌握的情况看，在新疆受到宗教极端

① 中华人民共和国国家互联网信息办公室、中共中央网络安全和信息化领导小组办公室：《国家网信办：超七成涉暴恐类有害信息来自于境外网站》，2014 年 7 月 1 日，http://www.cac.gov.cn/2014-07/01/c_1111392005.htm（访问时间：2017 年 10 月 30 日）。

② 中华人民共和国国家互联网信息办公室、中共中央网络安全和信息化领导小组办公室：《方楠：“守门员”的反恐使命》（注：方楠为中央网信办网络应急局局长），2016 年 8 月 15 日，http://www.cac.gov.cn/2016-08/15/c_1119331259.htm（访问时间：2017 年 10 月 30 日）。

③ 同上。

④ 中华人民共和国国家互联网信息办公室、中共中央网络安全和信息化领导小组办公室：《美国：白宫联手硅谷在社交媒体上追剿恐怖分子》，2016 年 1 月 12 日，http://www.cac.gov.cn/2016-01/12/c_1117744020.htm（访问时间：2017 年 10 月 30 日）。

思想煽动蛊惑、从事暴恐活动的多为文化程度低、宗教知识匮乏、农村户籍、年龄在18—35岁的青年群体[①]，他们常常更加容易被极端思想拉下水，其中一个重要原因就是没有让正确的思想进入他们的头脑，在缺乏是非观念和基本判断力的情况下自然就容易沦为宗教极端思想的俘虏。因此，目前采取的诸多措施，如提高重点地区扫盲率、加强双语教学、在新疆全面实行高中阶段免费教育等，均具有较好的长期效果。而目前存在的不足主要体现在短期效果上，在让更多群众了解和熟悉党的民族宗教政策、反恐政策和法规以及有效区分合法宗教与非法宗教方面，培训、讲课及宣传教育的形式、内容、方法还有待进一步探索和创新，所覆盖的群体范围还需进一步扩大，从而有效增强恐怖主义思想易感人群自身抵御极端主义的能力，使恐怖主义思想的话语影响力大幅降低，这也是实现“去极端化”的一项重要举措。

### （三）对抗恐怖主义思想本身

与大幅压缩恐怖主义的话语空间相比，更为重要的则是对恐怖主义思想本身的有力批判，这也是推进“去极端化”、争夺话语权的重中之重。面对恐怖主义咄咄逼人的网络宣传攻势，仅仅限制其传播只能达到“治标”之目的，通过强有力的话语对抗，让世人认清其本来面目并自觉与其划清界限，这才是话语争夺的关键所在。要想实现这一目标，就必须做到“知己知彼”，这也正是当前话语对抗工作的重大短板所在。

我们说恐怖主义思想是错误的，是对《古兰经》和《圣训》的教义进行故意曲解，使之与地区冲突、民族矛盾和种族纠葛相呼应，暗中为其政治目的服务。那么到底是哪些人在歪曲？它到底是如何曲解的？正确的应该是什么？为何此种曲解能够在一定范围内和一

① 隋云雁：《外媒称中国采取反恐新举措：力促新疆经济增长》，华声新闻，2014年8月25日，http://news.voc.com.cn/article/201408/201408251114103804.html（访问时间：2017年10月30日）。

定程度上大行其道？这些都需要结合新的安全环境背景，对正确的宗教元素加以深刻理解，同时不断发掘恐怖主义思想中的荒谬之处，使之昭示于天下，对其话语体系形成有力打击。

伊斯兰世界分为保守派、温和派和激进派。即使是属于激进派别的“瓦哈比主义”[①]和“萨拉菲主义”也并非全都会诉诸极端主义和恐怖主义[②]，对其加以明晰了解并准确区分，进而实施话语对抗，才能有的放矢。这样既可以努力争取大多数穆斯林的同情与支持，也可以使极端分子更加孤立，使话语争夺工作更为有效。再以恐怖主义经常使用的“圣战”为例，这就是典型的断章取义、故意曲解经文，也是某些媒体缺乏宗教常识、人云亦云的表现。在《古兰经》和《圣训》[③]中，本来并没有“圣战”一词，而类似的“吉哈德”（Jihad）是指“斗争、奋斗、努力”的意思，只是后来不少伊斯兰恐怖组织滥用“吉哈德”一词，并认为这是其反抗暴政和侵略的武装旗帜，以便粉饰和美化自己的暴力恐怖行为。而西方学者也将之与“十字军东征”相类比，将其译为“圣战”（Holy War），旨在制造一种假象，即穆斯林要针对所有异教徒展开一场宗教战争，借此妖魔化伊斯兰教，而此种话语也随之融入世界主流反恐话语体系并沿用至今。

事实上，作为伊斯兰教规定的穆斯林应尽的宗教义务之一，“吉哈德”在伊斯兰世界具有相当重要的地位和作用，正如其先知穆罕

---

① “瓦哈比主义”是18世纪起穆斯林复兴运动的代表，倡导净化伊斯兰教信仰，回归穆罕默德及圣门弟子时代。瓦哈比派认为不接受其理念者即是无信仰者和多神论者，无权生存，必须格杀勿论。参见方金英：《穆斯林与激进主义：历史与现实》，第262页。

② 方金英：《穆斯林与激进主义：历史与现实》，第5页。

③ 圣训，伊斯兰先知穆罕默德传教、立教的言行记录。中国穆斯林学者译作“圣训”“圣谕”，有时亦称为“先知的嘉言懿行”。穆罕默德的弟子谈论宗教、经训和实践教理的重要言论或行为，凡经先知认可和赞许的，也被列入圣训范围。圣训是伊斯兰教重要文化遗产之一，经辑录定本的《圣训集》被视为仅次于《古兰经》启示的基本经典，是对《古兰经》基本思想的具体阐释，是对伊斯兰教义、教律、教制、礼仪和道德的全面回答和论述，是后世各派法学家立法、执法的第二位渊源和依据，也是历代教职人员、学者进行宣教、立论、立说的依据，故受到穆斯林高度尊崇。1000多年来，穆斯林对圣训理解的差异曾引发教义争论，并因此兴起不同学派与教派。

默德所说："我岂能不把事情的尖顶、支柱和最重要部分告诉你们？事情的尖顶就是伊斯兰；支柱就是祈祷；它的最重要部分就是吉哈德"[①]。按照大多数穆斯林的理解，"吉哈德"有"大吉哈德"与"小吉哈德"之分，前者是指个人层次也是灵魂层次上同内心的欲望、邪恶和撒旦展开的斗争，意味着自我约束；后者则指的是社会层次也就是战场上同异教徒展开较量[②]，同样也有正义与非正义之分。履行"吉哈德"义务的方式也可分为四种：用心、用舌、用手（笔）、用剑[③]。由此可以清楚地看到，恐怖主义是如何对"吉哈德"一词断章取义，从而迎合其不可告人的政治意图的，而且《古兰经》也明确指出："你们为主道而抵抗进攻你们的人，你们不要过分，因为真主必定不喜爱过分者"[④]。《圣训》中也有类似的表述："真主说，谁作恶，谁受恶报"[⑤]。由此可见，伊斯兰极端主义者滥用暴力的行径并不符合伊斯兰教义的规定；同样应当看到的是，冷战结束以来，随着国际安全环境的变化，伊斯兰复兴运动蓬勃兴起，而为了遏制这一发展势头，防止对美国地区和全球霸权形成挑战，美国无所不用其极。在话语空间方面，尤其是"9·11"事件之后，以美国为主的西方媒体借助其话语优势对伊斯兰教进行压制，例如对"吉哈德"一词的故意错译和效应放大，来迎合部分极右势力的政治需求。对此，我们必须要有清醒而冷静的认识，一方面通过深入了解并针对特定受众宣扬正确的宗教知识，使恐怖主义思想无法再坚

① 《布哈里圣训实录》是公元9世纪著名穆斯林学者布哈里精心选编的伊斯兰教先知穆罕默德的言行录。由于布哈里对圣训的考证和筛选工作非常细致，选录圣训的条件十分严格，因此，他选编的这部圣训实录被认为是众多圣训集中最知名的圣训集，成为阿拉伯—伊斯兰文化史上最重要的典籍之一，因而历来受到东西方学术界的重视。参见祁学义译：《布哈里圣训实录全集》（第一卷），北京：宗教文化出版社，2008年版，出版说明。

② 方金英：《穆斯林与激进主义：历史与现实》，第80页。

③ 《中国伊斯兰百科全书》，伊斯兰之光网站，2009年6月8日，http://www.norislam.com/?viewnews-7072。（访问时间：2017年10月30日）

④ 马坚译：《古兰经》，北京：中国社会科学出版社，1981年版，第21页。

⑤ 祁学义译：《布哈里圣训实录全集》（第四卷），北京：宗教文化出版社，2008年版，第2页。

守其宣传阵地；另一方面则不能受制于西方反恐话语体系，要有自己的科学判断和明辨是非的能力。

## 三、稳步推进应对工作的长效发展

《孙子·九变篇》有云："故用兵之法，无恃其不来，恃吾有以待也；无恃其不攻，恃吾有所不可攻也"①。稳步推进网络恐怖主义应对工作的长效发展就是要在"有以待"的基础上，做到应对工作的"可持续"。在当前的国际环境下，恐怖主义的生长土壤依然肥沃，正如美国国家反恐中心前负责人尼古拉斯·拉斯穆森（Nicholas Rasmussen）所言："真正改变恐怖威胁的滋生环境是一个更为艰巨的任务，需要更多的资源、时间和耐心"②。此外，由于国际社会主要国家在反恐工作中"道"与"器"的分离，恐怖主义仍然在全球持续蔓延。网络恐怖主义，作为恐怖主义与网络空间的结合体，将随着恐怖主义而长期存在，并将借助网络技术的更新换代而不断提升在网络空间生存与发展的能力水平。无论是工具型还是目标型网络恐怖主义，抑或是二者的结合，均会对国际社会造成越来越大的安全挑战。如前所述，"道""器"并举尚需假以时日，压制恐怖主义网络话语空间并争夺其话语权也不可能一蹴而就。因此无论是"力胜"还是"心胜"，均需在充分准备的基础上，不仅要注重短期效果，更要注重长期效应，将应对网络恐怖主义视作一场"持久战"。

从实际情况看，网络恐怖主义目前主要处于工具型应用阶段，利用网络空间实施彼此勾联、资金筹集、人员培训、宣传教唆等等

---

① 林戊荪译，吴如嵩、吴显林校释：《孙子兵法 孙膑兵法》，北京：外文出版社，2007年版，第56页。

② Paul Cruickshank, "A View from the CT Foxhole: Nicholas Rasmussen, Former Director, National Counterterrorism Center," *CTC Sentinel*, Vol. 11, No. 1, January 2018, https://ctc.usma.edu/view-ct-foxhole-nicholas-rasmussen-former-director-national-counterterrorism-center/.（访问时间：2018年2月2日）

是其重要表现。但随着其技术水平的进步，以网络、网络基础设施以及关键性基础设施为攻击对象的目标型网络恐怖主义将会出现并迅速发展，这将给各国国家安全带来巨大挑战。因此，在实际危害尚未发生之际，未雨绸缪，积极做好各种应对准备，特别是对关键网络节点做好防护，同时努力打造一支强大的网络威慑力量，使对我国的网络攻击成为网络恐怖主义的“不可承受之重”，是确保国家利益得以实现和维护的长效之举。

### （一）做好充分应对准备，实现“有以待”

针对网络恐怖主义当前的表现形态而言，无论是压制其话语空间，切断其网络融资渠道，还是监控及破坏其组织策划与通信联系，均需要从政策、法律、组织和技术层面做好充分应对准备，只有做到“有以待”，才能形成对网络恐怖主义的压倒性优势。

在政策方面，一方面将网络恐怖主义应对工作提高到国家战略层面，依照2015年7月的《中华人民共和国国家安全法》、2015年12月的《中华人民共和国反恐怖主义法》以及2016年11月的《中华人民共和国网络安全法》的规定，针对我国面临的网络恐怖主义威胁并结合我国实际，制定中国的网络反恐战略目标、战略原则和战略措施，突出战略重点，规划战略节点，全面提高网络反恐能力。同时对网络恐怖主义应对工作提供相应的政策支持或政策倾斜，为资金投入、人才培养、组织建设等具体事务提供足够的政策驱动，确保所投入的资源足以满足“有以待”之要求。

在法律方面，借助《中华人民共和国反恐怖主义法》等法律法规出台的东风，建立和完善打击网络恐怖主义的相关法律制度，为此需要重点关注如下几个方面：首先是对网络反恐立法的现实需求加以科学合理的立法评估，既包括立法前对立法的紧迫性、必要性、合法性、协调性及可操作性等的评估，也包括立法后对立法实践、实际影响、执法守法等情况的评价；其次是实施科学合理且细化的网络反恐特别程序立法，一方面相关行政部门得以严格依照实体法的程序规定有效履行职责，另一方面则以“程序正义”为指导，规范相关行政主体的职权行为，防止职权滥用，以保障民众合法权益，有效减少争议与冲突；最后是使应对网络恐怖主义的专门领域和部门形成共同法律认知，为形成全国统一标准的立法和执法环境提供保障，促进网络反恐工作的协调发展。

在组织方面，以新成立的国家安全委员会为顶层指导机构，建立健全各专业领域的组织体系，如集网络安全、情报、反恐融资、反宣传和反恐执法为一体的反恐组织体系，实现“中央与地方、网上与网下、境内与境外、打防管控一体化的体制机制，扁平化点对点指挥、一通到底、资源力量动态配置的组织指挥体制，部门协作、地区协作和政企协作的协作配合机制，以及资源共享、预警通报、信息快速处置、线索快查快办、案件合成作战、情报信息会商研判、事件全天候应急处置保障机制”①，确保对工具型和目标型网络恐怖主义的全覆盖。

在技术方面，要按照《中华人民共和国网络安全法》中“建立和完善网络安全标准体系”② 的总体要求，建立起统一权威的国家标准工作机制，加快核心领域强制性国家标准制定，在提升标准质量的同时加快国际标准化工作，为网络安全保障体系建设提供重要支撑；要紧跟世界互联网技术发展步伐，重点发展关键基础设施等网络节点的防护技术以及针对网络恐怖主义活动的反制和反击技术，尤其是加强安全防护与网络攻击核心技术的自主研发与技术人才的培养和储备，力争在关键技术和重点防护手段上有所突破；加紧对人工智能、大数据、云计算、物联网等前沿技术的自主开发与应用，为国家网络安全提供持久可信的技术支撑，同时，还要着力实现相对于网络恐怖主义的技术优势。

---

① 盘冠员、章德彪：《网络反恐大策略：如何应对网络恐怖主义》，北京：时事出版社，2016 年版，第 279 页。

② 中华人民共和国工业和信息化部：《中华人民共和国网络安全法》，2016 年 11 月 7 日，http：//www. miit. gov. cn/n1146295/n1146557/n1146614/c5345009/content. html（访问时间：2017 年 10 月 30 日）。

在此过程中，有两点需要特别注意：首先，在“正道”的指引下，抓住宝贵的战略机遇期，继续全力提升国家实力，为各层面的准备工作提供充足的精神和物质条件，是实现“威加于敌”的核心与基础，而能够借此实现“不战而屈人之兵”则当属上上之策。其次，继续统一思想认识，特别是应对网络恐怖主义的意识，努力克服部分领域和某些部门对网络恐怖主义这一新型安全威胁的危害性认识不足、重视程度不够的问题，清楚了解网络恐怖主义的发展变化和特点规律，使网络反恐深入人心。不仅专业反恐领域和部门要在思想上高度重视、时刻绷紧网络反恐这根弦，尽力做到“先为不可胜”和有备无患，而且对普通民众也要进行广泛发动。按照中国互联网络信息中心（CNNIC）2017年8月发布的第40次《中国互联网络发展状况统计报告》显示，截至2017年6月，中国网民规模达到7.51亿[①]，对此善加利用将是一支非常强大的网络反恐力量。通过大力宣传《中华人民共和国反恐怖主义法》并对网络恐怖主义的危害广而告之，使普通民众也能够成为网络反恐的有效“耳目”，必将为专业反恐工作提供有力支撑和有益辅助。

因此，在网络恐怖主义这一全新安全威胁日益严峻的形势下，要以“正道”为指引，以强大的综合国力为依托，以统一思想认识为前提，努力完善以网络反恐国家战略和配套法律法规与相关政策为核心的顶层设计，优化网络反恐组织体系建设，加强技术领域专业能力建设，实现“借力”反恐与“合力”反恐，积极打造网络反恐领域的“利益共同体”，才能真正做到“有以待”，从而更好地维护和实现中国的国家安全利益。

### （二）做好长期应对准备，力争“可持续”

当前，我国面临的网络恐怖主义形势仍然十分严峻而复杂，除

---

① 中国互联网络信息中心：《第40次〈中国互联网络发展状况统计报告〉发布》，2017年8月4日，http://cnnic.cn/gywm/xwzx/rdxw/201708/t20170804_69449.htm（访问时间：2017年10月30日）。

了积极应对，实现“有以待”的充分准备之外，同样重要的是，在清醒认识到网络恐怖主义应对工作的复杂性和长期性的基础上，做到应对工作的“可持续”：既注重“治标”，又注重“治本”，要做好长期应对的心理准备和能力储备。从某种意义上来说，这一点更加困难，然而却相当关键。

如前所述，恐怖主义和网络恐怖主义都在不断变换活动手法并将长期存在。对于我国新疆地区来说，在极端主义和“双泛主义（泛伊斯兰主义、泛突厥主义）”的持续影响下，网络恐怖主义的外部思想动力将长期存在，而民族分裂势力也始终在蠢蠢欲动，因此做好打持久战的心理准备是必不可少的一环。以“可持续”的思想指导应对工作的资源配置、人才培养、能力建设、组织构建等具体事务并进行科学合理的规划，在战略战术上实现“常态化”网络反恐，尽量避免“运动式”网络反恐模式，确保反恐投入与反恐效果的长期平衡。

在此过程中，还须以针对恐怖主义的可持续应对为重要基础和有力依托。由于网络恐怖主义与恐怖主义密不可分，因此网络反恐的“治本”工作同样离不开恐怖主义的可持续长效治理。从近些年的情况看，在严打整治等高压威慑态势下，新疆地区的安全形势处于总体可控状态，但我们也要看到，在取得不俗“治标”成绩的同时，仍有大量的“治本”工作需要去做，否则当前的大量资源和力量投入一旦削减甚至取消，恐怖主义和网络恐怖主义仍有可能迅速反弹，而且大量资源和力量投入也是对社会经济发展资源的一种占用，长期来看也会对社会进步造成阻碍。因此，应当及早制定出更加科学合理的恐怖主义长效应对机制，使反恐与社会发展协调一致，促进新疆等暴恐肆虐地区的全面稳定，推动社会进步与长治久安。

## 本章小结

恐怖主义作为一股影响世界和平与稳定的破坏性力量，流毒千年，只要国际社会的“正道”尚未得到有效彰显，公正合理的国际政治经济秩序仍未得到充分构建，恐怖主义的滋生土壤就会长久存在，恐怖主义也将会在今后相当长的历史时期内与人类社会伴生下去。而作为恐怖主义在网络空间的活动延伸，网络恐怖主义使恐怖主义的思想、行动和影响实现全球覆盖，已成为国际社会面临的新的、更加重大的安全威胁。

具有“重器”传统的美国经过不断的探索实践，从政策、法律、组织和技术四个方面形成网络恐怖主义应对机制，应对能力不断提升，在战术层面取得了不俗成效。然而由于美国“道”“器”分离，注重“力胜”而忽视真正意义上的“心胜”，凡事“美国优先”，处处美国利益至上，其充斥冷战思维和零和博弈的现实主义路线仍然大行其道，造成当前国际社会政治经济结构的失序。诸多地区在冲突和民族、种族矛盾中都可见到美国以干涉谋利益的身影，这也直接或间接地导致美国面临的恐怖主义威胁始终不曾真正减少反而是“越反越恐”，进而使网络恐怖主义威胁也日趋严峻并生生不息，其应对成效也就从根本上受到了相当的制约。

“他山之石，可以攻玉”。对于同样面临网络恐怖主义威胁的中国而言，有效借鉴美国的“重器”之术，不断努力提升网络恐怖主义的应对能力，是为实现短期治标、长期治本赢得时间和空间的重要砝码；与此同时，正本清源，以习近平主席总体国家安全观为指导，努力从国际大势入手，积极构建国际政治经济新秩序，力促这一“正道”成为国际社会共识，使全世界因此而结成“命运共同体”，彼此联系、彼此依赖、彼此帮助，实现标本兼治，“力胜”与“心胜”并举，致力于消除恐怖主义的产生根源，才是网络恐怖主义治理的根本之道。

# 结　　论

冷战结束，既有国际格局被打破，新的国际格局尚待重构。在这种新的安全环境下，军事安全不再占据国家安全的唯一重要地位，非传统安全要素逐渐凸显。经历无政府主义、民族主义、意识形态三次发展浪潮的恐怖主义，现在正处于以宗教极端主义为主导的第四次浪潮①。以“9·11”事件为节点，在美国领导的全球反恐战争的持续打击下，恐怖主义的传统生存发展空间受到强力挤压，日新月异的网络技术使恐怖主义开始寻求“数字化生存与发展”之道。恐怖主义与网络空间结合，一方面使恐怖主义呈现新特征、获得新动力；另一方面也给各国的国家安全带来了新问题、新挑战。以“基地”和“伊斯兰国”为代表的宗教型恐怖主义组织“利用互联网开展招募、宣传、策划、洗钱、组织恐怖袭击等已经成为全球恐怖活动变化的重要特点，”② 使其影响和危害成倍增加，引起国际社会的高度关注和警觉，联合国安理会就此通过相关决议要求国际社会加强对网络恐怖主义的打击力度。

美国历来在理想主义与现实主义之间谋求平衡，但作为冷战结束后唯一的超级大国，冷战的胜利以及无与伦比的国家实力使其自信心再度膨胀，美国国家利益至上的思想始终或明或暗地指导着美国的国家战略：在全球各地争夺利益、不惜损害他国利益、信奉霸

---

① 张家栋：《恐怖主义与反恐怖：历史、理论与实践》，上海：上海人民出版社，2012 年版，第 46－53 页。

② 张立伟：《打击网络恐怖主义亟需法律支持》，中国共产党新闻网，2015 年 1 月 26 日，http：//theory. people. com. cn/n/2015/0126/c40531－26448783. html。（访问时间：2017 年 11 月 2 日）

权主义与零和思维等。美国在理想主义与现实主义之间的失衡，致使其树敌颇多，特别是在伊斯兰世界。在全球化浪潮中逐渐处于边缘化的伊斯兰世界普遍处于深刻的社会危机中，加之美国安全观的偏向，导致伊斯兰世界受到不公对待的感觉越来越强烈，“穆斯林胸中不断积淀的‘悲情’助推宗教激进主义向全球狂飙突进，因为他们把宗教作为唯一依托。”[①] 正因如此，在日益高涨的伊斯兰复兴运动背景下，有着深厚理论根源的宗教极端主义更是将美国作为头号目标，不断诉诸暴力，积极适应新形势、运用新技术，变换活动特点，给包括美国在内的国际社会带来严峻挑战。

面对宗教型恐怖主义与网络空间结合所带来的这一全新安全威胁，为营造良好的国家安全环境，美国积极构建起应对网络恐怖主义威胁的整体架构，涵盖政策、法律、组织和技术四个方面，力求实现对网络恐怖主义威胁的有效应对。

从政策体系看，美国注重从战略层面进行前瞻预置，通过及时准确评估网络恐怖主义威胁等各类安全威胁，借助上至国家安全战略、网络安全战略、反恐战略，下至部门落实文件在内的各级各类政策文件，为网络恐怖主义应对工作明确总体任务并实施具体分工，使相关部门机构各司其职。在指导的同时，政策体系还通过其权威性和强制性起到规范的作用，特别是努力调和不同部门机构间的利益与文化冲突，致力于贯彻“整体政府”思路，使网络恐怖主义应对工作形成合力。

从法律体系看，美国在确保法律最高权威性的指导原则下，通过新增专门反恐法律的方式完善实体法，尤其是特别诉讼程序等，实现对网络恐怖主义相应犯罪类型的有效适用覆盖。与此同时，对负责应对工作的组织机构实施法律授权和限权，使其得以依法对网络恐怖主义进行有效防范、严厉打击和惩治。当然，为兼顾理想主义与现实主义的平衡，在依法应对网络恐怖主义的过程中，保障公

① 方金英：《穆斯林与激进主义：历史与现实》，第30页。

民自由，使相关方的法益不致受损，同样也是法律体系的关注要点。因此，法律体系为该机制起到总体的规范作用。

从组织体系看，按照政策体系和法律体系的总体要求，美国对应对环节各要素进行了较为合理的配置，使各相关部门机构明确权责并加强合作，努力使组织要素形成聚力效果，构建相对稳定科学的管理体系，实现多力并发、多措并举，共同合力应对网络恐怖主义威胁。其中，改革情报部门，构建起针对网络恐怖主义的无形防线，是网络恐怖主义应对机制组织体系的基础；网络安全部门、反融资、反宣传、反恐执法等部门则依据及时准确的情报，合力对网络恐怖主义的实施方式、实施内容和实施主体进行有效应对。

从技术体系看，紧跟网络安全技术发展趋势，提升网络安全标准的科技含量和技术水平，使美国的网络安全建设得以规范，是技术体系构建的前提；针对其关键基础设施众多的情形，着力提升网络防御水平，从网络态势感知、网络边界守护和重要数据防护三处重点入手，构筑起纵深防御体系，是尽量减少网络恐怖主义可乘之机的重要保障；不断强化以全球监控为主的网络侦察，同时运用防御入侵手段并积极实践网络攻击，实现对网络恐怖主义的有效打击，是尽量压缩后者生存发展空间的重要手段。三者相辅相成，为美国网络恐怖主义应对机制提供了较为充分的安全技术保障。

总之，美国网络恐怖主义应对机制，通过政策体系和法律体系的引领与规范，由组织体系和技术体系加以贯彻保障，在日益严峻的网络恐怖主义威胁下，较为有效地保护了美国的网络资产安全，实现了对网络恐怖主义的有效打击与惩治。然而，无论从战略层面，还是从战术层面，该机制依然存在值得改进之处。理想主义与现实主义之间的角力、现实力量之间的利益冲突，加之该机制一直面临的“西西弗斯”之痛——“全面防御”与“有效防御”之间的纠葛等，对这些问题的解决程度影响着应对机制的最终成效。而最为关键与根本的问题在于，美国过于迷信自身的超强实力，为现实主义利益而执意维护国际政治经济旧秩序，致使国际社会发展日益失衡，

“世界中心”与“世界边缘”的冲突愈演愈烈，反美情绪不断高涨，恐怖主义也因此生生不息。而且，受到全球反恐战争打击的恐怖主义正逐步与网络空间结合，给高度依赖网络与关键基础设施的美国带来新的巨大挑战。在美国面临的战略环境中，恐怖主义将会是其一直无法有效摆脱的梦魇。

对于同样面临严峻网络恐怖主义威胁的中国来说，美国在网络恐怖主义应对机制的构建方面存在的问题与所获的经验值得反思与借鉴，从而在应对以“东突”为主的网络恐怖主义的工作中扬长避短，取得实效。

首先是“知彼”。要以情报工作为基础，准确把握大至国家面临的总体国际安全战略环境、小至网络恐怖主义的实施主体、实施内容与实施方式等方面的具体情况，并依此制定有针对性的政策与法律，引领并规范相应的组织建设和技术发展。不仅要严厉打击网络恐怖主义的外在行为表现，更要对其内在思想根源进行有效反制。要透彻理解各种极端主义思想，方可制定行之有效的分化、瓦解与反制措施，力图使其错误昭然于天下，从而打赢思想战线的战争。

其次是“知己”。在此方面，美国最大的问题在于：对自身实际认识不清，迷信“力胜”之道，以为自身的价值观和政治体制可以放之四海而皆准，因此四处干涉，侵犯他国主权，以理想主义之名，行霸权主义之实，结果却导致恐怖主义威胁在全球持续蔓延。有鉴于此，中国需要一方面继续大力加强对“器”的重视力度，不断提升综合国力及对世界格局的塑造能力；另一方面则是以此为基础，积极推动习近平总书记提出的“总体国家安全观”成为国际社会共识，努力使“人类命运共同体”观念深入人心，构建起公正合理的国际政治经济新秩序，努力消除网络恐怖主义的深层次根源，实现长效应对直至最终胜利。

# 参考文献

## 一、中文部分

### （一）著作

[1] 奥德丽·库尔思·克罗宁、詹姆斯·M. 卢德斯著，胡微、李莎、耿凌楠译：《反恐大战略：美国如何打击恐怖主义》，北京：新华出版社，2015 年版。

[2] 北约卓越网络合作防卫中心国际专家小组编，朱莉欣等译：《塔林网络战国际法手册》，北京：国防工业出版社，2016 年版。

[3] 布丽奇特·L. 娜克斯著，陈庆、郭刚毅译：《反恐原理》（第四版），北京：金城出版社，2016 年版。

[4] 布热津斯基著，王振西译：《大抉择：美国站在十字路口》，北京：新华出版社，2005 年版。

[5] 戴凤秀：《防恐怖战略与对策》，北京：当代中国出版社，2003 年版。

[6] 戴维·罗特科普夫著，孙成昊、张蓓译：《国家不安全：恐惧时代的美国领导地位》，北京：社会科学文献出版社，2016 年版。

[7] 丹·考德威尔、罗伯特·E. 威廉姆斯著，彭子臣译：《危中求安：如何在动荡的世界寻求安全》，北京：金城出版社，2017 年版。

[8] 杜金富主编：《部分国家（地区）反洗钱/反恐融资规定选编》，北京：中国金融出版社，2013 年版。

[9] 范明强：《社会学视野中的恐怖主义》，北京：解放军出版

社，2005 年版。

［10］方金英：《穆斯林与激进主义：历史与现实》，北京：时事出版社，2015 年版。

［11］何秉松编著：《后拉登时代国际反恐斗争的基本态势和战略》，北京：中国民主法制出版社，2013 年版。

［12］亨利·基辛格著，顾淑馨、林添贵译：《大外交》，海口：海南出版社，2012 年版。

［13］胡建奇：《美国反恐跨部门协同研究》，北京：中国人民公安大学出版社，2011 年版。

［14］胡联合：《全球反恐论：恐怖主义何以发生与应对》，北京：中国大百科全书出版社，2011 年版。

［15］黄瑶等：《联合国全面反恐公约研究：基于国际法的视角》，北京：法律出版社，2010 年版。

［16］蒋晓燕、信强：《美国国会与美国对华安全决策（1989 - 2004）》，北京：时事出版社，2005 年版。

［17］金炳华主编：《马克思主义哲学大辞典》，上海：上海辞书出版社，2003 年版。

［18］柯武刚、史漫飞著，韩朝华译：《制度经济学——社会秩序与公共政策》，北京：商务印书馆，2000 年版。

［19］李景治、宫玉涛、刘元岭：《反恐战争与世界格局的发展变化》，北京：当代世界出版社，2008 年版。

［20］李湛军：《恐怖主义与国际治理》，北京：中国经济出版社，2006 年版。

［21］林戊荪译，吴如嵩、吴显林校释：《孙子兵法 孙膑兵法》，北京：外文出版社，2007 年版。

［22］刘建伟、王育民编著：《网络安全：技术与实践》（第三版），北京：清华大学出版社，2017 年版。

［23］刘强、钮汉章主编：《国际安全战略思维史纲》，北京：时事出版社，2016 年版。

［24］罗斯科·庞德著，邓正来译：《法律史解释》，北京：中国法制出版社，2002 年版。

［25］马丁·C. 利比基著，薄建禄译：《兰德报告：美国如何打赢网络战争》，北京：东方出版社，2013 年版。

［26］马坚译：《古兰经》，北京：中国社会科学出版社，1981 年版。

［27］马长生、贺志军等：《国际恐怖主义及其防治研究：以国际反恐公约为主要视点》，北京：中国政法大学出版社，2011 年版。

［28］孟德斯鸠：《论法的精神》（上），北京：商务印书馆，2012 年版。

［29］倪世雄等：《当代西方国际关系理论》，上海：复旦大学出版社，2001 年版。

［30］倪世雄等主编：《中美国家利益比较》，北京：时事出版社，2004 年版。

［31］潘新睿：《网络恐怖主义犯罪的制裁思路》，北京：中国法制出版社，2017 年版。

［32］盘冠员、章德彪：《网络反恐大策略：如何应对网络恐怖主义》，北京：时事出版社，2016 年版。

［33］祁学义译：《布哈里圣训实录全集》（第四卷），北京：宗教文化出版社，2008 年版。

［34］祁学义译：《布哈里圣训实录全集》（第一卷），北京：宗教文化出版社，2008 年版。

［35］任筱锋、郑宏、梁巍编：《国际反对恐怖主义公约汇编》，北京：世界知识出版社，2015 年版。

［36］沈雪石：《国家网络空间安全理论》，长沙：湖南教育出版社，2017 年版。

［37］沈逸：《美国国家网络安全战略》，北京：时事出版社，2013 年版。

［38］师维等：《中国反恐怖主义法研究》，北京：中国人民公

安大学出版社，2016 年版。

［39］童文俊：《恐怖融资与反恐怖融资研究》，上海：复旦大学出版社，2012 年版。

［40］托克维尔著，董果良译：《论美国的民主》（下卷），北京：商务印书馆，1989 年版。

［41］王宝付：《王宝付讲稿自选集》，北京：国防大学出版社，2014 年版。

［42］王伟光：《恐怖主义·国家安全与反恐战略》，北京：时事出版社，2011 年版。

［43］王逸舟等：《恐怖主义溯源》（修订版），北京：社会科学文献出版社，2010 年版。

［44］维克托·V. 拉姆拉伊等主编，杜邈等译：《全球反恐立法和政策》（第二版），北京：中国政法大学出版社，2016 年版。

［45］魏亮、魏薇等编著：《网络空间安全》，北京：电子工业出版社，2016 年版。

［46］薛惠锋、张南、康熙瞳：《数据安全与国家发展》，北京：科学出版社，2016 年版。

47］杨伯溆主编：《因特网与社会：论网络对当代西方社会及国际传播的影响》，武汉：华中科技大学出版社，2002 年版。

［48］余建华：《恐怖主义的历史演变》，上海：上海人民出版社，2015 年版。

［49］张家栋：《恐怖主义与反恐怖：历史、理论与实践》，上海：上海人民出版社，2012 年版。

［50］张家栋主编：《美国反恐怖战略调整及其对中国的影响》，北京：时事出版社，2013 年版。

［51］张金平：《国际恐怖主义与反恐策略》，北京：人民出版社，2012 年版。

［52］张文、蔡昌军编著：《反恐怖行动心理研究》，北京：国防大学出版社，2013 年版。

［53］章远：《后反恐时代的宗教与法治建设》，北京：法律出版社，2012 年版。

［54］赵秉志主编：《国际恐怖主义及其防止对策专论》，北京：中国人民公安大学出版社，2005 年版。

［55］中国社会科学院语言研究所词典编辑室编：《现代汉语词典》，北京：商务印书馆，2014 年版。

［56］中国现代国际关系研究院：《国际战略与安全形势评估（2016－2017）》，北京：时事出版社，2017 年版。

［57］中国现代国际关系研究院反恐怖研究中心：《国际恐怖主义与反恐怖斗争年鉴（2010－2012）》，北京：时事出版社，2014 年版。

［58］中国现代国际关系研究院反恐怖研究中心：《国际恐怖主义与反恐怖斗争年鉴（2013－2014）》，北京：时事出版社，2015 年版。

［59］中国现代国际关系研究院反恐怖研究中心：《国际恐怖主义与反恐怖斗争年鉴（2015）》，北京：时事出版社，2016 年版。

［60］中国现代国际关系研究院反恐怖研究中心：《国际恐怖主义与反恐怖斗争年鉴（2016）》，北京：时事出版社，2017 年版。

［61］周展等编著：《文明冲突、恐怖主义与宗教关系》，北京：东方出版社，2009 年版。

［62］朱永彪、任彦：《国际网络恐怖主义研究》，北京：中国社会科学出版社，2014 年版。

［63］兹比格纽·布热津斯基著，中国国际问题研究所译：《大棋局——美国的首要地位及其地缘战略》，上海：上海人民出版社，2015 年版。

［64］左晓栋：《网络空间安全战略思考》，北京：电子工业出版社，2017 年版。

**（二）期刊论文**

［1］Christensen，Tom and P. Laegreid 著，张丽娜、袁何俊译：

《后新公共管理改革——作为一种新趋势的整体政府》，载《中国行政管理》，2006 年第 9 期。

［2］安静：《网络空间面临的多重挑战及西方网络治理经验探讨》，载《国外社会科学》，2016 年第 4 期。

［3］布里安·詹金斯：《对美国反恐战略的反思》，载《国际观察》，2006 年第 5 期。

［4］蔡文之：《网络权力与规制下的恐怖主义》，载《中国信息安全》，2015 年第 5 期。

［5］陈明、凌云翔、吴树银：《大数据时代的反恐怖情报保障策略研究》，载《情报杂志》，2015 年第 6 期。

［6］程聪慧、郭俊华：《网络恐怖主义的挑战及其防范》，载《情报杂志》，2015 年第 3 期。

［7］程琳：《风雨同舟 直面网络恐怖主义 打击网络恐怖主义的难点与对策》，载《信息化建设》。

［8］丁红军、陈德俊：《ISIS 网络恐怖主义活动对我国反恐形势的影响及应对措施》，载《中国公共安全》（学术版），2015 年第 2 期。

［9］顾铮铮：《网络时代国家信息安全战略分析》，载《理论探讨》，2006 年第 3 期。

［10］郝文江：《网络恐怖主义分析与对策研究》，载《信息网络安全》，2008 年第 9 期。

［11］何方明、侯晓娜：《美国反网络恐怖活动的情报工作及对我国的启示》，载《江西公安专科学校学报》，2009 年第 1 期。

［12］胡雨：《赛义德·库特卜极端主义思想探微》，载《西亚非洲》，2010 年第 7 期。

［13］黄日涵、吴颖胜：《治理网络恐怖主义需要“防”“反”结合》，载《中国信息安全》，2014 年第 10 期。

［14］李本先、张薇：《反恐情报 2.0：互联网时代的反恐情报体系》，载《情报杂志》，2017 年第 10 期。

［15］李恒阳：《美国网络安全面临的新挑战及应对策略》，载《美国研究》，2016 年第 4 期。

［16］李伟：《国际恐怖与反恐怖现状与趋势》，载《现代国际关系》，2007 年第 1 期。

［17］刘炯：《网络时代暴恐音视频传播防控研究》，载《中国人民公安大学学报（社会科学版）》，2015 年第 1 期。

［18］卢建平等：《打击网络犯罪和网络恐怖主义中的国际合作》，载《法学家》，2003 年第 5 期。

［19］皮勇：《全球化信息化背景下我国网络恐怖活动及其犯罪立法研究——兼评我国〈刑法修正案（九）（草案）〉和〈反恐怖主义法（草案）〉相关反恐条款》，载《政法论丛》，2015 年第 1 期。

［20］任晓：《从集体安全到合作安全》，载《世界经济与政治》，1998 年第 4 期。

［21］时殷弘、陈然然：《论冷战思维》，载《世界经济与政治》，2001 年第 6 期。

［22］宋亦青、王梅：《对抗网络恐怖，计算机取证技术任重道远》，载《信息网络安全》，2006 年第 1 期。

［23］唐岚：《美国国家信息安全保障体系简介》，载《国际资料信息》，2002 年第 5 期。

［24］陶文昭：《网络化生存的恐怖组织及其应对》，载《探索》，2008 年第 1 期。

［25］王兵、吴大愚、邓波：《网络化条件下“三股势力”暴恐活动趋势及应对策略研究》，载《中国信息安全》，2015 年第 5 期。

［26］王沙骋：《我国面临的恐怖主义及情报反恐研究》，载《中国软科学》，2014 年第 2 期。

［27］王勇：《论中国的新安全观》，载《世界经济与政治》，1999 年第 1 期。

［28］吴超：《网络恐怖主义及对关键基础设施的保护》，载《上海政法学院学报（法治论丛）》，2016 年第 4 期。

[29] 夏一雪、兰月新、王沙骋：《大数据环境下网络恐怖主义风险分析与防范对策研究》，载《情报杂志》，2017 年第 11 期。

[30] 徐胜、李成：《网络恐怖主义若干问题研究》，载《吉林公安高等专科学校学报》，2006 年第 12 期。

[31] 杨凯：《国际法视角下的网络恐怖主义及我国的应对》，载《科学经济社会》，2017 年第 4 期。

[32] 应星：《中国社会转型与中国社会学的复兴》，载《光明日报》，2009 年 10 月 21 日。

[33] 于柳箐：《美国网络霸权浅析》，载《信息安全与通信保密》，2014 年第 10 期。

[34] 张彪：《从制度和技术层面探讨网络恐怖主义的防御对策》，载《科技信息（学术研究）》，2008 年第 32 期。

[35] 张家栋：《国际反恐进入 2.0 时代》，载《社会观察》，2011 年第 9 期。

[36] 张越今：《全球化视野下构建网络犯罪防控机制的理性思考》，载《网络安全技术与应用》，2004 年第 3 期。

[37] 赵红艳：《国际合作背景下的网络恐怖主义治理对策》，载《中国人民公安大学学报（社会科学版）》，2016 年第 3 期。

[38] 朱宁：《安全与非安全化——哥本哈根学派安全研究》，载《世界经济与政治》，2003 年第 10 期。

[39] 邹东升、丁柯尹：《移动互联时代的涉恐网络舆论与网络反恐策略》，载《甘肃社会科学》，2015 年第 2 期。

**（三）网络资源**

[1]《“打击网络恐怖主义”网络安全治理凝聚共识》，人民网，2014 年 11 月 20 日，http://it.people.com.cn/n/2014/11/20/c1009-26062226.html。

[2]《“全球反恐论坛”打击网络恐怖主义研讨会在京举行》，人民网，2014 年 11 月 18 日，http://military.people.com.cn/n/2014/11/18/c172467-26048379.html。

［3］《“全球反恐论坛”框架下第二次打击网络恐怖主义研讨会在京举行》，新华网，2016 年 10 月 21 日，http：//news. xinhuanet. com/world/2016/10/21/c_1119764155. htm。

［4］《第 40 次〈中国互联网络发展状况统计报告〉发布》，中国互联网络信息中心，2017 年 8 月 4 日，http：//cnnic. cn/gywm/xwzx/rdxw/201708/t20170804_69449. htm。

［5］《独家：日本“综合安全观”统领国家安全》，新浪军事，2014 年 4 月 23 日，http：//mil. news. sina. com. cn/2014 - 04 - 23/1049775721. html。

［6］《方楠：“守门员”的反恐使命》，中华人民共和国国家互联网信息办公室、中共中央网络安全和信息化领导小组办公室官网，2016 年 8 月 15 日，http：//www. cac. gov. cn/2016/08/15/c_1119331259. htm。

［7］《各国“未雨绸缪”致网络安全陷入困境 安全防御诱发“防御性入侵”》，阿里云，2017 年 7 月 3 日，https：//yq. aliyun. com/articles/125740。

［8］《国际司：美国政府采购制度》，中华人民共和国财政部官网，http://gjs. mof. gov. cn/pindaoliebiao/cjgj/201406/t20140627_1105396. html.

［9］《国家网信办：超七成涉暴恐类有害信息来自于境外网站》，中华人民共和国国家互联网信息办公室、中共中央网络安全和信息化领导小组办公室官网，2014 年 7 月 1 日，http：//www. cac. gov. cn/2014/07/01/c_1111392005. htm。

［10］《举报网上暴恐音视频》，凤凰财经，2014 年 6 月 21 日，http：//finance. ifeng. com/a/20140621/12584224_0. shtml。

［11］《举报中心呼吁广大网民积极举报网上暴恐有害信息》，中华人民共和国国家互联网信息办公室、中共中央网络安全和信息化领导小组办公室官网，2016 年 2 月 4 日，http：//www. cac. gov. cn/2016/02/04/c_1117990744. htm。

［12］《礼记 · 中庸》第二十一，古诗文网，http：//so. gushiwen.

org/guwen/bookv_3167. aspx。

[13]《联合国安理会通过决议 将加强打击网络恐怖主义》，中国日报网，2013 年 12 月 18 日，http：//www. chinadaily. com. cn/hqgj/jryw/2013 - 12 - 18/content_10840486. html。

[14]《罗援：中美安全观念比较》，新浪军事，2004 年 10 月 27 日，http：//mil. news. sina. com. cn/2004 - 10 - 27/1122237898. html。

[15]《美国：白宫联手硅谷在社交媒体上追剿恐怖分子》，中华人民共和国国家互联网信息办公室、中共中央网络安全和信息化领导小组办公室官网，2016 年 1 月 12 日，http：//www. cac. gov. cn/2016/01/12/c_1117744020. htm。

[16]《美国国会计划彻查全部情报监控项目》，中国网，2013 年 10 月 29 日，http：//news. china. com/focus/usljm/11141678/20131029/18115732. html。

[17]《美国联邦上诉法院首次裁定国安局监听行为违法》，人民网，2015 年 5 月 8 日，http：//world. people. com. cn/n/2015/05/08/c157278 - 26966033. html。

[18]《美国政府电话监控项目暂停》，新华网，2015 年 6 月 1 日，http：//news. xinhuanet. com/world/2015/06/01/c_1115473312. htm。

[19]《全美互联网遭大规模网络攻击 半个美国网络瘫痪》，环球网，2016 年 10 月 22 日，http：//world. huanqiu. com/article/2016/10/9586631. html。

[20]《人民公安大学程琳：网络恐怖活动形态发生变化》，人民网，2014 年 11 月 20 日，http：//media. people. com. cn/n/2014/11/20/c120837 - 26059292. html。

[21]《思科 Firepower NGFW 产品手册》，思科官网，https：//www. cisco. com/c/zh_cn/products/security/firepower - 2100 - series/index. html# ~ stickynav = 1。

[22]《思科下一代防火墙集群技术》，思科官网，https：//www. cisco. com/c/zh_cn/about/press/china/2013/05 - 21 - 1. html。

[23]《塔利班到底是不是恐怖组织》，新浪新闻，2015 年 1 月 31 日，http：//news. sina. com. cn/w/zg/gjzt/2015 －01 －31/2124641. html。

[24]《外交部就联大进行〈联合国全球反恐战略〉第四次评审等答问》，中央政府门户网站，2014 年 6 月 19 日，http：//www. gov. cn/xinwen/2014/06/19/content_2704512. htm。

[25]《网络反恐：互联网安全国际合作》，凤凰网，2014 年 11 月 21 日，http：//finance. ifeng. com/a/2014/11/21/13294677 _0. shtml。

[26]《习近平在亚信峰会作主旨发言（全文）》，人民网，2014 年 5 月 21 日，http：//world. people. com. cn/n/2014/05/21/c1002 －25046183. html。

[27]《习近平在中国共产党第十九次全国代表大会上的报告》，人民网，2017 年 10 月 28 日，http：//cpc. people. com. cn/n1/2017/10/28/c64094 －29613660. html。

[28]《习近平主持国安委第一次会议 首提总体国家安全观》，中国新闻网，2014 年 4 月 21 日，http：//www. chinanews. com/gn/2014/04/21/6085880. shtml。

[29]《习近平主持召开中央国家安全委员会第一次会议强调：坚持总体国家安全观，走中国特色国家安全道路》，人民网，2014 年 4 月 16 日，http：//politics. people. com. cn/n/2014/04/16/c1024 －24900227. html。

[30]《习近平主席在博鳌亚洲论坛 2013 年年会上的主旨演讲》（全文），中国共产党新闻网，2013 年 4 月 7 日，http：//cpc. people. com. cn/n/2013/04/07/c64094 －21045989. html。

[31]《张立伟：打击网络恐怖主义亟需法律支持》，中国共产党新闻网，2015 年 1 月 26 日，http：//theory. people. com. cn/n/2015/01/26/c40531 －26448783. html。

[32]《中国共产党章程》（中国共产党第十九次全国代表大会

部分修改，2017 年 10 月 24 日通过），中国共产党新闻网，2017 年 10 月 29 日，http：//cpc. people. com. cn/n1/2017/10/29/c64094 -29614515. html。

［33］《中国关于新安全观的立场文件》，中华人民共和国外交部官网，2002 年 7 月 31 日，http：//www. fmprc. gov. cn/web/ziliao_674904/tytj_674911/zcwj_674915/t4549. shtml。

［34］《中国伊斯兰百科全书》，伊斯兰之光网站，2009 年 6 月 8 日，http：//www. norislam. com/？viewnews -7072。

［35］《中华人民共和国网络安全法》，中华人民共和国工业和信息化部官网，2016 年 11 月 7 日，http：//www. miit. gov. cn/n1146295/n1146557/n1146614/c5345009/content. html。

［36］曹征海：《一定要增强阵地意识——深入学习贯彻习近平同志在全国宣传思想工作会议上的重要讲话精神》，人民网，2013 年 11 月 9 日，http：//politics. people. com. cn/n/2013/1109/c1001 -23483987. html。

［37］程琳：《呼吁明确定义网络恐怖主义》，新浪网，2014 年 11 月 21 日，http：//tech. sina. com. cn/i/2014 - 11 - 21/02399812426. shtml。

［38］冯颜利、唐庆：《习近平人类命运共同体思想的深刻内涵与时代价值》，中国共产党新闻网，2017 年 12 月 12 日，http：//theory. people. com. cn/n1/2017/12/12/c40531 -29702035. html。

［39］李利：《何谓新安全观?》，求是理论网，2010 年 8 月 23 日，http：//www. qstheory. cn/hqwg/2010/201016/201008/t20100823_43959. htm。

［40］刘跃进：《总体国家安全观的丰富内涵和实践意义》，国际关系学院官网，http：//duirap40. uir. cn/view. asp？ClassID =8&ID =280。

［41］逯海军：《打击网络恐怖主义需要全球合作》，人民网，2014 年 6 月 24 日，http：//military. people. com. cn/n/2014/06/24/

c1011 - 25189896. html。

［42］隋云雁：《外媒称中国采取反恐新举措：力促新疆经济增长》，华声新闻，2014 年 8 月 25 日，http：//news. voc. com. cn/article/201408/201408251114103804. html。

［43］叶自成：《习近平总体安全观的中国意蕴》，人民网，2014 年 6 月 6 日，http：//world. people. com. cn/n/2014/06/06/c1002 - 25114044. html。

［44］张天：《“自媒体”时代的思考》，新浪网，2013 年 12 月 8 日，http：//news. sina. com. cn/c/2013/12/08/071028915396. shtml。

［45］章华龙：《全球恐袭指数出炉，称恐袭达到“最严峻”程度》，中国网，2015 年 11 月 18 日，http：//news. china. com. cn/world/2015/11/18/content_37091805. htm。

［46］中共中央网络安全和信息化领导小组办公室：《关于加强国家网络安全标准化工作的若干意见》，中网办发文〔2016〕5 号，2016 年 8 月 12 日，http：//www. cac. gov. cn/2016/08/22/c_1119430337. htm。

［47］中共中央党校中国特色社会主义理论体系研究中心：《把握总体国家安全观的科学内涵》，中国共产党新闻网，2016 年 2 月 29 日，http：//theory. people. com. cn/n1/2016/02/29/c40531 - 28158630. html。

## 二、英文部分

### （一）著作

［1］Ahrari, Ehsan M. and Sharon Leyland Ahrari, *The Islamic Challenge and the United States*: *Global Security in an Age of Uncertainty*, Montréal; Kingston; London; Chicago: McGill - Queen's University Press, 2017.

［2］Akhgar, Babak, Andrew Staniforth and Francesca Bosco, eds, *Cyber Crime and Cyber Terrorism*: *Investigator's Handbook*, Cambridge, MA: Syngress, 2014.

[3] Al - Bayati, T. Hamid, *A New Counterterrorism Strategy: Why the World Failed to Stop Al Qaeda and ISIS/ISIL, and How to Defeat Terrorists*, Santa Barbara, California: Praeger Security International, 2017.

[4] Aly, Anne, Stuart Macdonald, Lee Jarvis and Thomas M. Chen, eds, *Violent Extremism Online: New Perspectives on Terrorism and the Internet*, London; New York, NY: Routledge, Taylor & Francis Group, 2016.

[5] American Law Institute, *Model Penal Code: Official Draft and Explanatory Notes*, Ali - Aba Common Continuing, 1985.

[6] Awan, Imran and Brian Blakemore, eds, *Policing Cyber Hate, Cyber Threats and Cyber Terrorism*, Farnham, Surrey; Burlington, VT: Ashgate Pub Co. , 2012.

[7] Bentley, Michelle and Jack Holland, eds, *Obama's Foreign Policy: Ending the War on Terror*, London; New York: Routledge, 2014.

[8] Blum, David M. and J. Edward Conway, *Counterterrorism and Threat Finance Analysis during Wartime*, Lanham, Maryland: Lexington Books, 2015.

[9] Brenner, Susan W, *Cyberthreats and the Decline of the Nation - state*, Milton Park, Abingdon, Oxon; New York, NY: Routledge, 2014.

[10] Briant, Emma Louise, *Propaganda and Counter - terrorism: Strategies for Global Change*, Manchester: Manchester University Press, 2015.

[11] Bronk, Chris, *Cyber Threat: The Rise of Information Geopolitics in U. S. National Security*, Santa Barbara, California: Praeger, an imprint of ABC - CLIO, LLC, 2016.

[12] Buchanan, Ben, *The Cybersecurity Dilemma: Hacking, Trust and Fear between Nations*, New York, NY: Oxford University Press, 2016.

[13] Centre of Excellence Defense against Terrorism, Ankara, Turkey, ed, *Responses to Cyber Terrorism*, Amsterdam: IOS Press, 2008.

［14］ Chen, Thomas M, *Cyberterrorism after Stuxnet*, Pennsylvania: Strategic Studies Institute and U. S. Army War College Press, 2014.

［15］ Colarik, Andrew Michael, *Cyber Terrorism: Political and Economic Implications*, Hershey, PA: Idea Group Pub. , 2006.

［16］ Davis, Danny Wayne, *Al – Qaeda and Phinehas Priesthood Terrorist Groups with a Common Enemy and Similar Justifications for Terror Tactics*, Ann Arbor: ProQuest Information and Learning Company, 2003.

［17］ Dawson, Maurice and Marwan Omar, *New Threats and Countermeasures in Digital Crime and Cyber Terrorism*, Hershey, PA: Information Science Reference, an Imprint of IGI Global, 2015.

［18］ de Silva, Eugenie, *National Security and Counterintelligence in the Era of Cyber Espionage*, Hershey: Information Science Reference, an imprint of IGI Global, 2016.

［19］ Dienel, Hans – Liudger, Yair Sharan, Christian Rapp and Niv Ahituv, eds, *Terrorism and the Internet: Threats, Target Groups, Deradicalisation Strategies*, Amsterdam: IOS Press, 2010.

［20］ Dycus, Stephen, William C. Banks and Peter Raven – Hansen, *Counterterrorism Law*, 3rd ed, New York: Wolters Kluwer, 2016.

［21］ Fenwick, Helen, ed, *Developments in Counter – terrorist Measures and Uses of Technology*, London; New York: Routledge, 2012.

［22］ Gerardi, Art M. , ed, *Fusion Centers: Counterterrorism Information Sharing Concerns and Deficiencies*, New York: Nova Science Publishers, 2013.

［23］ Gill, Paul, *Lone – actor Terrorists: A Behavioral Analysis*, Abingdon, Oxon; New York, NY: Routledge, 2015.

［24］ Grishman, Paul, *Cyber Terrorism: The Use of Internet for Terrorist Purpose*, New Delhi, India: Axis Publications, 2010.

［25］ Herik, Larissa Van Den and Nico Schriver, eds, *Counter – terrorism Strategies in a Fragmented International Legal Order: Meeting the*

*Challenges*, New York: Cambridge University Press, 2013.

[26] Hoffman, Bruce and Fernando Reinares, *The Evolution of the Global Terrorist Threat: From 9 · 11 to Osama bin Laden's Death*, New York: Columbia University Press, 2014.

[27] Holt, Thomas J. , ed, *Cybercrime through an Interdisciplinary Lens*, Abingdon, Oxon; New York, NY: Routledge, 2017.

[28] Janczewski, Lech J. and Andrew M. Colarik, eds, *Cyber Warfare and Cyber Terrorism*, Hershey, PA: Information Science Reference, 2008.

[29] Johnson, Mark, *Cyber Crime, Security and Digital Intelligence*, Farnham, Surrey, England; Burlington, VT: Gower, 2013.

[30] Kaur, Gurmanpreek, et al, *Cyber Terrorism and Law: Cyber Crimes*, Saarbrücken: LAP Lambert Academic Publishing, 2012.

[31] Kean, Thomas H. , Lee H. Hamilton and Benjamin Rhodes, *Without Precedent: The Inside Story of the 9 · 11 Commission*, 1st ed, New York: Alfred A. Knopf, 2006.

[32] Koehler, Daniel, *Understanding Deradicalization: Methods, Tools and Programs for Countering Violent Extremism*, London; New York: Routledge, Taylor & Francis Group, 2017.

[33] Kremer, Jan – Frederik and Benedikt Müller, eds, *Cyberspace and International Relations: Theory, Prospects and Challenges*, Berlin: Springer, 2014.

[34] Lee, Newton, *Counterterrorism and Cybersecurity: Total Information Awareness*, 2nd ed. Cham: Springer, 2015.

[35] Libicki, Martin C, *Cyber – deterrence and Cyber War*, Santa Monica, CA: RAND, 2009.

[36] Michael, George, *Lone Wolf Terror and the Rise of Leaderless Resistance*, Nashville: Vanderbilt University Press, 2012.

[37] Miller, Russell A. , ed, *US National Security, Intelligence*

*and Democracy*: *From the Church Committee to the War on Terror*, London: Routledge, 2008.

[38] Nacos, Brigitte L, *Terrorism and Counterterrorism*, 5th ed, New York: Routledge, Taylor & Francis Group, 2016.

[39] O'Sullivan, Terry M., ed, *Department of Homeland Security Intelligence Enterprise*: *Overview and Issues*, New York: Nova Science Publisher's, 2010.

[40] Ozeren, Suleyman, *Cyberterrorism and Cybercrime*: *Vulnerabilities and International Cooperation*, Saarbrücken, Germany: VDM Verlag, 2009.

[41] Powers, Grace, *US National Cybersecurity*: *Strategic Challenges and Opportunities*, New York: Nova Publishers, 2014.

[42] Price, Deborah M. and Joshua W. Morris, eds, *Understanding and Responding to Causes of Violent Extremism*, New York: Nova Science Publishers, 2011.

[43] Rajan, V. G. Julie, *Al Qaeda's Global Crisis*: *The Islamic State*, *Takfir*, *and the Genocide of Muslims*, London; New York: Routledge, Taylor & Francis Group, 2015.

[44] Ressa, Maria A, *From Bin Laden to Facebook*: 10 *Days of Abduction*, 10 *Years of Terrorism*, London: Imperial College Press, 2013.

[45] Richet, Jean – Loup, *Cybersecurity Policies and Strategies for Cyberwarfare Prevention*, Hershey, PA: Information Science Reference, an imprint of IGI Global, 2015.

[46] Riley, K. Jack, Gregory F. Treverton, Jeremy M. Wilson and Lois M. Davis, *State and Local Intelligence in the War on Terrorism*, Santa Monica, CA: RAND Corporation, 2005.

[47] Rolington, Alfred, *Strategic Intelligence for the* 21*st Century*: *the Mosaic Method*, Oxford: Oxford University Press, 2013.

[48] Rollings – Magnusson, Sandra, *Anti – Terrorism*: *Security and*

*Insecurity after* 9 · 11, 1st ed, Halifax; Winnipeg: Fernwood Publishing Co., Ltd., 2009.

[49] Ryder, Nicholas, *The Financial War on Terrorism: A Review of Counter – terrorist Financing Strategies since* 2001, Abingdon, Oxon: Routledge, 2015.

[50] Shemella, Paul ed, *Fighting Back: What Governments Can Do about Terrorism?* Stanford, California: Stanford University Press, 2011.

[51] Spaaij, Ramon, *Understanding Lone Wolf Terrorism: Global Patterns, Motivations and Prevention*, Dordrecht; New York: Springer, 2012.

[52] Sparks, Charles K, *ISIS: Who Are They?: The History, Beliefs and Objectives of the Growing Terrorist Threat*, World Publication Today, 2015.

[53] Starr – Deelen, Donna G, *Presidential Policies on Terrorism from Ronald Reagan to Barack Obama*, New York, New York: Palgrave Macmillan, 2014.

[54] Tehrani, Pardis Moslemzadeh, *Cyberterrorism: The Legal and Enforcement Issues*, Hackensack, NJ: World Scientific, 2017.

[55] Terriff, Terry, et al, *Security Studies Today*, Cambridge, UK: Polity Press, 1999.

[56] Thomas, Kevin M. and Douglas J. King, *Intelligence and Information Sharing: Needs, Goals and Risks*, New York: Nova Science Publishers, 2012.

[57] Treverton, Gregory F, *Intelligence for an Age of Terror*, Cambridge; New York: Cambridge University Press, 2009.

[58] Troy, Gil, *Why Moderates Make the Best Presidents: George Washington to Barack Obama*, 2nd ed, Lawrence, Kan.: University Press of Kansas, 2012.

[59] Tsang, Steve, ed, *Intelligence and Human Rights in the Era of Global Terrorism*, Westport, Conn.: Praeger Security International, 2007.

[60] Verma, R. N, *Internet Terrorism: New Trends and Challenges*,

Delhi: Navyug Books International, 2011.

[61] Verton, Dan, *Black Ice: The Invisible Threat of Cyber – Terrorism*, Emeryville, Calif.: McGraw – Hill/Osborne, 2003.

[62] *Virtual Threat, Real Terror: Cyberterrorism in the 21st Century*, Hearing before the Subcommittee on Terrorism, Technology and Homeland Security of the Committee on the Judiciary United States Senate One Hundred Eighth Congress, Second Session, U. S. Government Printing Office, February 24, 2004.

[63] Weimann, Gabriel, *Cyberterrorism, How Real Is the Threat? Special Report* 119, Washington D. C.: United States Institute of Peace, 2004.

[64] Weimann, Gabriel, *How Modern Terrorism Uses the Internet, Special Report* 116, Washington D. C.: United States Institute of Peace, 2004.

[65] Weimann, Gabriel, *Terror on the Internet: The New Arena, the New Challenges*, Washington, D. C.: United States Institute of Peace Press, 2006.

[66] Weimann, Gabriel, *Terrorism in Cyberspace: The Next Generation*, New York: Columbia University Press, 2015.

[67] Wiil, Uffe Kock, ed, *Counterterrorism and Open Source Intelligence*, Wien: Springer, 2011.

### （二）期刊论文

[1] Atkinson, Carol, "US Strategic Preferences in the Early Twenty – First Century," *Defense & Security Analysis*, Vol. 31, No. 1, 2015, pp. 35 – 43.

[2] Bapat, Navin A, "The Escalation of Terrorism: Microlevel Violence and Interstate Conflict," *International Interactions: Empirical and Theoretical Research in International Relations*, Vol. 40, No. 4, 2014, pp. 568 – 578.

[3] Baylis, John, "International Security in the Post – Cold War Era," *The Globalization of World Politics: An Introduction to International*

*Relations*, John Baylis and Steve Smith, eds. New York: Oxford University Press, 1997.

[4] Bernard, Rose, "These Are Not the Terrorist Groups You' re Looking For: An Assessment of the Cyber Capabilities of Islamic State," *Journal of Cyber Policy*, Vol. 2, No. 2, 2017, pp. 255 – 265.

[5] Cavelty, Myriam Dunn, "Cyber – Terror – – Looming Threat or Phantom Menace? The Framing of the US Cyber – Threat Debate," *Journal of Information Technology & Politics*, Vol. 4, No. 1, 2008, pp. 19 – 36.

[6] Clarke, Michael, and Anthony Ricketts, "US Grand Strategy and National Security: The Dilemmas of Primacy, Decline and Denial," *Australian Journal of International Affairs*, Vol. 71, No. 5, 2017, pp. 479 – 498.

[7] Coll, Steve, and Susan B. Glasser, "Terrorists Turn to the Web as Base of Operations," *The Washington Post*, 2005, p. A1.

[8] Collins, Sean, and Stephen McCombie, "Stuxnet: The Emergence of a New Cyber Weapon and Its Implications," *Journal of Policing, Intelligence and Counter Terrorism*, Vol. 7, No. 1, 2012, pp. 80 – 91.

[9] Conway, Maura, "Terrorist 'Use' of the Internet and Fighting Back," *Information & Security: An International Journal*, Volume 19, 2006, pp. 9 – 30.

[10] Cox, Christopher, "Cyber Capabilities and Intent of Terrorist Forces," *Information Security Journal: A Global Perspective*, Vol. 24, No. 1 – 3, 2015, pp. 31 – 38.

[11] Crone, Manni, and Martin Harrow, "Homegrown Terrorism in the West," *Terrorism and Political Violence*, Vol. 23, No. 4, 2011, pp. 521 – 536.

[12] Field, Antony, "The 'New Terrorism': Revolution or Evolution?" *Political Studies Review*, Vol. 7, No. 2, 2009, pp. 195 – 207.

[13] Geers, Kenneth, "The Cyber Threat to National Critical Infrastructures: Beyond Theory," *Journal of Digital Forensic Practice*, Vol. 3, No. 2 -4, 2010, pp. 124 -130.

[14] Gross, Michael L., Daphna Canetti, and Dana R. Vashdi, "The Psychological Effects of Cyber Terrorism," *Bulletin of the Atomic Scientists*, Vol. 72, No. 5, 2016, pp. 284 -291.

[15] Gudgel, John E, "Cyber War versus Cyber Realities: Cyber Conflict in the International System," *Small Wars & Insurgencies*, Vol. 27, No. 3, 2016, pp. 550 -552.

[16] Heinl, Caitríona H, "New Trends in Chinese Foreign Policy: The Evolving Role of Cyber," *Asian Security*, Vol. 13, No. 2, 2017, pp. 132 -147.

[17] Holbrook, Donald, "A Critical Analysis of the Role of the Internet in the Preparation and Planning of Acts of Terrorism," *Dynamics of Asymmetric Conflict*, Vol. 8, No. 2, 2015, pp. 121 -133.

[18] Jian Hua, and Sanjay Bapna, "How Can We Deter Cyber Terrorism?" *Information Security Journal: A Global Perspective*, Vol. 21, No. 2, 2012, pp. 102 -114.

[19] Jones, Andrew, "Cyber Terrorism: Fact or Fiction?" *Computer Fraud & Security*, Vol. 2005, No. 6, 2005, pp. 4 -7.

[20] Kurtulus, Ersun N, "Terrorism and Fear: Do Terrorists Really Want to Scare?" *Critical Studies on Terrorism*, Vol. 10, No. 3, 2017, pp. 501 -522.

[21] Lynch, Orla, and Christopher Ryder, "Deadliness, Organisational Change and Suicide Attacks: Understanding the Assumptions Inherent in the Use of the Term 'New Terrorism'," *Critical Studies on Terrorism*, Vol. 5, No. 2, 2012, pp. 257 -275.

[22] Martin, Susanne, and Leonard B. Weinberg, "Terrorism in an Era of Unconventional Warfare," *Terrorism and Political Violence*,

Vol. 28, No. 2, 2016, pp. 236 - 253.

[23] McBride, Megan K, "The Logic of Terrorism: Existential Anxiety, the Search for Meaning, and Terrorist Ideologies," *Terrorism and Political Violence*, Vol. 23, No. 4, 2011, pp. 560 - 581.

[24] Miller, Gregory D, "Confronting Terrorisms: Group Motivation and Successful State Policies," *Terrorism and Political Violence*, Vol. 19, No. 3, 2007, pp. 331 - 350.

[25] Mishra, Shitanshu, "Exploitation of Information and Communication Technology by Terrorist Organizations," *Strategic Analysis*, Vol. 27, No. 3, 2003, pp. 439 - 462.

[26] O' Brien, Kevin, "Information Age, Terrorism and Warfare," *Small Wars & Insurgencies*, Vol. 14, No. 1, 2003, pp. 183 - 206.

[27] Ogun, Mehmet Nesip, "Terrorist Use of Internet: Possible Suggestions to Prevent the Usage for Terrorist Purposes," *Journal of Applied Security Research*, Vol. 7, No. 2, 2012, pp. 203 - 217.

[28] Orlov, Vladimir, "Cyber Crime: A Threat to Information Security," *Security Index: A Russian Journal on International Security*, Vol. 18, No. 1, 2012, pp. 1 - 4.

[29] Osawa, Jun, "The Escalation of State Sponsored Cyberattack and National Cyber Security Affairs: Is Strategic Cyber Deterrence the Key to Solving the Problem?" *Asia - Pacific Review*, Vol. 24, No. 2, 2017, pp. 113 - 131.

[30] Pfeiffer, Christoph P, "Terrorism and Its Oxygen: A Game - Theoretic Perspective on Terrorism and the Media," *Behavioral Sciences of Terrorism and Political Aggression*, Vol. 4, No. 3, 2012, pp. 212 - 228.

[31] Piazza, James A, "Regime Age and Terrorism: Are New Democracies Prone to Terrorism?" *International Interactions: Empirical and Theoretical Research in International Relations*, Vol. 39, No. 2, 2013, pp. 246 - 263.

[32] Pollitt, Mark M, "Cyberterrorism – – Fact or Fancy?" *Computer Fraud & Security*, Vol. 1998, No. 2, 1998, pp. 8 – 10.

[33] Post, Jerrold M., Keven G. Ruby, and Eric D. Shaw, "From Car Bombs to Logic Bombs: The Growing Threat from Information Terrorism," *Terrorism and Political Violence*, Vol. 12, No. 2, 2000, pp. 97 – 122.

[34] Rathmell, Dr Andrew, "Cyber – terrorism: The Shape of Future Conflict?" *The RUSI Journal*, Vol. 142, No. 5, 1997, pp. 40 – 45.

[35] Rudner, Martin, "Cyber – Threats to Critical National Infrastructure: An Intelligence Challenge," *International Journal of Intelligence and CounterIntelligence*, Vol. 26, No. 3, 2013, pp. 453 – 481.

[36] Samaan, Jean – Loup, "Cyber Command: The Rift in US Military Cyber – Strategy," *The RUSI Journal*, Vol. 155, No. 6, 2010, pp. 16 – 21.

[37] Shanahan, Timothy, "Betraying a Certain Corruption of Mind: How (and How Not) to Define 'Terrorism'," *Critical Studies on Terrorism*, Vol. 3, No. 2, 2010, pp. 173 – 190.

[38] Soriano, Manuel R. Torres, "The Vulnerabilities of Online Terrorism," *Studies in Conflict & Terrorism*, Vol. 35, No. 4, 2012, pp. 263 – 277.

[39] Spiers, Ronald, "The Anatomy of Terrorism," *Foreign Service Journal*, September, 2004, p. 43.

[40] Weimann, Gabriel, "Cyber – Fatwas and Terrorism," *Studies in Conflict & Terrorism*, Vol. 34, No. 10, 2011, pp. 765 – 781.

[41] Weimann, Gabriel, "The Sum of All Fears," *Studies in Conflict and Terrorism*, Volume 28, No. 2, 2005, pp. 129 – 130.

[42] Xu Guobin, et al, "A Cloud Computing Based System for Cyber Security Management," *International Journal of Parallel, Emergent and Distributed Systems*, Vol. 30, No. 1, 2015, pp. 29 – 45.

### （三）网络资源

[1] "All – Source Intelligence," *FM* 2.0: *Intelligence*, Chapter V, Part III, https://fas.org/irp/doddir/army/fm2–0.pdf.

[2] "CIA Plans Major Reorganization and a Focus on Digital Espionage," *The Washington Post*, March 6, 2015, https://www.washingtonpost.com/world/national–security/cia–plans–major–reorganization–and–a–focus–on–digital–espionage/2015/03/06/87e94a1e–c2aa–11e4–9ec2–b418f57a4a99_story.html? utm_term=.a8f5807fb51e.

[3] "Countering 'Propaganda', US Military Is behind the Scenes of Somalia, Maghreb News Sites," *Fox News*, November 13, 2012, http://www.foxnews.com/us/2012/11/13/countering–propaganda–us–military–opens–somalia–maghreb–news–sites–though–few.html.

[4] "Cyberterrorism," Merriam Webster, https://www.merriam–webster.com/dictionary/cyberterrorism.

[5] "Der Spiegel Details Treasure Map, The NSA's 'Google Earth for Global Data Traffic'," September 15, 2014, https://pando.com/2014/09/15/der–spiegel–details–treasure–map–the–nsas–google–earth–for–global–data–traffic/.

[6] "Emerging Cyber Threats to the United States, Hearing before the Cybersecurity and Infrastructure Protection Subcommittee," February 25, 2016, https://homeland.house.gov/hearing/emerging–cyber–threats–to–the–united–states/.

[7] "Facebook, Microsoft, Twitter, Youtube: Here's How We'll Stop Terrorist Propaganda," ZDNET, June 27, 2017, http://www.zdnet.com/article/facebook–microsoft–twitter–youtube–heres–how–well–stop–terrorist–propaganda/.

[8] "Five Ways Facebook Uses Artificial Intelligence to Counter Terrorism," Forbes, June 15, 2017, https://www.forbes.com/sites/rebeccaheilweil1/2017/06/15/5–ways–facebook–uses–artifical–intel-

ligence – to – counter – terrorism/#abee48249e69.

[9] "Google Outlines 4 Steps to Tackle Terrorist – Related Content on Youtube," CNBC, June 19, 2017, https://www.cnbc.com/2017/06/19/google – youtube – tackles – terrorist – videos.html.

[10] "How Terrorists Are Using Social Media," *The Telegraph*, November 4, 2014, http://www.telegraph.co.uk/news/worldnews/islamic – state/11207681/How – terrorists – are – using – social – media.html.

[11] "International Internet Drug Ring Shattered," *DEA Public Affairs*, April 20, 2015, https://www.dea.gov/pubs/pressrel/pr042005.html.

[12] "ISIS Telegram Channel Doubles Followers to 9, 000 in Less than One Week," *International Business Times*, October 12, 2015, http://www.ibtimes.co.uk/isis – telegram – channel – doubles – followers – 9000 – less – 1 – week – 1523665.

[13] "Massive Blow to Criminal Dark Web Activities after Globally Coordinated Operation," July 20, 2017, http://www.cybersecurity – review.com/news – july – 2017/massive – blow – to – criminal – dark – web – activities – after – globally – coordinated – operation/.

[14] "National Cyber Investigative Joint Task Force," http://wpcug.org/Downloads/National%20Cyber%20Investigative%20Joint%20Task%20Force.pdf.

[15] "NSA and GCHQ Using the 'Treasure Map' to Real – Time Spy on World's Internet and Telecom Networks," *International Business Times*, September 15, 2014, http://www.ibtimes.co.uk/nsa – gchq – using – treasure – map – real – time – spy – worlds – internet – telecom – networks – 1465495.

[16] "NSA to Merge Offensive, Defensive Hacking Operations," February 9, 2016, https://gadgets.ndtv.com/internet/news/nsa – to – merge – offensive – defensive – hacking – operations – 800032.

[17] "Operational Technology Division (FBI) (OTD)," http://historycommons.org/entity.jsp? entity = operational_technology_division_fbi_1.

[18] "Report to the National Commission on Terrorist Attacks upon the United States: The FBI's Counterterrorism Program since September 2011," April 2004, https://www.fbi.gov/file - repository/stats - services - publications - fbi_ct_911com_0404.pdf.

[19] "Revealed: US Spy Operation That Manipulates Social Media," *The Guardian*, March 17, 2011, https://www.theguardian.com/technology/2011/mar/17/us - spy - operation - social - networks.

[20] "Trump Elevates U.S. Cyber Command, Vows Increased Resolve' against Threats," August 18, 2017, http://www.politico.com/story/2017/08/18/trump - us - cyber - command - elevated - unified - combatant - command - 241783.

[21] "Twitter Suspends 377, 000 Accounts for Pro - terrorism Content," CNN TECH, March 21, 2017, http://money.cnn.com/2017/03/21/technology/twitter - bans - terrorism - accounts/index.html.

[22] "U.S. Cyber Commands Launches 13 New Cyber Protection Teams," http://www.govtech.com/security/US - Cyber - Commands - Launches - 13 - New - Cyber - Protection - Teams.html.

[23] "U.S. Cyberattacks Target ISIS in a New Line of Combat," *New York Times*, April 25, 2016, https://www.nytimes.com/2016/04/25/us/politics/us - directs - cyberweapons - at - isis - for - first - time.html.

[24] "U.S. Government Orders Removal of Russian Firm's Software," CNN TECH, Septemebr 14, 2017, http://money.cnn.com/2017/09/14/technology/kaspersky - software - federal - government - order/index.html.

[25] "UK Official: Get Terrorist Content off Facebook, YouTube

and Twitter," USA TODAY, March 30, 2017, https: //www. usatoday. com/story/tech/news/2017/03/30/amber – rudd – terrorism – meeting – facebook – google – twitter/99831462/.

[26] "US Team Using Twitter, Facebook to Fight Militants," *The Associated Press*, April 13, 2013, https: //www. yahoo. com/news/us – team – using – twitter – facebook – fight – militants – 165419044. html.

[27] "What is IC IT Enterprise (IC ITE)?" https: //www. dni. gov/files/documents/IC%20ITE%20Fact%20Sheet. pdf.

[28] "What Is Unified Threat Management (UTM)?" Kaspersky Lab, https: //usa. kaspersky. com/resource – center/definitions/utm.

[29] "XKeyscore," Wikipedia, https: //en. wikipedia. org/wiki/XKeyscore.

[30] *An Overview of the United States Intelligence Community for the* 111$^{th}$ *Congress*, 2009, https: //fas. org/irp/eprint/overview. pdf.

[31] Baranetsky, Victoria, "What is Cyberterrorism? Even Experts Can't Agree," *The Record*, No. 5, 2009, http: //hlrecord. org/? p = 12752.

[32] Bart, Daniel V. , "Big Data Platform (BDP) and Cyber Situational Awareness Analytic Capabilities (CSAAC)," April 22, 2016, https: //www. disa. mil/ ~ /media/Files/DISA/News/Conference/2016/AFCEA – Symposium/4 – Bart_Big – Data_Platform_Cyber. pdf.

[33] Berger, J. M, "TESTIMONY – – The Evolution of Terrorist Propaganda: The Paris Attack and Social Media," January 27, 2015, https: //www. brookings. edu/testimonies/the – evolution – of – terrorist – propaganda – the – paris – attack – and – social – media/.

[34] Berner, Sam, "Cyber – Terrorism: Reality or Paranoia?" *South African Journal of Information Management*, *Vol.* 5, *No.* 1, March 2003, http: //www. samberner. com/documents/KM/cyber. pdf.

[35] Burch, James, *The Domestic Intelligence Gap: Progress Since*

9·11?, January 1, 2008, https: //www. questia. com/library/journal/1P3 – 2862895321/the – domestic – intelligence – gap – progress – since – 9 – 11.

[36] Carter, David L. , *Law Enforcement Intelligence: A Guide for State, Local, and Tribal Law Enforcement Agencies*, 2nd edition, School of Criminal Justice, Michigan State University, May 2009, https: //it. ojp. gov/documents/d/e050919201 – IntelGuide_web. pdf.

[37] Collin, Barry C, "The Future of Cyberterrorism: Where the Physical and Virtual Worlds Converge," http: //www. crime – research. org/library/Cyberter. htm.

[38] Combating Terrorism Center at West Point, "Combating Terrorist Financing at the Agency and Interagency Levels," https: //ctc. usma. edu/posts/combating – terrorist – financing – at – the – agency – and – interagency – levels.

[39] Computer Science Resource Center, "Framework for Improving Critical Infrastructure Cybersecurity, Version 1. 1 (2nd Draft)," December 5, 2017, https: //csrc. nist. gov/publications/detail/white – paper/2017/12/05/cybersecurity – framework – v11/draft.

[40] Computer Security Resource Center, "Trusted Identity Group," https: //csrc. nist. gov/Groups/Applied – Cybersecurity – Division/Trusted – Identities – Group.

[41] Cooney, Michael, "GAO: Early Look at Fed's 'Einstein 3' Security Weapon Finds Challenges," *Network World (from IDG)*, July 9, 2015, https: //www. networkworld. com/article/2946040/security0/gao – early – look – at – feds – einstein – 3 – security – weapon – finds – challenges. html.

[42] Corrin, Amber, "DISA Plans Analytic Cloud; Looks to NSA's Model," FCW, August 12, 2013, https: //fcw. com/articles/2013/08/12/disa – nsa – cloud – model. aspx.

[43] *Critical Infrastructure Protection: The Department Can Enhance Its International Leadership and Its Own Cyber Security*, June 2001, https://oig.state.gov/system/files/7763.pdf.

[44] Cruickshank, Paul, "A View from the CT Foxhole: Nicholas Rasmussen, Former Director, National Counterterrorism Center," *CTC Sentinel*, Vol. 11, No. 1, January 2018, https://ctc.usma.edu/view-ct-foxhole-nicholas-rasmussen-former-director-national-counterterrorism-center/.

[45] Daniel, Michael, Special Assistant to the President and Cybersecurity Coordinator, "Engaging the International Community on Cybersecurity Standards," December 23, 2015, https://obamawhitehouse.archives.gov/blog/2015/12/23/engaging-international-community-cybersecurity-standards.

[46] Denning, Dorothy, *Cyberterrorism*, *Testimony before the Special Oversight Panel of Terrorism Committee on Armed Services*, *U. S. House of Representatives*, May 23, 2000, http://www.cs.georgetown.edu/denning/infosec/cyberterror-GD.doc.

[47] *Digital Outreach Team (DOT)*, https://www.counterextremism.org/resources/details/id/410/digital-outreach-team-dot.

[48] Fisher, Max, "Syrian Hackers Claim AP Hack That Tipped Stock Market by $136 Billion. Is It Terrorism?" *The Washington Post*, April 23, 2013, https://www.washingtonpost.com/news/worldviews/wp/2013/04/23/syrian-hackers-claim-ap-hack-that-tipped-stock-market-by-136-billion-is-it-terrorism/?noredirect=on&utm_term=.9f9fe4d11907.

[49] Grabbe, J. Orlin, "The DES Algorithm Illustrated," Institut für Mathematik, Tu-berlin, http://page.math.tu-berlin.de/~kant/teaching/hess/krypto-ws2006/des.htm.

[50] Harnden, Toby, "Al-Qa'eda Plans Cyber Attacks on

Dams," *The Telegraph*, June 28, 2002, https://www.telegraph.co.uk/news/worldnews/asia/afghanistan/1398683/Al-Qaeda-plans-cyber-attacks-on-dams.html.

[51] Institute for Economics and Peace, *2017 Global Terrorism Index*, November 2017, http://visionofhumanity.org/app/uploads/2017/11/Global-Terrorism-Index-2017.pdf.

[52] Khatib, Lina, William Dutton and Michael Thelwall, *Public Diplomacy 2.0: A Case Study of the US Digital Outreach Team*, The Middle East Institute, January 3, 2012, https://cddrl.fsi.stanford.edu/sites/default/files/MEJ_article.pdf.

[53] Kredo, Adam, "Top Intel Officials: U. S. Faces Highest Terror Threat Level since 9/11," *Washington Free Beacon*, February 25, 2016, http://freebeacon.com/national-security/us-highest-terror-threat-since-911/.

[54] Lamothe, Dan, "U. S. Military Social Media Accounts Apparently Hacked by Islamic State Sympathizers," *The Washington Post*, January 12, 2015, https://www.washingtonpost.com/news/checkpoint/wp/2015/01/12/centcom-twitter-account-apparently-hacked-by-islamic-state-sympathizers/.

[55] Marks, Joseph, "ISIL Aims to Launch Cyberattacks on U. S.," *Politico*, December 29, 2015, https://www.politico.com/story/2015/12/isil-terrorism-cyber-attacks-217179.

[56] McCarthy, Justin, "Americans Cite Cyberterrorism among Top Three Threats to U. S.," *Gallup*, February 10, 2016, http://news.gallup.com/poll/189161/americans-cite-cyberterrorism-among-top-three-threats.aspx.

[57] Messmer, Ellen, "Obama: Cybersecurity 'Coordinator' Won't Be 'Czar'," May 29, 2009, https://www.pcworld.com/article/165756/obama_appoints_cybersecurity_coordinator_not_czar.html.

[58] Moore, John, "The Evolution of Islamic Terrorism: An Overview," *Public Broadcasting Service*, https://www.pbs.org/wgbh/pages/frontline/shows/target/etc/modern.html.

[59] Nakashima, Ellen and Joby Warrick, "Stuxnet Was Work of U. S. and Israeli Experts, Officials Say," *The Washington Post*, June 2, 2012, https://www.washingtonpost.com/world/national-security/stuxnet-was-work-of-us-and-israeli-experts-officials-say/2012/06/01/gJQAlnEy6U_story.html? utm_term=.3eb2edf3cbe9.

[60] Norman, Jim, "North Korea, Cyberterrorism Top Threats to U. S.," *Gallup*, March 5, 2018, http://news.gallup.com/poll/228437/north-korea-cyberterrorism-top-threats.aspx.

[61] Office of the Press Secretary, the White House, "Remarks by the President at the National Cybersecurity Communications Integration Center," January 13, 2015, https://obamawhitehouse.archives.gov/the-press-office/2015/01/13/remarks-president-national-cybersecurity-communications-integration-cent.

[62] Office of the Press Secretary, the White House, "Statement by the President on Signing the National Defense Authorization Act for Fiscal Year 2017," December 23, 2016, https://obamawhitehouse.archives.gov/the-press-office/2016/12/23/statement-president-signing-national-defense-authorization-act-fiscal.

[63] Paganini, Pierluigi, "EINSTEIN Defense System Is More Than a Headache for the US Government," *Security Affairs*, June 9, 2015, http://securityaffairs.co/wordpress/37638/security/einstein-defense-system.html.

[64] Pincus, Walter, "Pentagon Recommends 'Whole-of-Government' National Security Plans," *TheWashington Post*, February 2, 2009, http://www.washingtonpost.com/wp-dyn/content/article/2009/02/01/AR2009020101964.html.

[65] Portman, Rob, "President Signs Portman – Murphy Counter – Propaganda Bill into Law," December 23, 2016, https://www.portman.senate.gov/public/index.cfm/press – releases? ID = F973E46B – AA8C – 4F3E – 91B4 – 8EC0FC7F2F3E.

[66] Rollins, John and Anna C. Henning, "Comprehensive National Cybersecurity Initiative: Legal Authorities and Policy Considerations," March 10, 2009, https://fas.org/sgp/crs/natsec/R40427.pdf.

[67] Scarfone, Karen A., Daniel R. Benigni and Timothy Grance, "Cyber Security Standards," June 15, 2009, http://ws680.nist.gov/publication/get_pdf.cfm? pub_id = 152153.

[68] Singman, Brooke, "House Report: US Facing Biggest Islamic Terror Threat since 9/11," *Fox News*, December 6, 2016, http://www.foxnews.com/us/2016/12/06/house – report – us – facing – biggest – islamic – terror – threat – since – 911.html.

[69] *Snowden Doc Search*, https://search.edwardsnowden.com/docs/Badguysareeverywheregoodguysaresomewhere! 2014 – 09 – 14nsadocs.

[70] Tanner, Mark, "Testimony before the House Judiciary Subcommittee on Immigration, Border Security and Claims," October 16, 2003, https://www.fbi.gov/news/testimony/foreign – terrorist – tracking – task – force – ftttf.

[71] *Texas Critical Infrastructure Security & Resiliency: Texas Public – Private Partnership Model*, March 2014, http://podcast.tisp.org/tisp/file/CLEMENT_Presentation%20 – %20Partnerships.pdf.

[72] The Charlie Rose Show, "Interview of Mr. Mike McConnell, Director of National Intelligence," PBS, January 8, 2009, https://www.dni.gov/files/documents/Newsroom/Speeches% 20and% 20Interviews/20090108_interview.pdf.

[73] *The Common Law and Civil Law Traditions*, School of Law, University of California at Berkeley, https://www.law.berkeley.edu/li-

brary/robbins/CommonLawCivilLawTraditions. html.

[74] The Department of Defense, "Cyber Command Flexes New Acquisition Muscle," October 12, 2017, https://www. defense. gov/News/Article/Article/1341201/cyber – command – flexes – new – acquisition – muscle/.

[75] The Department of Defense, "Obama Stresses Whole – of – Government Approach in U. N. Speech," September 28, 2015, https://www. defense. gov/News/Article/Article/620807/obama – stresses – whole – of – government – approach – in – un – speech/.

[76] The Department of Defense, "Rice Details U. S. Whole – of – Government Approach to Defeating ISIL," April 15, 2016, https://www. defense. gov/News/Article/Article/722259/rice – details – us – whole – of – government – approach – to – defeating – isil/.

[77] The Department of Defense, "Who We Are," https://www. state. gov/j/ct/about/index. htm.

[78] The Department of Homeland Security, "Critical Infrastructure Resources," https://www. dhs. gov/critical – infrastructure – resources.

[79] The Department of Homeland Security, "DHS Rulemaking," https://www. dhs. gov/dhs – rulemaking.

[80] The Department of Homeland Security, "EINSTEIN 3 Accelerated," https://www. dhs. gov/publication/einstein – 3 – accelerated.

[81] The Department of Homeland Security, "Einstein," https://www. dhs. gov/einstein.

[82] The Department of Homeland Security, "National Cybersecurity and Communications Integration Center," https://www. dhs. gov/national – cybersecurity – and – communications – integration – center.

[83] The Department of Homeland Security, "National Infrastructure Coordinating Center," https://www. dhs. gov/topic/protecting – critical – infrastructure#.

[84] The Department of Homeland Security, "Office for Interoperability and Compatibility," https: //www. dhs. gov/science – and – technology/office – interoperablity – and – compatiblity.

[85] The Department of Homeland Security, "Office of Cyber and Infrastructure Analysis," https: //www. dhs. gov/office – cyber – infrastructure – analysis.

[86] The Department of Homeland Security, "Office of Infrastructure Protection," https: //www. dhs. gov/office – infrastructure – protection.

[87] The FBI, "Criminal Justice Information Services (CJIS)," https: //www. fbi. gov/services/cjis.

[88] The FBI, "Cutting – Edge Technology: New Ways to Analyze Digital Intel," https: //www. fbi. gov/news/stories/2009/july/stao_073109.

[89] The FBI, "eGuardian," https: //www. fbi. gov/resources/law – enforcement/eguardian.

[90] The FBI, "National Cyber Investigative Joint Task Force," https: //www. fbi. gov/investigate/cyber/national – cyber – investigative – joint – task – force.

[91] The FBI, "Office of Law Enforcement Coordination (OLEC)," https: //www. fbi. gov/audio – repository/news – podcasts – inside – office – of – law – enforcement – coordination – olec. mp3/view.

[92] The FBI, "Protecting America: National Task Force Wages War on Terror," August 19, 2008, https: //www. fbi. gov/news/stories/2008/august/njttf_081908.

[93] The National Commission on Terrorist Attacks upon the United States, *Monograph on Terrorist Financing*, *Staff Report to the Commission*, August 21, 2004, www. 9 – 11commission. gov/staff_statements/911_TerrFin_Monograph. pdf.

[94] The State Department, "Global Engagement Center," ht-

tps: //www. state. gov/r/gec/.

[95] The Treasury Department, "2015 National Terrorist Financing Risk Assessment," December 6, 2015, https: //www. treasury. gov/resource – center/terrorist – illicit – finance/Documents/National%20Terrorist%20Financing%20Risk%20Assessment%20%E2%80%93%2006 – 12 – 2015. pdf.

[96] The Treasury Department, "Financial Crimes Enforcement Network," https: //www. treasury. gov/about/history/Pages/fincen. aspx.

[97] The Treasury Department, "Terrorism and Financial Intelligence," https: //www. treasury. gov/about/organizational – structure/offices/Pages/Office – of – Terrorism – and – Financial – Intelligence. aspx.

[98] The Treasury Department, "Testimony of Under Secretary Cohen before the Senate Subcommittee on Financial Services and General Government," April 2, 2014, https: //www. treasury. gov/press – center/press – releases/Pages/jl2341. aspx.

[99] The Treasury Department, "Treasury Executive Office for Asset Forfeiture," https: //www. treasury. gov/about/organizational – structure/offices/Pages/The – Executive – Office – for – Asset – Forfeiture. aspx.

[100] The U. S. Immigration and Customs Enforcement, "Joint Terrorism Task Force," https: //www. ice. gov/jttf.

[101] The U. S. Immigration and Customs Enforcement, "What We Do: Overview," https: //www. ice. gov/.

[102] The United Nations Office on Drugs and Crime, "The Use of the Internet for Terrorist Purposes," September 2012, http: //www. unodc. org/documents/frontpage/Use _ of _ Internet _ for _ Terrorist _ Purposes. pdf.

[103] The USAID, "Countering Violent Extremism," https: //www. usaid. gov/countering – violent – extremism.

[104] The White House, "Announcing the First Federal Chief Information Security Officer," September 8, 2016, https://obamawhitehouse.archives.gov/blog/2016/09/08/announcing-first-federal-chief-information-security-officer.

[105] US Intelligence Chief Coats, "ISIS 'Octopus' Still a Threat," *Newsmax*, February 17, 2018, https://www.newsmax.com/newsfront/dan-coats-isis-munich-security/2018/02/17/id/843975/.

[106] US-CERT, "About Us: Our Mission," https://www.us-cert.gov/about-us.

[107] Weimann, Gabriel, "Terrorist Migration to the Dark Web," September 2016, http://www.terrorismanalysts.com/pt/index.php/pot/article/view/513/html.

[108] Woolf, Nicky, "DDoS Attack that Disrupted Internet Was Largest of Its Kind in History, Experts Say," *The Guardian*, October 26, 2016, https://www.theguardian.com/technology/2016/oct/26/ddos-attack-dyn-mirai-botnet.

### （四）官方文件及政府出版物

[1] 107th Congress (2001-2002), *H.R.* 3162 - *Uniting and Strengthening America by Providing Appropriate Tools Required to Intercept and Obstruct Terrorism (USA PATRIOT ACT) Act of* 2001, Section 505, https://www.congress.gov/bill/107th-congress/house-bill/3162.

[2] 109th Congress (2005-2006), *H.R.* 3199 - *USA PATRIOT Improvement and Reauthorization Act of* 2005, https://www.congress.gov/bill/109th-congress/house-bill/3199?q=%7B%22search%22%3A%5B%22Patriot+act%22%5D%7D&r=6.

[3] 112th Congress (2011-2012), *S.* 1076 - *A Bill to Modify the Roving Wiretap Authority of the Foreign Intelligence Surveillance Act of* 1978, May 25, 2011, https://www.congress.gov/bill/112th-con-

gress/senate – bill/1076? q = %7B%22search%22%3A%5B%22roving + surveillance + authority%22%5D%7D&r = 3.

[4] 12 U. S. C. § 3401, *Right to Financial Privacy*, 1978, http: //codes. findlaw. com/us/title – 12 – banks – and – banking/12 – usc – sect – 3401. html.

[5] 18 U. S. Code § 2339A, https: //www. law. cornell. edu/uscode/text/18/2339A.

[6] 18 U. S. Code § 2339B. Retrieved January 16, 2016. https: //www. law. cornell. edu/uscode/text/18/2339B.

[7] 18 U. S. Code § 2339C, http: //uscode. house. gov/view. xhtml? req = granuleid: USC – prelim – title18 – section2339C&num = 0&edition = prelim.

[8] 18 U. S. Code §1030, http: //uscode. house. gov/view. xhtml? req = granuleid: USC – prelim – title18 – section1030&num = 0&edition = prelim.

[9] 18 U. S. Code §2331, http: //uscode. house. gov/view. xhtml? req = granuleid: USC – prelim – title18 – section2331&num = 0&edition = prelim.

[10] 18 U. S. Code §2332, http: //uscode. house. gov/view. xhtml? req = granuleid: USC – prelim – title18 – section2332&num = 0&edition = prelim.

[11] 18 U. S. Code §3077, http: //uscode. house. gov/view. xhtml? req = granuleid: USC – prelim – title18 – section3077&num = 0&edition = prelim.

[12] 18 U. S. C. , Section 3052, *Powers of Federal Bureau of Investigation*, http: //uscode. house. gov/view. xhtml? req = granuleid: USC – prelim – title18 – section3052&num = 0&edition = prelim.

[13] 18 U. S. C. , Section 3107, *Service of Warrants and Seizures by Federal Bureau of Investigation*, http: //uscode. house. gov/view. xhtml? req

=granuleid：USC – prelim – title18 – section3107&num =0&edition = prelim.

[14] 18 U. S. C. , Section 351, *Chapter* 18 – – *Congressional*, *Cabinet*, *and Supreme Court Assassination*, *Kidnapping*, *and Assault*, http：//uscode. house. gov/browse/prelim@ title18/part1&edition = prelim.

[15] *1997 Quadrennial Defense Review*, Federation of American Scientists, May 1997, http：//fas. org/man/docs/qdr/index. html.

[16] *2002 National Security Strategy*, http：//www. state. gov/documents/organization/63562. pdf.

[17] *2006 National Security Strategy*, http：//www. state. gov/documents/organization/64884. pdf.

[18] *2009 Cyberspace Policy Review*, https：//www. dhs. gov/publication/2009 – cyberspace – policy – review.

[19] *2010 National Security Strategy*, http：//www. whitehouse. gov/sites/default/files/rss_viewer/national_security_strategy. pdf.

[20] 2014*Quadrennial Defense Review*, http：//archive. defense. gov/pubs/2014_Quadrennial_Defense_Review. pdf.

[21] *2015 National Security Strategy*, https://www. whitehouse. gov/sites/default/files/docs/2015_national_security_strategy. pdf.

[22] *2017 National Security Strategy*, http://nssarchive. us/wp – content/uploads/2017/12/2017. pdf.

[23] 22 U. S. Code § 8517, http：//uscode. house. gov/view. xhtml? req = terrorist + financing&f = treesort&fq = true&num = 37&hl = true&edition = prelim&granuleId = USC – prelim – title22 – section8517.

[24] 28 U. S. C. , Section 533, *Investigative and Other Officials*; *Appointment*, http：//uscode. house. gov/view. xhtml? req = granuleid：USC – prelim – title28 – section533&num =0&edition = prelim.

[25] 31 U. S. Code § 312, http：//uscode. house. gov/view. xhtml? req = terrorist + financing&f = treesort&fq = true&num = 43&hl =

true&edition = prelim&granuleId = USC – prelim – title31 – section312.

[26] 44 U. S. Code § 3541, http: //uscode. house. gov/view. xhtml? req = granuleid: USC – prelim – title44 – section3541&num = 0&edition = prelim.

[27] 44 U. S. Code § 3551, http: //uscode. house. gov/view. xhtml? req = granuleid: USC – prelim – title44 – section3551&num = 0&edition = prelim.

[28] Committee on National Security Systems, CNSS Policy No. 15, Fact Sheet No. 1, *National Policy on the Use of the Advanced Encryption Standard (AES) to Protect National Security Systems and National Security Information*, June 2003, https: //csrc. nist. gov/CSRC/media/Projects/Cryptographic – Module – Validation – Program/documents/CNSS15FS. pdf.

[29] *Critical Infrastructure Protection Plan Portland/ Vancouver Urban Area*, August 2007, https: //emilms. fema. gov/IS0921a/assets/Portland – CIPP. pdf.

[30] Defense Advanced Research Projects Agency, *PLAN X*, https: //www. darpa. mil/program/plan – x.

[31] *Department of Homeland Security Information Sharing and Safeguarding Strategy*, January 2013, https: //www. dhs. gov/sites/default/files/publications/12 – 4466 – dhs – information – sharing – and – safeguarding – strategy – 01 – 30 – 13 – – fina%20%20%20_0. pdf.

[32] *Electronic Communications Privacy Act of* 1986 (*ECPA*), 18 U. S. C. § 2510 – 22, http: //www. law. cornell. edu/uscode/18/usc_sup_01_18_10_I_20_119. html.

[33] EO 13228, *Establishing the Office of Homeland Security and the Homeland Security Council*, October 2001, https: //www. federalregister. gov/documents/2001/10/10/01 – 25677/establishing – the – office – of – homeland – security – and – the – homeland – security – council.

[34] EO 13231, *Critical Infrastructure Protection in the Information Age*, October 2001, https: //www. federalregister. gov/documents/2001/10/18/01 – 26509/critical – infrastructure – protection – in – the – information – age.

[35] EO 13260, *Establishing the President's Homeland Security Advisory Council and Senior Advisory Committees for Homeland*, March 2002, https: //www. federalregister. gov/documents/2002/03/21/02 – 07086/establishing – the – presidents – homeland – security – advisory – council – and – senior – advisory – committees – for.

[36] EO 13301, *Increasing the Number of Members on the Intelligence Oversight Board*, May 2003, https: //www. federalregister. gov/documents/2003/05/19/03 – 12661/increasing – the – number – of – members – on – the – intelligence – oversight – board.

[37] EO 13311, *Homeland Security Information Sharing*, July 2003, https: //www. federalregister. gov/documents/2003/07/31/03 – 19675/homeland – security – information – sharing.

[38] EO 13354, *National Counterterrorism Center*, August 2004, https: //www. federalregister. gov/documents/2004/09/01/04 – 20050/national – counterterrorism – center.

[39] EO 13355, *Strengthened Management of the Intelligence Community*, August 2004, https: //www. federalregister. gov/documents/2004/09/01/04 – 20051/strengthened – management – of – the – intelligence – community.

[40] EO 13356, *Strengthening the Sharing of Terrorism Information to Protect Americans*, August2004, https: //www. federalregister. gov/documents/2004/09/01/04 – 20052/strengthening – the – sharing – of – terrorism – information – to – protect – americans.

[41] EO 13388, *Further Strengthening the Sharing of Terrorism Information to Protect Americans*, October 2005, https: //www. federalreg-

ister. gov/documents/2005/10/27/05 – 21571/further – strengthening – the – sharing – of – terrorism – information – to – protect – americans.

[42] EO 13407, *Public Alert and Warning System*, June 2006, https://www.federalregister.gov/documents/2006/06/28/06 – 5829/public – alert – and – warning – system.

[43] EO 13462, *President's Intelligence Advisory Board and Intelligence Oversight Board*, February 2008, https://www.federalregister.gov/documents/2008/03/04/08 – 970/presidents – intelligence – advisory – board – and – intelligence – oversight – board.

[44] EO 13526, *Classified National Security Information*, December, 2009, https://www.federalregister.gov/documents/2010/01/05/E9 – 31418/classified – national – security – information.

[45] EO 13549, *Classified National Security Information Program for State, Local, Tribal, and Private Sector Entities*, August 2010, https://www.federalregister.gov/documents/2010/08/23/2010 – 21016/classified – national – security – information – program – for – state – local – tribal – and – private – sector – entities.

[46] EO 13556, *Controlled Unclassified Information*, November 2010, https://www.federalregister.gov/documents/2010/11/09/2010 – 28360/controlled – unclassified – information.

[47] EO 13587, *Structural Reforms To Improve the Security of Classified Networks and the Responsible Sharing and Safeguarding of Classified Information*, October 2011, https://www.federalregister.gov/documents/2011/10/13/2011 – 26729/structural – reforms – to – improve – the – security – of – classified – networks – and – the – responsible – sharing – and.

[48] EO 13629, *Establishing the White House Homeland Security Partnership Council*, October 2012, https://www.federalregister.gov/documents/2012/11/02/2012 – 27002/establishing – the – white – house –

homeland – security – partnership – council.

[49] EO 13636, *Improving Critical Infrastructure Cybersecurity*, February 2013, https://www.federalregister.gov/documents/2013/02/19/2013 – 03915/improving – critical – infrastructure – cybersecurity.

[50] EO 13691, *Promoting Private Sector Cybersecurity Information Sharing*, February 2015, https://www.federalregister.gov/documents/2015/02/20/2015 – 03714/promoting – private – sector – cybersecurity – information – sharing.

[51] EO 13718, *Commission on Enhancing National Cybersecurity*, February 2016, https://www.federalregister.gov/documents/2016/02/12/2016 – 03038/commission – on – enhancing – national – cybersecurity.

[52] EO 13721, *Developing an Integrated Global Engagement Center to Support Government – wide Counterterrorism Communications Activities Directed Abroad and Revoking Executive Order* 13584, March 2016, https://www.federalregister.gov/documents/2016/03/17/2016 – 06250/developing – an – integrated – global – engagement – center – to – support – government – wide – counterterrorism.

[53] EO 13800, *Strengthening the Cybersecurity of Federal Networks and Critical Infrastructure*, May 2017, https://www.federalregister.gov/documents/2017/05/16/2017 – 10004/strengthening – the – cybersecurity – of – federal – networks – and – critical – infrastructure.

[54] Federal Energy Regulatory Commission, *Revised Critical Infrastructure Protection Reliability Standards*, January 26, 2016, https://www.federalregister.gov/documents/2016/01/26/2016 – 01505/revised – critical – infrastructure – protection – reliability – standards.

[55] Federal Information Processing Standards Publication 46 – 3, *Data Encryption Standard*, October 25, 1999, https://csrc.nist.gov/csrc/media/publications/fips/46/3/archive/1999 – 10 – 25/documents/fips46 – 3.pdf.

[56] *Fourth Amendment*, https://www.law.cornell.edu/constitution/fourth_amendment.

[57] *Homeland Security Presidential Directive 7: Critical Infrastructure Identification, Prioritization, and Protection*, December 2003, https://www.dhs.gov/homeland-security-presidential-directive-7.

[58] House Homeland Security Committee, *A National Strategy to Win the War against Islamist Terror*, September 2016, https://homeland.house.gov/wp-content/uploads/2016/09/A-National-Strategy-to-Win-the-War.pdf.

[59] Institute for Economics and Peace, *Global Terrorism Index 2017*, November 2017, http://visionofhumanity.org/app/uploads/2017/11/Global-Terrorism-Index-2017.pdf.

[60] International Cybersecurity Standardization Working Group of the National Security Council's Cyber Interagency Policy Committee, *Interagency Report on Strategic U. S. Government Engagement in International Standardization to Achieve U. S. Objectives for Cybersecurity*, December 23, 2015, http://dx.doi.org/10.6028/NIST.IR.8074v1.

[61] *International Strategy for Cyberspace*, May 2011, https://obamawhitehouse.archives.gov/sites/default/files/rss_viewer/international_strategy_for_cyberspace.pdf.

[62] Joint Publication 3-26, *Counterterrorism*, October 24, 2014, http://dtic.mil/doctrine/new_pubs/jp3_26.pdf.

[63] National Institute of Standards and Technology, *Framework for Improving Critical Infrastructure Cybersecurity, Version 1.0*, February 12, 2014, https://www.nist.gov/document-3766.

[64] *National Money Laundering Strategy*, 2007, https://www.treasury.gov/resource-center/terrorist-illicit-finance/Documents/nmls.pdf.

[65] *National Security Letters*, American Civil Liberties Union, ht-

tps: //www. aclu. org/other/national – security – letters.

[66] *National Strategy for Combating Terrorism*, February 2003, https: //www. cia. gov/fr/cia – the – war – on – terrorism/Counter_Terrorism_Strategy. pdf.

[67] *National Strategy for Counterterrorism*, June 2011, http: //www. whitehouse. gov/sites/default/files/counterterrorism_strategy. pdf.

[68] *National Strategy for Information Sharing*, October 2007, https: //georgewbush – whitehouse. archives. gov/nsc/infosharing/index. html.

[69] *National Strategy for Trusted Identities in Cyberspace*, April 2011, https://www. nist. gov/sites/default/files/documents/2016/12/08/nsticstrategy. pdf.

[70] *National Strategy to Secure Cyberspace*, February 2003, https: //www. us – cert. gov/sites/default/files/publications/cyberspace _ strategy. pdf.

[71] NIPP 2013, *Partnering for Critical Infrastructure Security and Resilience*, 2013, http: //www. dhs. gov/sites/default/files/publications/NIPP% 202013 _ Partnering% 20for% 20Critical% 20Infrastructure% 20Security%20and%20Resilience_508_0. pdf.

[72] NIST Special Publication 800 – 63, *Digital Identity Guidelines*, June 2017, https: //doi. org/10. 6028/NIST. SP. 800 – 63 – 3.

[73] Office of Electricity Delivery and Energy Reliability, the Department of Energy, *Reducing Cyber Risk to Critical Infrastructure: NIST Framework*, January 8, 2015, https: //www. energy. gov/oe/cybersecurity – critical – energy – infrastructure/reducing – cyber – risk – critical – infrastructure – nist.

[74] Office of Electricity Delivery and Energy Reliability, the Department of Energy, *Energy Sector Cybersecurity Framework Implementation Guidance*, January 8, 2015, https: //www. energy. gov/sites/prod /files/

2015/01/f19/Energy% 20Sector% 20Cybersecurity% 20Framework% 20Implementation%20Guidance_FINAL_01 – 05 – 15. pdf.

[75] Office of Justice Programs, Department of Justice, *National Criminal Intelligence Sharing Plan*, October 2003, https://it. ojp. gov/documents/National_Criminal_Intelligence_Sharing_Plan. pdf.

[76] Office of Management and Budget, *Memorandum M – 15 – 13: Policy to Require Secure Connections across Federal Websites and Web Services*, June 8, 2015, https://www. whitehouse. gov/sites/whitehouse. gov/files/omb/memoranda/2015/m – 15 – 13. pdf.

[77] Office of the Press Secretary, the White House, *Executive Order – – Commission on Enhancing National Cyber Security*, February 9, 2016, https://obamawhitehouse. archives. gov/the – press – office/2016/02/09/executive – order – commission – enhancing – national – cybersecurity.

[78] Office of the Press Secretary, the White House, *Executive Order – – Improving Critical Infrastructure Cybersecurity*, February 12, 2013, https://obamawhitehouse. archives. gov /the – press – office/2013/02/12/executive – order – improving – critical – infrastructure – cybersecurity.

[79] PDD 39, *U. S. Policy on Counterterrorism*, June 1995, https://fas. org/irp/offdocs/pdd39. htm.

[80] PDD 62, *Combating Terrorism: Presidential Decision Directive* 62, May 1998, https://fas. org/irp/offdocs/pdd – 62. htm.

[81] PDD 63, *Critical Infrastructure Protection*, May 1998, https://fas. org/irp/offdocs/pdd/pdd – 63. htm.

[82] PPD 21, *Critical Infrastructure Security and Resilience*, February 2013, http://www. whitehouse. gov/the – press – office/2013/02/12/presidential – policy – directive – critical – infrastructure – security – and – resil.

[83] PPD 41, *United States Cyber Incident Coordination*, July 2016, https://fas.org/irp/offdocs/ppd/ppd-41.html.

[84] *Privacy Act of* 1974, 5 U.S.C. § 552a, http://www.gpo.gov/fdsys/pkg/USCODE-2012-title5/pdf/USCODE-2012-title5-partI-chap5-subchapII-sec552a.pdf.

[85] Public Law No: 113-283, 113th Congress (2013-2014), *S. 2521-Federal Information Security Modernization Act of* 2014, December 18, 2014, https://www.congress.gov/bill/113th-congress/senate-bill/2521/text.

[86] Resolution 2178 (adopted by the Security Council at its 7272nd meeting), September 24, 2014, http://www.un.org/en/sc/ctc/docs/2015/SCR%202178_2014_EN.pdf.

[87] *San Diego Operational Area Critical Infrastructure Protection Plan*, July 2008, http://www.sandiegocounty.gov/oes/WebEOC/Documents/San_Diego_OA_CIP_Plan.pdf.

[88] SEC. 1259C, H. R. 4909, *Global Engagement Center*, 114th Congress (2015-2016), December 4, 2016, https://www.congress.gov/bill/114th-congress/house-bill/4909.

[89] Securities Industry and Financial Markets Association, *Small Firms Cybersecurity Guidance*, July 2017, https://www.sifma.org/wp-content/uploads/2017/07/small-firms-cybersecurity-guide-2017.pdf.

[90] The CNSS, *Index of National Security Systems Issuances*, https://www.cnss.gov/CNSS/openDoc.cfm?2ijeCL7CCKlc/GA3HDeRNg.

[91] *The Department of Defense Critical Infrastructure Protection Plan*, August 2005, https://fas.org/irp/offdocs/pdd/DOD-CIP-Plan.htm.

[92] *The Department of Defense Cyber Strategy*, April 2015, http://www.dtic.mil/doctrine/doctrine/other/dod_cyber_2015.pdf.

[93] The Department of Homeland Security, *A Roadmap for Cybersecurity Research*, November 2009, https://www.nitrd.gov/cybersecurity/ documents/DHSCybersecurityRoadmap2010.pdf.

[94] The Department of Homeland Security, *Critical Manufacturing Sector Cybersecurity Framework Implementation Guidance*, May 8, 2015, https://www.dhs.gov/publication/critical – manufacturing – cybersecurity – framework – implementation – guidance.

[95] The Department of Justice, *Department Critical Infrastructure Protection Implementing Plans to Protect Cyber – based Infrastructure*, November 2003, https://oig.justice.gov/reports/plus/a0405/final.pdf.

[96] The NIST, *NIST Special Publications*, https://csrc.nist.gov/publications.

[97] The United Nations General Assembly, "Report of the Ad Hoc Committee Established by General Assembly Resolution 51/210 of 17 December 1996, Sixth Session (January 28 – February 1, 2002), Annex II," http://www.un.org/documents/ga/docs/57/a5737.pdf.

[98] *The United States Bill of Rights: First* 10 *Amendments to the Constitution*, https://www.aclu.org/united – states – bill – rights – first – 10 – amendments – constitution.

[99] Title 28, Code of Federal Regulations, Section 0.85, *General Functions*, https://www.gpo.gov/fdsys/pkg/CFR – 2010 – title28 – vol1/pdf/CFR – 2010 – title28 – vol1 – sec0 – 85.pdf.

[100] Washington State Homeland Security Region 6, *Critical Infrastructure Protection Plan*, September 2005, https://emilms.fema.gov/IS0921a/assets/Region6_CIP_Plan.pdf.

**图书在版编目（CIP）数据**

新安全环境下美国网络恐怖主义应对机制研究 / 崔莉著. —北京：时事出版社，2020.7

ISBN 978-7-5195-0388-8

Ⅰ. ①新… Ⅱ. ①崔… Ⅲ. ①互联网络—恐怖主义—研究—美国 Ⅳ. ①D815.5

中国版本图书馆 CIP 数据核字（2020）第 074666 号

出版发行：时事出版社
地　　址：北京市海淀区万寿寺甲 2 号
邮　　编：100081
发行热线：（010）88547590　88547591
读者服务部：（010）88547595
传　　真：（010）88547592
电子邮箱：shishichubanshe@ sina. com
网　　址：www. shishishe. com
印　　刷：北京朝阳印刷厂有限责任公司

开本：787 × 1092　1/16　印张：17　字数：240 千字
2020 年 7 月第 1 版　2020 年 7 月第 1 次印刷
定价：98.00 元